经济管理学术文库·经济类

吉林省中部城市群经济空间格局演化研究

Research on the Evolution of Economic Spatial Pattern of Central Jilin Urban Agglomeration

朱邦耀／著

经济管理出版社
ECONOMY & MANAGEMENT PUBLISHING HOUSE

图书在版编目（CIP）数据

吉林省中部城市群经济空间格局演化研究/朱邦耀著.—北京：经济管理出版社，2018.12
ISBN 978-7-5096-6206-9

Ⅰ.①吉… Ⅱ.①朱… Ⅲ.①城市群—经济发展—研究—吉林 Ⅳ.①F299.273.4

中国版本图书馆CIP数据核字(2018)第282177号

组稿编辑：何　蒂
责任编辑：何　蒂
责任印制：黄章平
责任校对：王纪慧

出版发行：经济管理出版社
（北京市海淀区北蜂窝8号中雅大厦A座11层　100038）
网　　址：www.E-mp.com.cn
电　　话：(010) 51915602
印　　刷：北京虎彩文化传播有限公司
经　　销：新华书店
开　　本：720mm×1000mm/16
印　　张：14.25
字　　数：218千字
版　　次：2018年12月第1版　　2018年12月第1次印刷
书　　号：ISBN 978-7-5096-6206-9
定　　价：58.00元

前　言

区域空间结构是区域发展研究的主要领域和热点问题之一，区域经济空间结构演化是区域经济发展的重要内容和空间表现，同时也是区域经济系统演化的动力之一。区域空间结构是区域经济活动在地域空间上的反映，随着区域经济的发展，区域空间结构也处于不断发展演变之中，同时，区域空间结构是区域经济发展的“函数”，通过空间结构的调控可以调整和优化区域经济发展状态。随着城市化与区域经济一体化的发展，城市群逐渐成为我国区域经济发展和城市化进程的主体空间形态，城市群经济空间结构演化是城市群发展过程与发展水平的重要内容。

改革开放以来，东北地区经济发展先后出现了增长乏力、转型困难的“东北现象”和“新东北现象”，特别是近年来，东北地区经济增长相较于全国平均水平出现了新一轮的下滑趋势，中央政府自2003年开始实施的东北振兴战略并没有从根本上解决东北地区经济发展过程中存在的深层次矛盾，东北地区仍然是我国现阶段区域经济发展中主要的“问题区域”之一。城市群的经济增长与发展是东北地区经济增长与发展的主要内容，本书以东北地区三大城市群之一的吉林省中部城市群为研究对象，从空间结构分异与格局演化的视角对城市群经济增长格局与过程进行研究，构建城市群经济增长速度、效率与质量的耦合协调模型，剖析东北振兴战略实施以来吉林省中部城市群结构与功能的空间演化规律，提出区域空间结构优化与区域协调发展的调控路径与对策，旨在丰富区域经济空间结构演化与区域协调发展的研究理论与实践，并为东北老工业基地区域经济协调发展提供参考。全书共分八章，主要研究内容如下：

第一章为绪论，本章首先阐述了论文的研究背景、选题依据以及研究意义，然后系统概述了本书的主要研究内容、研究方法和研究的技术路线。

第二章为理论分析和文献评述，首先阐述了城市群、区域空间格局演化以及区域协调发展等相关概念及其内涵，界定了本书的研究主题。然后系统分析了区域经济增长理论、发展阶段理论、空间极化理论和区域空间关联理论，并对区域经济增长、区域发展阶段、区域空间关联与格局演化以及区域经济增长的效率与质量等已有相关研究进行了评述，进一步明确了本书的研究重点和研究思路。

第三章对城市群空间范围进行了界定，分析了城市群区域经济演化的时序特征与发展阶段，然后采用模糊综合评判方法分析了吉林省中部城市群的经济发展阶段。

第四章基于城市经济学和城市地理学理论，对吉林省中部城市群城镇体系空间结构特征及其演化规律进行了综合计算与分析，包括城市群首位分布特征与演化、城市群城镇体系规模等级结构及其演化、城市群空间组织结构以及城市群空间职能结构的时空演化。

第五章首先采用极差、标准差、基尼系数、崔王指数以及泰尔指数等统计分析方法结合 GIS 技术，基于省域、市域和县域三种空间尺度对吉林省省域范围以及中部城市群区域经济差异特征和空间极化格局的演化特征进行了分析。然后，分别采用 IDW 空间插值、经济重心、标准差椭圆、Moran's I 和 Getis－Ord G_i^* 方法对 1993 年以来特别是东北振兴政策实施 10 年来吉林省中部城市群县域经济时空格局演化特征以及空间关联格局演化特征进行了分析，综合探讨了以城市群为核心的区域经济空间极化格局以及区域经济演化的过程与规律。

第六章首先分析了区域经济增长速度、效率以及质量的理论联系，对吉林省中部城市群经济增长速度的时间演化、空间分异与空间关联特征进行了测算，然后分别采用DEA模型与熵值法对城市群经济增长效率与经济增长质量进行了计算，并分析了经济增长效率与经济增长质量的时序演化特征与空间格局演化特征，最后构建了区域经济增长速度、效率与质量的耦合协调模型，并综合分析了三者耦合协调度的时序演变特征和时空分异特征，对各个县域单元的耦合协调类型进行了空间分类。

第七章为城市群区域经济时空演化机制与空间协调发展分析，首先阐述了城市群区域经济时空演化机制，然后基于前几章的结论提出了城市群空间结构优化与空间协调发展的调控方向与路径，最后分析了区域经济空间结构重组的主导因素，并针对城市群空间结构及其演化特征提出了城市群经济空间结构优化的调控对策。

第八章为本书的结论部分，总结阐述了论文的主要研究结论与研究特色，并针对论文研究中存在的不足提出了进一步的研究方向。

目　录

第一章　绪论

第一节　研究背景、问题与意义

一、研究背景

（一）区域发展差异扩大与区域协调发展诉求

改革开放40年来，中国的国民经济呈现长期快速的增长态势。自1979年至2014年中国GDP年均增长率为9.51%。2010年，中国超越日本，成为世界上仅次于美国的第二大经济体。在经济快速发展，整体实力不断提升之后，区域经济发展差异扩大问题开始引起重视。新中国成立以来，中国区域经济发展战略经历了均衡发展—非均衡发展—非均衡协调发展的演变①，21世纪以来，西部大开发、东北振兴、中部崛起等开发战略开始实施，然而中国经济东、中、西三大地带的宏观经济格局并未发生改变。在省域层面，近年来各省（区、直辖市）在区域经济发展的空间规划上普遍选择打造增长

---

① 宋玉祥，丁四保．空间政策：由区域倾斜到产业倾斜［J］．经济地理，2010，30（1）：1－5.

极的发展模式来促进中心城市的发展和城市圈整体实力的提升（见图1－1），希望将经济发展空间范围扩散到广大腹地。然而，这种平衡发展过程显示，区域中心城市经济的增长可能以牺牲周边区域的经济发展为代价，而中心极核城市对外围地区发展的辐射作用可能需要较长时间才能显现。

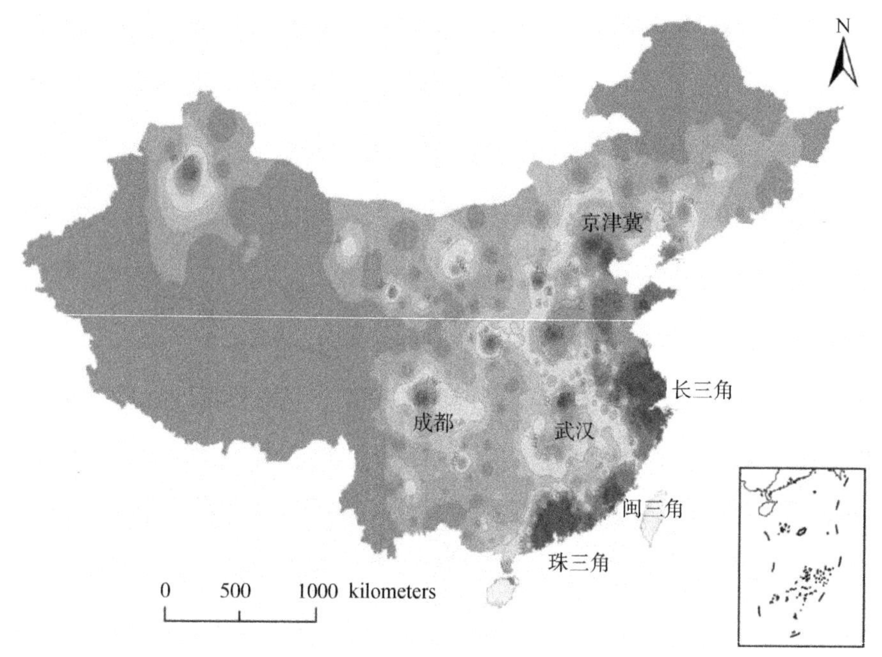

图1－1　中国经济密度示意图（2014）

Fig. 1－1　The economic density map of China in 2014

对于不同地理区域，由于区位条件、资源基础、要素流动、国家发展战略以及地方政府发展策略等多因素的综合作用，直接导致了区域发展路径与发展水平存在较大差异，在报酬递增机制的作用下，不同地域之间的发展差异可能被进一步放大①。国内外经验表明，非均衡发展策略会在一定程度上

① 周业安，章泉．参数异质性、经济趋同与中国区域经济发展［J］．经济研究，2008（1）：60－75.

提高区域经济发展效率，但是，区域发展差异的扩大，也会产生严重的社会问题，同时会降低经济增长所产生的社会福利水平，并阻碍区域未来的经济成长和社会发展①②。

2009 年世界银行在世界发展报告《重塑世界经济地理》中指出，世界上鲜有平衡的经济增长，收入和生产的空间不平等难以避免。从发达国家发展经验来看，区域经济发展只能沿着：生产的集聚 > 经济的集中 > 地区差距扩大 > 生活水平分化 > 政府财政转移支付等政策的实施 > 经济的进一步繁荣 > 生活水平趋同 > 共同富裕的过程发展。即经济生产集中，而生活水平趋同③。当然这种发展过程需要在经济一体化原则的指导下，城市化、地区发展和区域一体化的政策方向应该从地区针对性转向一体化，通过公共制度、基础设施和干预措施的最佳组合，重塑区域经济地理格局，实现区域不平衡的增长和包容性的发展。因此，区域经济发展路径有其一定的规律，均衡与非均衡战略的选择需要依据区域发展阶段进行动态调整。

（二）东北老工业基地振兴与区域经济转型

东北地区作为我国相对完整的空间地域单元，资源禀赋优越、基础设施完善。在计划经济时代，东北地区经济发展水平一直位居中国前列，东北老工业基地是我国建立的第一个重、化工业基地。但是，由于长期计划经济的影响，东北老工业基地产业结构老化失衡、市场萎缩、资金利用效率低，出现了产业系统功能低下、结构效益差并且转换滞缓的“东北现象”④。改革开放以来，由于中国经济发展重心转移以及东北地区体制创新滞后等原因，

---

① Dupont V. Do geographical agglomeration, growth and equity conflict? [J]. Papers in Regional Science, 2007, 86 (2): 193 – 213.

② Gardiner B, Martin R, Tyler P. Does spatial agglomeration increase national growth? Some evidence from Europe [J]. Journal of Economic Geography, 2011, 11 (6): 979 – 1006.

③ World Bank. World development report 2009, Reshaping economic geography [R]. World Bank: Washington DC, 2009.

④ 李诚固，李振泉.“东北现象”特征及形成因素 [J]. 经济地理，1996，16 (1): 34 – 38.

东北地区逐渐错失了国有大中型企业改革的最好时机，各项改革的进程和二、三产业的发展明显落后于全国平均水平①，“东北现象”未产生好转。

2003年东北振兴战略开始实施，在一系列区域经济政策的推动下，东北地区经济总量不断提升，对外开放步伐逐步加快②，在老工业区改造、基础设施建设等领域取得了显著成绩，所有制结构和产业结构不合理的状态得到一定程度的改变，经济逐步发展，城乡居民收入逐步提高。但是，许多禁锢东北老工业基地发展的现实条件和深层次矛盾并没有从根本上得到解决，在全球经济一体化和经济转型发展的大背景下，东北地区经济发展仍呈现落后局面，表现为经济地位逐渐下降、经济发展效益低下（见表1－1）、产业结构转型缓慢（见图1－2），进而出现“新东北现象”③，经济增长和转型的任务复杂而艰巨。

表1－1　2006～2010年东北三省与全国投资与收入增速及其比值

Tab. 1－1　The investment and income growth of northeast China and China in 2006－2010

单位：%

年份	2006		2007		2008		2009		2010	
分类	投资增速	收入增速	投资增速	收入增速	投资增速	收入增速	投资增速	收入增速	投资增速	收入增速
东北三省	37	10.9	32.3	10.0	34.4	9.3	26.8	9.2	29.5	9.8
全国	23.9	10.4	24.8	12.2	25.9	8.4	30.0	9.8	23.8	11.3
东北三省/全国	1.54	1.04	1.30	0.81	1.32	1.10	0.89	0.93	1.23	0.86

① 王荣成，卢艳丽.100年来东北地区经济地域格局的演变［J］.人文地理，2009（5）：81－86.

② 魏后凯.东北振兴政策的效果评价及调整思路［J］.社会科学辑刊，2008（1）：61－65.

③ 李汝资，王文刚，宋玉祥.东北地区经济差异演变与空间格局［J］.地域研究与开发，2013，32（4）：28－32.

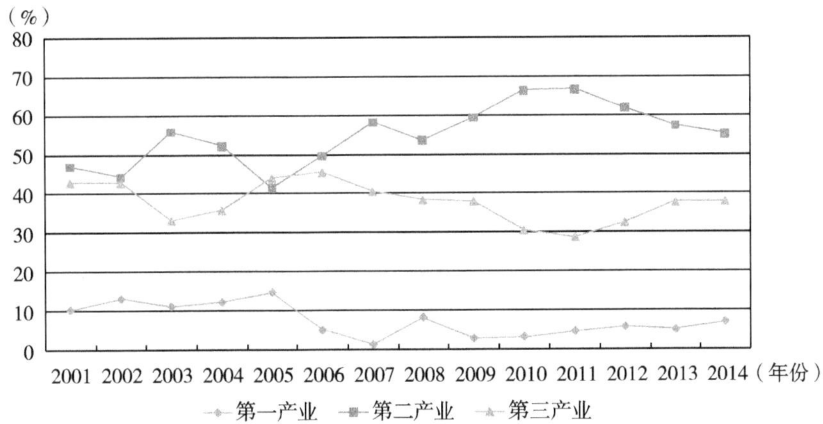

图 1-2 2001~2014 年吉林省三次产业贡献率

Fig. 1-2 Three industry contribution rate of Jilin province in 2001-2014

东北地区城市群内部仍然存在着区域城镇化发展动力不足、资源型城市转型困难、乡村城镇化发展落后等诸多问题和挑战①，东北地区经济增长和城镇化发展从快速增长逐渐转为低速回落（见图 1-3），成为“问题区域”，引起了政府和学界的广泛关注。

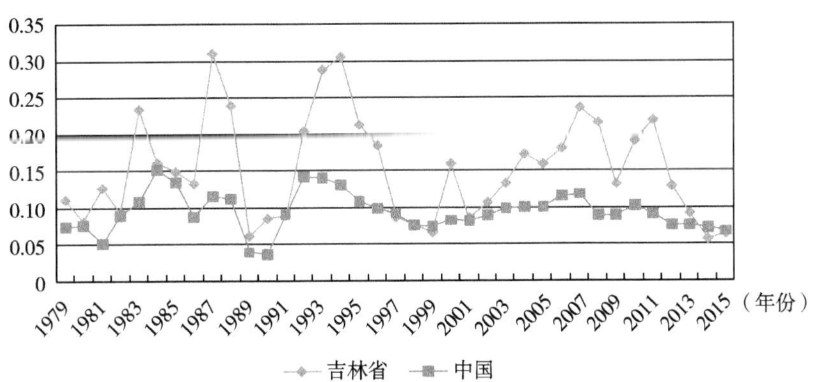

图 1-3 1979~2015 年吉林省和中国 GDP 增长率变化图

Fig. 1-3 The GDP growth rate of Jilin and China in 1979-2015

---

① 张平宇. “振兴东北”以来区域城镇化进展、问题及对策 [J]. 中国科学院院刊, 2013, 28 (1): 39-45.

（三）区域分工与主体功能区定位

科学的空间布局是区域经济增长、生产发展的重要保障，主体功能区思想下的国土协调开发是当前主导性的区域空间发展理念。主体功能区划分主要受到区域自然生态环境、区位和经济发展基础、经济承载力等因素的约束。按照全国主体功能区规划，全国国土按开发方式分为优化开发区域、重点开发区域、限制开发区域和禁止开发区域。主体功能区规划的推出是我国区域经济空间战略的重要细化与调整，对于区域经济发展空间格局与区域经济发展政策具有深远影响。

由于自然条件的限制和经济发展基础的影响，吉林省主体功能区规划的优化开发区和重点开发区主要集中于吉林省中部地区。就经济发展现状条件分析，吉林省中部地区也是吉林省经济发展的重要增长极，经济增长和社会发展水平直接关系到吉林省经济总量的提高和经济转型的成效，在全省占据重要的支撑地位。

（四）新型城镇化与工业化的发展契机

在全球经济一体化的新形势下，中国社会经济保持了快速发展的局面，工业化和城镇化全面推动了中国经济和社会的巨大进步，改善了城乡人民的生活水平和住房条件①；另外，在无序发展的城市化过程中，土地失控、环境污染等问题也正威胁着国人的生存空间。

东北地区城镇化和工业化水平长期处于全国领先地位，自 2003 年国家实施振兴东北等老工业基地战略以来，在资源型城市经济转型、棚户区改造以及国有企业改制等方面取得了显著成绩，促进了城镇化发展与工业化转型，但是，近年来东北地区城镇化增长水平下降、产业结构升级困难、城镇吸纳就业能力不足等问题开始凸显，急需进一步推动城镇化与工业化的转型

① 姚士谋，张平宇，余成等．中国新型城镇化理论与实践问题［J］．地理科学，2014，34（6）：641－647.

与发展。新型城镇化是以科学发展观为统领，以工业化和信息化为主要动力，资源节约、环境友好、经济高效、文化繁荣、城乡统筹、社会和谐、大中小城市和小城镇协调发展、个性鲜明的健康可持续的城镇化道路①，吉林省中部城市群作为东北地区城市群的重要组成部分以及吉林省区域经济增长极，城镇化和工业化的健康有序发展对于区域经济转型和东北老工业基地振兴具有重要意义。

（五）高铁时代与信息时代的区域空间重构

交通和通信是促进区域生产要素流通和社会经济发展的重要支撑体系。随着科技的发展以及国家基础设施建设的持续投入，高铁已经贯通我国主要经济圈，到 2020 年总长度将达到 1.6 万公里以上，覆盖全国 90% 以上人口，让中国经济步入高铁时代。同时，随着信息技术和互联网科技的快速发展与应用，网络与信息时代的到来正快速改变人们的生活方式以及生产流通模式。在高铁时代和信息时代，我国区域经济、社会和文化等发展融合速度加快，对区域之间的要素流通、产业布局以及区域协同治理与规划等产生新的挑战。

2012 年 12 月 1 日，全长 904 公里的哈大高铁正式运行，2015 年 9 月 20 日，吉林—图们—珲春高铁开通运营。高速铁路网络的贯通将在吉林省中部城市圈内实现交通运输的公交化，高铁的运营会对城市群的人口布局、产业分工、城镇体系空间格局重构产生直接的影响，大大增强各类生产要素流通，不同地区经济资源的融合程度会逐步加大。如何借助高铁和互联网的技术与信息优势，对区域内不同经济资源进行整合是未来一段时间吉林省中部城市群发展的重要内容之一。

（六）区域经济增长极的打造和城市群的快速发展

20 世纪 90 年代以来，在工业化与城镇化加速发展的背景下，中国的人

① 彭红碧，杨峰．新型城镇化道路的科学内涵［J］．经济研究，2010（4）：75 – 78.

口与经济活动迅速向城市集聚，城市空间形态由单体型向城市带、城市群等组合城市形态转换。城市群既是国家之间经济竞争的基本地域单元，也是一国内部经济发展的增长极和聚集地①。近年来，城市群已经逐渐成为我国推动区域经济发展和城市化进程的主体形态。《国家新型城镇化规划（2014～2020)》明确指出，城市群是我国新型城镇化的主体形态，要优化提升东部地区城市群和培育发展中西部地区城市群②。一般认为，我国已形成长三角、京津冀、珠三角等十大城市群③④⑤⑥，区域经济竞争的实质已经体现为城市群的竞争，在我国经济转型升级的新时期，发展城市群对于调整产业结构、优化国土开发空间结构、治理大城市病以及提升区域经济竞争力具有重要意义。

然而，城市群的快速发展在增强区域经济发展实力，提高资源和生产要素配置效率的同时，也加剧了区域之间的竞争，促使资本、技术创新以及人力资源等加速向东部经济发达地区城市群的迁移，这种经济现象客观上不利于经济欠发达地区的积累与发展。近年来，东北地区也成为我国主要的资源和人才流出地之一（见表1－2)，在“东北现象”和“新东北现象”短期内难以改观的现状下，这种现象还会继续，对东北地区城市群的发展和区域经济增长带来巨大挑战。

---

① 姚士谋，王书国，陈爽等．区域发展中“城市群现象”的空间系统探索［J］．经济地理，2006，26（5)：726－730.

② 中共中央　国务院．国家新型城镇化规划（2014～2020）［EB/OL］．http：//www. gov. cn/zhengce/2014－03/16/Content2640075. htm.

③ 国家发改委国地所课题组．我国城市群的发展阶段与十大城市群的功能定位［J］．改革，2009（9)：5－23.

④ 宁越敏，张凡．关于城市群研究的几个问题［J］．城市规划学刊，2012（1)：48－53.

⑤ 高相铎，陈天．我国新型城镇化背景下城市群规划响应［J］．城市发展研究，2014（5)：6－11.

⑥ 武廷海，张能．作为人居环境的中国城市群——空间格局与展望［J］．城市规划，2015，39（6)：14－36.

表 1－2　中国人口迁入迁出热点城市

Tab. 1－2　The main migrating cities of Chinese people

	迁入热点城市		迁出热点城市	
排名	城市名称	百分比（%）	城市名称	百分比（%）
1	北京	29.00	北京	24.00
2	上海	19.00	上海	16.00
3	成都	8.00	深圳	9.00
4	广州	7.00	武汉	8.00
5	武汉	6.00	广州	8.00
6	西安	6.00	郑州	7.00
7	重庆	5.00	沈阳	6.00
8	杭州	5.00	成都	6.00
9	沈阳	5.00	天津	5.00
10	深圳	5.00	哈尔滨	5.00

资料来源：2017 年 2 月 20 日上午 10 时百度迁徙数据。

二、问题提出

基于上述背景分析，本书认为，区域经济集聚与非均衡发展仍然是中国经济在可预见未来的主要趋势，主体功能区规划、新型城镇化的政策环境以及高铁时代和信息时代的技术革命为东北地区经济发展带来了机遇与挑战，在区域经济一体化与空间集聚和重构的背景下，东北地区振兴的重点在于城市群的发展与转型。基于此，本书以吉林省中部城市群为研究对象，对于区域经济增长“问题区域”东北地区的城市群经济空间格局演化进行研究。

在我国区域经济转型升级的发展背景下，东北地区“东北现象”与“新东北现象”并存，经济增长和转型的任务复杂而艰巨，区域经济一体化背景下的城市群发展面临诸多机遇与挑战。那么，自20世纪以来特别是东北振兴战略实施以来，吉林省中部城市群的发展演化过程如何，城市群的发展处于什么阶段？城市群规模等级结构以及空间关联结构有什么变化特征？城市群内区域经济增长的空间结构及其演化规律如何？除经济增长速度外，经济增长效率与质量是城市群经济转型与可持续发展的关键，吉林省中部城市群经济增长效率以及经济增长质量的时空演化规律是什么？城市群内县域经济增长的速度、效率以及质量的耦合协调关系如何变化？城市群空间格局优化与协调发展调控的方向与路径是什么？带着对这些问题的思考，开始本书的研究。

三、研究意义

（一）理论研究意义

空间和其他经济要素一样，也会产生经济效益，合理有序的区域空间结构会对经济发展产生正向效益，无序的空间开发则会产生负效益，不利于区域的可持续发展。因此，区域空间结构演化是区域经济发展的重要内容和表现，同时也是区域经济系统演化的动力之一。对吉林省中部城市群空间结构及其演化规律的研究对于科学认知具有自然、经济、社会以及政策独特性的“问题区域”东北地区城市群的经济空间结构演化具有重要理论意义。

对区域经济空间格局及其演化规律的研究是分析区域经济增长过程、增长差异以及区域经济增长动力的重要组成部分。本书对城市群经济增长速度、效率以及质量的空间结构演化及其耦合规律进行研究，对于丰富城市群经济增长的理论研究具有一定意义。

（二）实践研究价值

区域经济发展具有阶段性特征和一定的普遍规律，对区域经济演化过程和发展阶段的科学认知是制定区域经济发展战略和政策的基础。在国家宏观经济政策、区域合作与开发政策创新发展，以及吉林省中部区域经济转型升级的关键时期，研究吉林省中部城市群区域经济空间格局演化过程与规律对于区域经济转型发展战略和对策的制定提供依据，对于提升吉林省中部城市群在省域以及东北地区经济发展中的支撑作用提供决策参考。

“新东北现象”的产生引起了学界和政府的广泛关注，对东北振兴政策实施以来吉林省中部城市群区域经济空间结构演化过程与规律的研究对于科学认识东北振兴战略实施的空间效应以及区域国土空间开发格局特征、发展模式与演变机制并有效解决国土空间开发中存在的问题具有重要意义。

第二节　研究内容、方法与技术路线

一、主要研究内容

（一）吉林省中部城市群发展的时序特征以及发展阶段的划分

区域经济发展具有明显的时序特征和阶段性特征，对城市群发展时序特征的分析以及城市群发展阶段的划分对于科学认知城市群的发展过程与演变规律从而形成具有方向性和针对性的区域发展政策具有重要意义。以经济增长理论和经济发展阶段理论为指导，研究吉林省中部城市群区域经济演化的时序特征以及城市群的经济发展阶段。

（二）吉林省中部城市群城镇体系空间结构演化

采用区域经济空间统计分析方法结合 GIS 技术对吉林省中部城市群等级规模结构、空间组织结构以及空间职能结构及其演化过程与演化特征进行研究，分析城市群城镇空间集聚的速度、规模与结构特征。

（三）城市群区域经济增长的速度、效率与质量的空间结构演化及其耦合特征

采用极差、标准差、基尼系数、崔王指数以及泰尔指数等统计分析方法基于省域、市域和县域三种空间尺度对吉林省省域范围以及中部城市群区域经济差异特征以及空间极化格局的演化进行分析。然后，以县域为基本空间单元，分别采用 IDW 空间插值、经济重心、标准差椭圆、Moran's I 和 Getis – Ord G_i^* 方法对城市群县域经济发展差异演化特征、县域经济空间异质特征以及县域经济演化的空间关联特征进行研究。

（四）城市群区域经济增长速度、效率与质量的空间结构演化及其耦合特征

系统阐述区域经济增长速度、增长效率以及增长质量之间的理论联系，对东北振兴战略实施以来吉林省中部城市群县域经济增长速度、效率以及质量的空间结构及其时空演化格局与规律进行研究，构建区域经济增长速度、效率以及质量的耦合协调模型，对吉林省中部城市群三者的耦合协调关系及其演化进行分析。

（五）城市群区域空间结构优化与区域协调发展的调控方向与路径

在可预见的未来，区域经济的非均衡增长与区域协调发展依然是区域空间结构演变的主要趋势。区域经济发展的宏观路径只能选择在空间非均衡发展过程中，随着整体经济实力的增强和区域发展政策的调控进而达到区域经济生产集中和生活水平趋同。在主体功能区规划、新型城镇化等区域发展战略框架下，依据吉林省中部城市群城镇空间结构特征以及城市群区域经济增长速度、效率和质量的空间格局与演化特征，提出城市群区域协调发展与空间格局优化的调控方向与路径以及城市群区域空间结构优化的调控对策。

二、研究方法

本书基于区域经济学、产业经济学与城市地理学等学科的相关理论与研究方法，采用计量经济分析模型结合 RS、GIS 技术，从空间格局演化视角研究城市群经济空间演化过程、结构与规律特征，探索城市群经济增长速度、效率与质量的空间分异特征与演化规律，揭示三者的耦合协调关系，提出区域经济空间优化与协调发展的调控路径。具体研究方法包括：

◇ 文献综述法：通过查阅和梳理已有文献，对本文主要研究概念进行科学界定，建立本书的理论研究基础，对区域经济发展阶段、空间结构演化以及区域空间关联等相关研究进行综述分析，提炼本文的研究思路和研究重点。

◇ 空间计量分析法：采用首位度分析、分形理论和模糊综合评价方法对城市群空间规模结构、空间组织结构和空间职能结构演化特征以及城市群发展阶段进行分析。采用极差、标准差、基尼系数、崔王指数与泰尔指数方法对区域经济差异的空间格局特征及演化进行分析。采用数据包络分析方法及熵值法对区域经济增长效率以及增长质量的演变进行定量计算与分析。

◇ GIS 空间分析方法：对遥感影像和 DEM 数据进行配准、裁剪、叠置以及插值分析获取吉林省中部城市群的地理信息。采用重心分析、标准差椭圆分析、IDW 空间插值以及 ESDA 探索性空间数据分析方法，基于 ArcGIS、Geoda 等软件对区域经济空间演化与关联特征进行空间分析与图形表达。

三、技术路线

本书技术路线如图 1－4 所示。

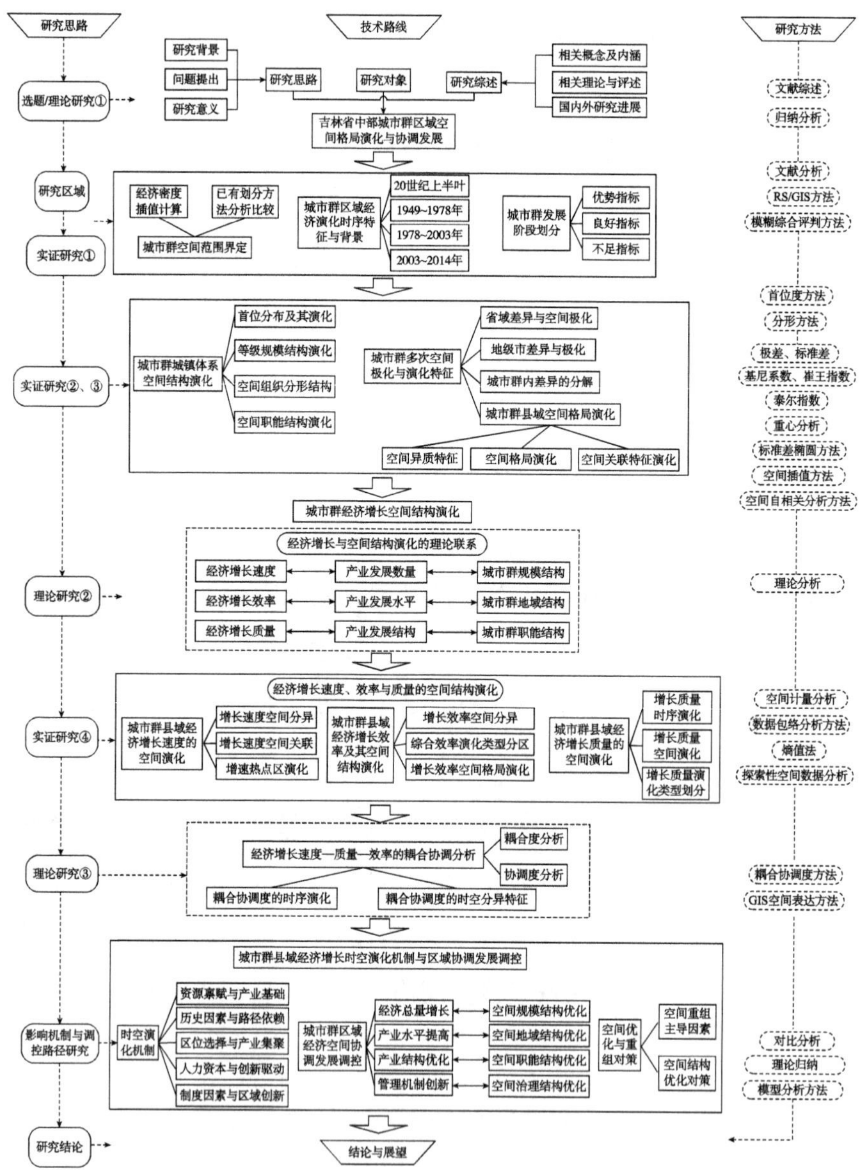

图 1－4　总体框架与研究技术路线图

Fig. 1－4　The overall framework and technical route

第二章　相关理论与文献评述

第一节　相关概念内涵与辨析

一、城市群

城市群是指以中心城市为核心向周围辐射构成的多个城市的综合体，城市群是经济发展和产业布局的客观反映，已经成为发达国家城市化的主体形态[①]。城市群的概念最早源自于西方城市地理学者，1898 年，英国城市学家埃比尼泽·霍华德就提出了城镇群体（Town Cluster）的概念[②]。1915 年，英国学者迪格斯（Dickinson R.）在其《进化中的城市》（Cities in Evolution）一书中，提出了“城市区域”（City Region）的概念[③]。“二战”后，西方工业化国家先后进入了城市郊区化进程，使得大城市周边产生巨大城市地域成为现实，1957 年，美国地理学家简·戈特曼（J. Gottmann）提出了大都市带

① 顾朝林．城市群研究进展与展望［J］．地理研究，2011，30（5）：771－784.

② ［英］埃比尼泽·霍华德．明日的田园城市［M］．金泽元译．北京：商务印书馆，2000：13－15.

③ Dickinson R. The city region in western in Europe［M］. London：Routledge & K. Paul，1967：11－12.

（Megalopolis）的概念，戈特曼认为城镇群体是由多个城镇组合形成的区域空间形态[①]。在国内，1980年，周一星提出了都市连绵区（Metropolition Interlocking Region，MIR）的概念，1992年，姚士谋在《中国的城市群》一书中对城市群进行了定义，并划分了中国的城市群，1999年，顾朝林在《中国城市地理》一书中，提出了类似于城市群的城市集聚区的概念。21世纪以来，城市群逐渐成为城市规划学、经济地理学以及区域经济学研究的热点问题，城市群的概念被更广泛地使用。

随着我国城市化进程的加速，人口和经济以更大规模和更快的速度向城市集聚。城市空间形态也开始由单体形态为主向都市圈、城市带、城镇密集区等组合型城市空间形态演进。2009年世界银行在世界发展报告《重塑世界经济地理》中指出：21世纪全球进入社会大转型时期，中国的经济、社会、体制都处于急剧变革中，高密度（生产要素高度集中）、近距离（生产要素近距离移动和专业化）、浅分割（区域一体化）的巨型地域体不断涌现和发展，并开始形成以大城市为核心，有着主次序列、分工与协作的城镇群体。

从区域经济学视角，城市群是一个以城市为主的经济区，是以一个或者数个规模不同的城市及其周围乡村地区共同组成的经济区域[②]。因而，城市群强调的是城市群体内资源要素的空间配置与经济活动的空间组织，突出的是城市群内各个城市之间、城市与区域之间空间集聚与扩散过程、机制以及区域社会经济的一体化发展。从经济地理学视角，城市群是有限的空间内城市的高密度分布，在工业化与城镇化进程的推动作用下，资源、人口与产业向城市的空间集聚，从而带来的城市数量增加，城镇群体的空间邻近，强调的是城市群内大、中、小不同规模城镇之间的产业与职能分工。

---

① J. Gottmann Megalopolis：Or the urbanization of the northeastern seaboard［J］. Economic Geography，1957（7）：189－200.

② 戴宾. 城市群及其相关概念辨析［J］. 财经科学，2004（6）：101－103.

二、区域空间格局演化

区域空间格局是区域社会经济各要素在系统内相互作用后反映在空间上的集聚规模和形态①，是地区之间经济发展关系的空间映射，区域空间结构的状态与演化会直接影响区域经济发展效率和发展水平。对区域空间结构的研究始于20世纪20年代，针对空间结构的研究主要有中心地理论、增长极理论、空间扩散理论和中心外围理论等。

区域空间结构研究主要基于区域发展以及区域之间相互作用的角度，对城镇发展的空间集聚和扩散的过程与模式、城镇规模的演化和城镇等级规模结构特征、城镇之间相互作用的条件与机制以及城镇体系空间分布及其演化规律等进行的研究②。对城市群来说，区域集聚与扩散是城市群形成和演化过程中的两种空间格局演变态势，伴随着城市群发展的始终。一般来说，区域经济集聚力主要来源于本地化的外部规模经济，而分散力则主要来源于“地租”的集聚不经济。

本书对于城市群区域经济空间格局演化的界定与研究内容主要包含以下几个方面：一是城市群城镇体系结构的演化，包括城市群首位城市的首位分布特征、城市群规模等级结构、城市群空间组织结构和城市群空间职能结构的演化；二是城市群内各城市经济格局的空间演化过程，以生产总值或者人均生产总值来衡量的区域经济集聚与扩散演化过程与机制，以及城市群各空间单元经济集聚规律与空间关联关系；三是从经济增长的角度，对城市群区域经济增长的空间格局及其演化规律的揭示，包括经济增长速度、经济增长效率与经济增长质量。

---

① 魏后凯．区域经济发展的新格局［M］．昆明：云南人民出版社，1995：43.

② 陈红霞，李国平，张丹．京津冀区域空间格局及其优化整合分析［J］．城市发展研究，2011，18（11）：74－79.

三、区域协调发展

区域协调发展是国民经济平稳、健康、高效运行的前提，区域协调的内涵是区域之间的协作、调节与和谐。区域协调发展是区域经济研究的一个热点领域。对区域协调发展的认识有多种观点：有学者认为区域协调发展是一种“过程”，是区域经济在非均衡发展过程中不断追求区域间的相对平衡和动态协调的发展过程，以最终实现区域和谐；有学者认为区域协调发展包含“过程”和“状态”两种内涵，是区域之间经济发展正向促进、良性互动的状态和过程；也有学者将区域协调发展视为一种区域发展“模式”，是既要保持区域经济的适度增长，又要促进各区域经济发展，使区域实现优势互补、共同发展和繁荣的区域经济发展模式；还有学者认为区域协调发展是一种区域发展“战略”，是区域经济既保持高效增长又协同发展，从而达到协调互动、共同发展的区域发展战略。由于区域经济发展具有动态演化的基本特征，本书认为区域协调发展是一种“过程”，是区域之间经济关系动态演化与优化的演进过程。

区域系统包含人口、资源、环境、经济以及社会各子系统，各要素之间通过复杂的物质、信息、人员、技术以及能源实现相互交流，通过相互依赖与制约、竞争与合作的矛盾运动使区域整体发生演变①。区域协调发展就是系统中各子系统职能互补、结构优化、相互促进，从而达到系统的优化发展。因此，区域空间协调发展就是指一定的地域空间范围内，区域内具有一定结构和功能特征的空间子系统在区域发展过程中实现职能互补、相互协作以实现区域整体利益最大、效益最优。本书所研究的区域协调发展主要是指城市群内各城镇子系统之间空间组织结构与功能结构的演进与发展过程，探讨其演化规律，并提出区域空间协调与空间结构优化的调控路径。

---

① 吴超，魏清泉．区域协调发展系统与规划理念分析［J］．地域研究与开发，2003，22（6）：6-10.

第二节 相关理论

一、区域经济增长理论

区域经济增长是指一个区域生产的产品和劳务数量的增加，意味着更多的产出。区域经济增长不等同于区域经济发展，但是区域经济增长是区域经济发展的基础，前者偏重于数量，后者包含数量和质量双重特征，由于区域经济增长具有可量化性和可比性特征，因此，区域经济增长是区域经济发展的主要研究内容，是区域经济学和发展经济学的重要研究领域，区域经济增长理论主要有以下几个方面：

（一）传统区域经济增长理论

传统区域均衡增长理论主要由新古典区域均衡增长理论和发展经济学的均衡增长理论所组成，前者的主要成果是索罗—斯旺增长模型，强调通过市场机制的作用实现区域之间的均衡①，后者的主要代表有罗森斯坦·罗丹的"大推进理论"、纳尔逊的"低水平均衡陷阱论"、赖宾斯坦的"临界最小努力命题论"、纳克斯的"贫困恶性循环理论"等②，强调通过政府干预实现产业和部门间的均衡，进而促进区域内和区域间的均衡。

然而，现实中区域经济并没有按照均衡增长理论的路径趋向均衡。把区域均衡增长理论和非均衡增长理论统一起来的理论主要有引入时间变量分析区域收入是否趋同的威廉姆森的倒"U"形理论和理查德森的融合空间向度

① 杨凤林，陈金贤，杨晶玉．经济增长理论及其发展［J］．经济科学，1996（1）：71－75.

② 齐良书．发展经济学［M］．北京：高等教育出版社，2011.

的区域经济增长理论。

（二）新增长理论

新增长理论也称为内生增长理论，认为内生的技术进步是经济实现持续增长的决定因素，这是对经济增长源泉认识的一大突破①。虽然新增长理论不像新古典增长理论那样有一个为多数经济学家所共同接受的基本理论模型，但是，由于其对增长源泉的认识更加深刻，指出了经济增长的内在原因，突破了新古典增长理论的局限性，因而非常具有影响力。围绕如何把技术进步内生化这条主线，以罗默、卢卡斯、杨小凯和诺斯为代表的经济学家们分别从技术变化、人力资本积累、分工演进和制度变迁的角度，提出了新的经济增长模型，使经济增长理论研究的侧重点和方向发生了转移，因此被称为新增长理论。

（三）新经济地理理论

新经济地理理论代表人物为克鲁格曼，通过一个简单的模型说明了制造业企业的区位选择和市场需求的互动关系②。新经济地理理论主要从规模经济、外部性、聚集经济入手，分析了区域经济非均衡增长的动力和一般机制，并突出了空间距离的作用。该理论运用规范的模型分析方法，提出了一系列复杂的空间经济模型，强调收益递增、不完全竞争、历史和偶然事件、路径依赖等在区域发展中的作用。马丁认为，在存在聚集经济时，赢得第一次区位竞争的区域对下面的企业更具吸引力③。

（四）区域收敛和发散理论

区域收敛和发散理论主要研究区域收入是趋同或趋异的问题。区域经济增长趋同假说以新古典增长理论为基础，该假说指出，在一个国家内部，如果区域之间是相互开放的，那么，在市场机制的作用下，受到收益递减规律

---

① 庄子银．新增长理论研究［J］．经济评论，1998（5）：41－46.

② 胡志丁，葛岳静．理解新经济地理学［J］．地理研究，2013，32（4）：731－743.

③ 王丹．新经济地理理论研究的新进展［J］．经济理论与经济管理，2013（5）：37－41.

的约束，要素在区域之间的自由流动将对区域经济发展不平衡产生自我修正作用，从而导致区域之间人均收入或产出水平趋向均衡[①]。这样，尽管区域之间在发展的初始阶段存在着经济差异，但如果它们的经济增长条件相同或相似，那么，欠发达区域的经济增长将会快于发达区域，它们之间的经济差异将随时间推移而逐渐缩小[②③]。与新古典经济增长理论的趋同推论相反，新增长理论往往得出的是区域间收入差距不会缩小，反而会扩大，即趋异的结论。学者们的相关研究主要集中于论述了区域收敛和发散的趋势、动因和条件等相关问题，为政府缩小区域差距，实现区域协调发展提供依据。

小结：区域经济增长理论的发展和西方主流经济学的发展呈现出同步演进的态势，随着人类社会生产力水平的提高，经济发展和技术的进步为经济学的理论分析与实证研究提供了更加广阔的范围，经济增长理论假设越来越接近现实，研究中所考虑的影响因素越来越多，对现实世界的解释能力也越来越强。因此，从新古典区域均衡增长理论发展到区域非均衡增长理论，以至后来的新增长理论和新经济地理理论，既是现实的需要，也是理论自身不断完善的过程。围绕经济增长的源泉问题以及把外生变量内生化，区域经济增长理论不断创新，并为解决现实的区域经济问题提出了许多有益的对策。比如，随着新增长理论被广泛认知，学术界经过争论和研讨，已经就经济增长方式和工业化道路达成共识，即现代经济增长不再主要依靠投资拉动而是靠科学技术以及与此相关的生产型服务业的发展[④]。此外，新经济地理理论以及新贸易理论的发展，也与区域合作、区域经济一体化以及贸易自由化的全球经济活动实践交相辉映。

---

① 刘乃全．区域收敛与发散理论［J］．外国经济与管理，2000，25（11）：19－23.

② 汪增洋，豆建民．空间依赖性、非线性与城市经济增长趋同［J］．南开经济研究，2010（4）：139－153.

③ 覃成林．区域经济增长趋同研究进展［J］．经济学动态，2003（3）：67－70.

④ 吴敬琏．十一五规划与中国经济增长模式的转变［J］．上海交通大学学报（哲学社会科学版），2006（3）：5－11.

二、区域经济发展阶段理论

区域经济发展是一个动态的长期过程，在区域发展过程中，区域中的要素供给、经济活动以及经济结构都具有明显的阶段性特征①，了解区域经济发展的演变过程对于科学理解区域经济增长的实质和发展规律具有重要意义，是区域经济理论研究的重要领域。国内外具有代表性的区域发展阶段理论有李斯特的区域经济发展阶段理论、胡佛—费希尔的区域经济增长阶段理论、罗斯托的经济成长阶段论、弗里德曼的区域经济发展阶段理论、钱纳里及霍夫曼的工业化发展阶段理论、刘易斯转折点和库兹涅茨拐点理论以及部分中国学者提出的区域经济成长阶段理论。

（一）国外区域经济发展阶段理论

李斯特的区域经济发展阶段理论：1841 年，德国经济学家李斯特（George Friedrich List）在《政治经济学的国民体系》一书中，以生产部门的发展状况为标准，将区域经济发展划分为未开化阶段、畜牧阶段、农业阶段、农工业阶段以及农工商阶段五个阶段②。

胡佛—费希尔的区域经济增长阶段理论：1949 年，美国区域经济学家胡佛和费希尔（Hoover - Fisher）在《区域经济增长研究》一文中，指出任何区域的经济增长都存在着相同的发展阶段，经历大致相同的发展过程。具体包括以下五个阶段：以农业为主的自给自足阶段、乡村工业崛起阶段、农业生产结构转换阶段、工业化阶段和服务业输出阶段③。

罗斯托的经济增长阶段理论：1960 年，美国经济学家罗斯托（W. W. Rostow）出版的《经济增长的阶段》一书，罗斯托通过对工业化国

---

① 魏后凯．现代区域经济学［M］．北京：经济管理出版社，2011：252 - 254.

② 李娟文，王启仿．区域经济发展阶段理论与我国区域经济发展阶段现状分析［J］．经济地理，2000，20（4）：6 - 9.

③ 陈映．区域经济发展阶段理论述评［J］．求索，2005（2）：16 - 18.

家经济增长过程的考察，归纳出区域经济增长大体上要经历的六个阶段：传统社会阶段、起飞准备阶段、起飞阶段、成熟阶段、高额群众消费阶段和追求生活质量阶段①。

钱纳里经济发展阶段理论：钱纳里从经济发展的长期过程中考察了制造业内部各产业部门的地位和作用的变动，揭示制造业内部结构转换的原因，即产业间存在着关联效应，为了解制造业内部的结构变动趋势奠定了基础，他通过考察发现，制造业发展受人均 GNP、需求规模和投资率的影响较大，而受工业品和初级品输出率的影响较小②，钱纳里依据对 34 个准工业化国家发展规律与产业结构演进的总结分析，以人均 GDP 为指标对不同的经济发展阶段进行了划分。

霍夫曼的工业化阶段理论：1931 年，德国经济学家 W. C. 霍夫曼在《工业化的阶段和类型》一文中指出，各国工业化无论开始于何时，一般具有相同的趋势，即随着一国工业化的进展，消费工业净产值与资本工业净产值之比是逐渐趋于下降，这一比值称为霍夫曼系数。霍夫曼还根据此系数的大小，将工业化进程分为四个阶段（见表 2－1）。

表 2－1 霍夫曼工业化阶段指标

Tab. 2－1 Hoffman industrialization stage index

工业化阶段	霍夫曼系数	经济特征
第一阶段	5（±1）	消费品工业占优势
第二阶段	2.5（±1）	资本品工业迅速发展，消费品工业优势地位下降
第三阶段	1（±0.5）	资本品工业继续快速增长，消费品与资本品工业达到平衡
第四阶段	1 以下	资本品工业占主要地位

① Rostow W. W. The stages of economic growth：A non－communist manifesto［M］. Cambridge，UK：Cambridge University Press，1960.

② 霍利斯·钱纳里，谢尔曼·鲁滨逊等．工业化和经济增长的比较研究［M］．吴奇等译．上海：上海三联出版社，1989：63－67.

弗里德曼的区域经济发展阶段理论：1966年，美国著名城市与区域规划学家约翰·弗里德曼（John Friedman）通过对发达国家与不发达国家空间发展规划的长期研究，在构建核心边缘理论的基础上，以空间结构、产业特征和制度背景为标准，将区域经济发展分为四个主要阶段：前工业阶段、过渡阶段、工业阶段以及后工业阶段①。

库兹涅茨拐点：库兹涅茨曲线是指在一国收入分配与经济增长之间的倒"U"形关系。该观点认为，随着一国收入水平的上升，收入分配差距将趋于扩大，当经济水平达到较高程度时，收入差距将开始缩小。库兹涅茨拐点就是倒"U"形曲线的顶点。这显示经济发展的关注点从注重效率到注重公平的转化。能否成功改善收入分配差距，越过库兹涅茨拐点，是一国能否摆脱中等收入陷阱，跻身高收入与高质量发展国家的关键②。

（二）中国学者的区域经济发展阶段理论

中国学者在汲取国外区域经济增长和发展阶段理论的基础上，结合我国国情和区域经济发展现实也提出了自己的经济发展阶段观点：

陈栋生等的区域经济成长阶段论：1993年，中国区域经济学家陈栋生等在《区域经济学》中对区域经济成长阶段进行了研究。他们认为，区域经济的成长是一个渐进的过程，可分为待开发、成长、成熟和衰退四个阶段③。

陆大道的区域空间结构演变阶段论：1999年，中国经济地理学家陆大道在《区域发展及其空间结构》一书中，从区域经济空间集聚或分散趋势演变的角度提出了区域空间结构演变的四个阶段：农业占绝对优势的阶段、由农业经济向工业化的过渡阶段、工业化中期阶段和工业化后期及后工业化阶段④。

---

① Friedmann J. Regional development policy: A case study of Venezuela [M]. Cambridge, Mass. and London: MIT Press, 1966.

② 蔡昉．劳动力短缺：我们是否应该未雨绸缪［J］．中国人口科学，2005（6）：11-16.

③ 陈栋生．区域经济学［M］．郑州：河南人民出版社，1993.

④ 陆大道．区域发展及其空间结构［M］．北京：科学出版社，1999.

小结：分析国内外区域经济发展阶段理论可以看出，不同国家和不同历史阶段的学者们针对不同的国家和研究区域对区域经济成长阶段进行了各自的划分，虽然一般只注重对宏观经济变量的研究而忽视了对微观基础的关注，但是对于一个国家或地区的经济发展提供了可供借鉴的理论经验和经济发展过程与发展战略的参考。区域经济发展阶段论分析了区域主导产业的兴替对区域经济发展所起的重要作用，指出部门关系的变化必然导致就业结构和劳动力配置的相应改变，区域经济发展阶段理论对于发展中国家和地区的区域经济发展实践具有重要的理论参考价值。

三、区域经济空间极化理论

（一）增长极理论

空间极化理论主要以佩鲁的增长极理论为基础，弗里德曼、布德维尔、缪尔达尔、赫希曼分别在不同方面和不同程度上丰富和发展了这一理论。佩鲁认为，区域经济增长并非同时出现在所有地方，它以不同强度出现于一些增长点或增长极上，然后通过不同渠道向外扩散，并对经济区域产生不同影响。佩鲁的增长极是在极化空间假设的依据上，通过向心与离心力同周围的经济空间产生联系。即通过推动型企业或创新型企业与其他企业的前向、后向、侧向联系带动周边地区经济的发展①。到20世纪60年代，布德维尔重新定义了经济空间的内涵，将经济空间用具体的地理空间描述，并归纳出“增长中心”的概念，特别强调了增长极的地域空间特性。认为增长极概念具有两方面的内涵：第一是在经济意义上的具有推动型的主导产业部门；第二是空间内涵上的区位条件优越的区域。布德维尔把增长极定义为具有推动性的经济单位，

① David D. Growth poles and growth centers in regional planning: A review [J]. Environment and Planning, 1969 (1): 5-32.

并同极化空间和城镇联系起来，使增长极理论有了地理空间的概念[①][②]。

（二）极化—涓流效应理论

区域空间结构通过复杂的反馈影响区域经济的发展，缪尔达尔、赫希曼认为增长极与区域腹地的联系和互动机制包括极化效应与扩散效应，即缪尔达尔的回波效应与扩散效应和赫希曼的极化效应与涓流效应，说明了经济发达地区对落后地区的双重作用和影响。区域极化与扩散效应是区域空间结构形成和发展的基本动力机制。缪尔达尔认为社会经济发展过程是一个动态的各种因素相互作用、互为因果、循环积累的非均衡发展过程，并强调市场机制的作用总是倾向于扩大而不是缩小地区间的差距，从而形成地理上的二元经济结构[③]。赫希曼在对“极化效应”和“涓流效应”进行了分析后，提出了区域传递的概念，认为经济增长点或增长极的“极化效应”和“涓流效应”间必有一个转折点[④]，但对此没有进行深入论证。增长极理论的产生和发展，特别是由抽象的经济空间拓宽到地理空间，表明经济空间既存在功能极化，也存在地域极化。增长极理论在现实经济发展中有广泛的应用，许多国家和地区把增长极理论作为发展战略、区域规划和区域政策制定的理论依据。

小结：区域生产要素的空间最优配置是区域经济学研究的核心问题之一。增长极理论是一种非均衡发展理论，强调区域经济的不平衡发展是区域发展的必然过程以及提升区域发展效率的有效手段，在区域发展过程中应该把有限的稀缺资源集中投入到具备发展潜力、规模经济和投资效益明显的少数部门或产业，使“增长极”的经济实力强化，从而同外围区域之间形成一个势差，通过市场机制的传导作用来引导区域经济发展。因此，依据区域经济空间极化理论，在区域经济发展空间战略选择上，应选取特定的地理空间

---

① 李小建．经济地理学［M］．北京：高等教育出版社，1999.

② 张文忠．经济区位论［M］．北京：科学出版社，2000.

③ Myrdal G. Economic theory and underdeveloped regions ［M］. London: Duckworth, 1957.

④ 艾伯特·赫希曼．经济发展战略［M］．北京：经济科学出版社，1991.

作为增长极，以带动经济发展。也有学者探讨了增长极理论的局限性，认为增长极理论是一种发展理论，同时也是没有经过严格的数学和逻辑证明的区域发展理论，它是制造区域经济政策和区域发展规划时的理论依据，而不是区域社会经济发展的地域组织模式①。此外，增长极理论主要针对发展过程处于成长阶段的区域，增长极战略并不适合绝对贫困地区或者发达地区。

四、区域空间关联理论

新古典增长理论是在完全竞争和规模收益不变等假定下产生的，而人类的经济活动具有空间性特征，新古典增长理论的论证过程忽视了空间因素对经济活动的重要影响。事实上，由于“地理学第一定律”的存在（Tobler，1979），大多数经济现象均具有空间关联特征，空间数据也具有或强或弱的空间关联性，对区域经济空间关联特征的分析有助于更贴近区域经济发展的现实状况。

区域空间关联性的分析主要包括以下两个方面的内容：①空间相关性特征：空间相关性是指不同空间位置上的观测值在空间上呈现出某种非随机的空间模式。产生空间相关性主要有以下两方面原因：一个是相邻空间单元存在测量误差，由于数据采集与空间单元有关，但是设定的空间单元与研究问题的空间单元不一致，就会导致数据采集误差。另一个是由于经济、文化的相互影响，存在区域间的空间交互影响。空间相关性的强度及空间相关模式由绝对位置或相对位置（布局、距离）决定，通常假设距离近的观测值之间的空间相关程度比距离远的更强。②空间异质性特征：空间异质性是指经济行为或经济关系在空间上不稳定，在模型中表现为考察变量、模型参数和误差项方差随区位变化。与空间相关性不同的是，大部分空间异质性问题可以通过传统数据分析方法来解决。空间相关性和空间异质性往往同时存在，仅依靠传统的数据分析方法无法区分这两类性质。

---

① 安虎森．增长极理论评述［J］．南开经济研究，1997（1）：31-37.

为了将区域空间关联特征进行定量的分析与图形表达，可以依据空间关联特征的强度及其数据分布规律采用数学方法建模实现，主要涉及空间权重矩阵的设计以及空间插值方法的选取：空间权重矩阵（Spatial Weight Matrix），是指在空间数据分析中要求空间或位置信息必须以数值形式表示，空间权重矩阵值的选择对任何空间数据分析的结果而言都是一个重要的决定因素。为了生成一个合适的空间权重矩阵，已有研究设计了许多度量空间目标邻近性的方法，大多数空间数据分析模型通常指定一个二元权重矩阵来表达 n 个目标单元的空间邻近性特征；空间插值（Spatial Interpolation），可以通过将离散点的数据转换为连续的数据曲面，以便与其他空间现象的分布模式进行比较，主要包括空间内插和外推两种算法。空间内插算法：通过已知点的数据推求同一区域未知点数据。空间外推算法：通过已知区域的数据，推求其他区域数据。

小结：由于区域经济的动态演化，以及区域要素的空间流动，空间关联特征是区域经济空间系统的重要特征之一，对区域空间关联特征的识别和分析是科学认识区域经济系统结构与分异，揭示其演化过程与机制的重要分析依据。在不同空间尺度上对城市群区域空间关联特征进行分析是本书研究的重要内容之一。

第三节　国内外相关研究评述

一、区域经济增长研究

自 1978 年启动市场化改革以来，中国经济经历了一个快速增长过程，大量学者运用不同的理论来解释这一耐人寻味的经济现象。学者们针对中国经济增长和转型做了广泛的理论和实证分析，以下对相关文献进行简要梳理。

（一）要素与中国区域经济增长

区域经济增长是多种因素共同作用的结果，传统的主流经济学主要关注引发区域经济增长的生产要素，包括资本、劳动力和技术进步，认为只要有生产要素的投入，一个地区的经济就能够增长。

杨晓光等（2002）采用丹尼森要素分析法对影响中国各省区工业GDP增长的各要素进行了分析研究，认为资本投入不能解释地区经济的差异，技术进步和资源优化所呈现的全要素生产率成为地区经济增长的主要力量①。

内生经济增长理论认为，人力资本通过影响技术创新和传播间接贡献于经济增长。许召元等（2008）指出区域间劳动力迁移可以有效改善配置效率，提高经济增速缩小地区间生活水平差距，同时单纯的劳动力输出并不能缩小落后地区同发达地区人均产出的差距②。钱晓烨等（2010）研究发现从业人员接受高等教育的比例与省域技术创新活动有着显著的正相关关系，但对经济增长的间接贡献不明显③。孙玉环等（2014）研究认为，GDP对教育投入富有弹性，尤其是对于经济基础好、居民文化素质较低的省份，GDP对教育投入的弹性通常较大，但中西部9个省份则出现教育与经济消极互动局面，表现为GDP对教育投入缺乏弹性④。

魏后凯（2002）通过实证分析表明，1985～1999年中国东部发达地区与西部落后地区之间GDP增长率的差异大约有90%是由外商投资引起的⑤；

---

① 杨晓光，樊杰，赵燕霞．20世纪90年代中国区域经济增长的要素分析［J］．地理学报，2002，57（6）：701－708.

② 许召元，李善同．区域间劳动力迁移对经济增长和地区差距的影响［J］．数量经济技术经济研究，2008（2）：38－52.

③ 钱晓烨，迟巍，黎波．人力资本对我国区域创新及经济增长的影响——基于空间计量的实证研究［J］．数量经济技术经济研究，2010（4）：107－121.

④ 孙玉环，季晓旭．教育投入对中国经济增长作用的区域差异分析——基于多指标面板数据聚类结果［J］．地理研究，2014，33（6）：1129－1139.

⑤ 魏后凯．外商直接投资对中国区域经济增长的影响［J］．经济研究，2002（4）：19－26.

陈继勇等（2008）研究发现，FDI渠道传递的外国R&D资本对技术进步的促进作用与当地的经济、科技发展水平有着密切关系[①]。

（二）制度因素与区域经济增长

根据现代经济增长理论，经济增长的动力取决于资源禀赋和比较优势，因而区域经济增长表现差异也就由其“初始条件”来解释。但在转轨经济条件下，由要素禀赋差异的“初始条件”所决定的区际经济增长差异还会因转轨经济下制度变迁的影响而加剧。

孙斌栋等（2007）等研究发现制度变迁与资本是中国区域经济增长的主要贡献因素，而人力资本没有显示出统计上的显著性[②]。黄晖（2013）也认为，制度因素在区域经济增长差异中起重要作用[③]。刘玉珂等（2012）采用回归分析法研究证明了制度因素对经济增长的正向作用[④]。

（三）其他因素

高更和等（2006）研究发现产业结构变动对区域经济增长的贡献与区域经济增长之间存在显著的负相关关系，经济增长率降低是结构调整的基本动力之一，而结构调整又成为经济增长的动力。影响产业结构变动对区域经济增长贡献的主要因素是区域产业结构政策和产业投资政策[⑤]。

柯善咨等（2010）研究认为商品市场对外开放与对内开放均显著促进了地区经济增长[⑥]。刘卫东等（2010）认为对欧、美、日的商品出口对各省市产

---

① 陈继勇，盛杨怿．外商直接投资的知识溢出与中国区域经济增长［J］．经济研究，2008（12）：39－49.

② 孙斌栋，王颖．制度变迁与区域经济增长［J］．上海经济研究，2007（12）：3－11.

③ 黄晖．中国经济增长区域差异的制度分析［J］．经济地理，2013，3（1）：35－40.

④ 刘玉珂，邝湘敏．制度变迁与区域经济增长：基于湖南省级数据的实证［J］．经济地理，2012，31（1）：25－29.

⑤ 高更和，李小建．产业结构变动对区域经济增长贡献的空间分析——以河南省为例［J］．经济地理，2006，26（2）：270－273.

⑥ 柯善咨，郭素梅．中国市场一体化与区域经济增长互动：1995～2007年［J］．数量经济技术经济研究，2010（5）：62－72.

业增加值和产业结构升级的贡献度较大，同时中国出口结构存在严重不合理现象[①]。周天芸等（2014）认为，长期来看，区域金融中心发展与区域经济的增长具有相互促进作用[②]；曹啸等（2002）对我国金融发展与经济增长关系进行了格兰杰检验和特征分析，验证了区域经济增长和金融发展之间的正向互动关系[③]。

温瑞虹（2012）研究表明珠三角内部及广东省四区域间的经济差异扩大对广东省经济增长有正向推动作用[④]。史修松等（2014）研究认为省内企业500强的规模对其所在区域GDP总量和人均GDP的增加都具有显著的促进作用[⑤]。

（四）区域经济增长趋同与趋异研究

对于区域经济增长过程的趋同（Convergence）与分异（Divergence）存在两种不同的研究观点，其中，以索罗（Solow）为代表的新古典经济学观点认为，在生产要素投入中存在边际效益递减的特性，而在市场机制下将推动要素的自由流动，促进要素价格的均等化，从而使区域之间的经济发展趋同。这种在要素边际效益和价格的均等化条件下产生的经济增长稳定状态即为新古典经济学的发展目标。而以罗默（Romer，1986）为代表的新经济增长理论则认为，专业化和分工可以实现要素的边际收益递增，从而促进经济增长，因而经济增长的决定因素是内生化的技术进步[⑥]。

上述不同的理论观点对于分析区域发展差距的产生原因及变动趋势有不同的

---

① 刘卫东，刘红光，唐志鹏等．出口对中国区域经济增长和产业结构转型的影响分析[J]．地理学报，2010，65（4）：407－415.

② 周天芸，岳科研，张幸．区域金融中心与区域经济增长的实证研究［J］．经济地理，2014，34（1）：114－120.

③ 曹啸，吴军．我国金融发展与经济增长关系的格兰杰检验和特征分析［J］．财贸经济，2002（5）：40－43.

④ 温瑞虹．广东经济增长与区域经济差异关系研究［J］．地理与地理信息科学，2012，28（1）：90－93.

⑤ 史修松，刘军．大企业规模、空间分布与区域经济增长——基于中国企业500强的研究［J］．上海经济研究，2014（9）：88－99.

⑥ Romer P. M. Increasing returns and long－run growth［J］．Journal of Political Economy，1986，94（2）：1002－1037.

结论，进而提出的促进区域协调发展的政策主张也具有较大差异，随着中国经济总量的不断提升，区域协调发展成为学者研究和政府关注的重点，区域经济增长的收敛性也成为研究热点之一。覃成林（2004）对改革开放以来我国区域经济增长过程的实证分析表明，1978～1999年，我国区域经济增长总体存在着β趋同和明显的俱乐部趋同，不过β趋同的速度很小，只略高于0.9%，建议国家的区域政策应采取有针对性的分区调控措施以促进全国区域经济协调发展①。欧向军等（2006）研究认为，随着中国经济的不断增长，其东、中、西三大区域逐渐发散趋异，而南、北两大区域逐渐收敛趋同②。刘清春等（2009）利用核密度参数法、Wolfson指数分析了各省的经济不均衡和极化程度，发现全国尺度上地市间的差距在拉大，经济极化程度加剧③。王欣亮等（2014）研究指出，2000～2012年我国四大板块中只有东部呈现出俱乐部收敛的发展趋势，对于中部、西部以及东北地区板块内部均呈现出发散的趋势④。

谷国锋等（2011）对东北地区经济增长差异的研究表明，东北三省经济增长的σ趋同与趋异交替出现，1990～2009年东北三省存在着条件β趋同，认为经济差异将会长期存在⑤。

在省域尺度，覃成林等（2007）等研究认为河南省区域经济增长存在明显的俱乐部趋同现象⑥；谷国锋等（2010）分析了1985～2008年吉林省区

① 覃成林．中国区域经济增长趋同与分异研究［J］．人文地理，2004，19（3）：37－40.

② 欧向军，沈正平，王荣成．中国区域经济增长与差异格局演变探析［J］．地理科学，2006，26（6）：641－648.

③ 刘清春，朱永彬，王铮等．我国区域经济的不均衡、极化及演化研究［J］．统计与决策，2009（12）：7－82.

④ 王欣亮，严汉平，刘飞．中国区域经济增长差异的时间演进及空间机制分解：1952～2012［J］．当代经济科学，2014，36（3）：1－10.

⑤ 谷国锋，解瑯卓．东北三省区域经济增长的趋同性研究［J］．地理科学，2011，31（11）：1307－1312.

⑥ 覃成林，唐永．河南区域经济增长俱乐部趋同研究［J］．地理研究，2007，26（3）：548－556.

域经济增长的条件β趋同现象[①]；张晓青（2010）研究指出山东省改革开放以来区域经济增长经历了“趋同（1978～1983）—趋异（1984～2004）—趋同（2005～2008）”的变化过程，2005以后存在条件β趋同，其中人力资本禀赋和非国有化进程对山东区域经济增长的影响最为突出[②]；蒲英霞等（2005）采用空间马尔可夫链方法对江苏省区域趋同的时空动态演变特征进行分析，验证了江苏省区域经济发展的俱乐部趋同现象[③]。

小结：区域经济增长的要素不仅包括投入的生产要素，即资本、劳动力、技术进步和资源等，还包括区位条件、区域的政策环境以及区域的外部环境等。以上简单梳理了学者们对中国经济增长的研究和分析，可以发现，关于区域经济增长主导因素的研究和分析，学者们存在不一致结论，这与研究视角、选取的理论基础以及研究的方法论直接相关。因此，本书对于吉林省中部城市群经济增长问题的研究需要在前人的研究基础上构建研究框架，此外，已有研究的尺度主要集中于中国几大经济区之间、省级行政区之间以及省域范围，由于中国区域条件的复杂性和区域经济增长的巨大差异性，对于更微观尺度的城市群和市域的经济增长研究是必要和有价值的。

二、区域发展阶段研究

（一）经济发展阶段判断标准研究

社会经济发展具有阶段性特征，是一个不断地从量变到质变的过程。依据经济发展的一般规律，对区域经济发展阶段进行分析与判断，揭示研究对象区域在特定时期的经济发展特征，是指定区域经济政策思路，提高政策的

---

① 谷国锋，张晶．吉林省区域经济增长的趋同性研究［J］．经济地理，2010，30（7）：1085－1090.

② 张晓青．改革开放以来山东省区域经济增长趋同与差异［J］．地理科学进展，2010，29（12）：1577－1583.

③ 蒲英霞，马荣华，葛莹等．基于空间马尔可夫链的江苏区域趋同时空演变［J］．地理学报，2005，60（5）：817－826.

方向性和针对性的关键。国内外学者从不同尺度、不同视角分析与判断了中国经济社会的发展阶段，其研究遍布于经济学、社会学、地理学、统计学等许多领域。主要有以下三个判定标准最具影响力：第一种判定标准为世界银行建立并推行的标准，即人均国民收入与发展指标，主要依据世界银行定期发布及调整的人均 GDP 水平，对一国或地区的经济发展阶段进行判定。第二种判定标准为工业化进程指标，多数经济学家尤其是经济史学家分析将其作为重要的研究范式。中国国内学者主要参考了钱纳里等经济学家的划分标准，同时借助于世界银行、OECD 等国际组织对中国购买力评价数据的估计结果对中国工业化阶段进行划分。第三种判定标准是经济增长阶段论。经济增长过程被分为四个阶段，包括要素驱动、投资驱动、创新驱动以及财富驱动，即以劳动密集型产业为主导产业的要素驱动阶段、以资本密集型产业为主导产业的投资驱动阶段、提倡技术创新并以知识密集型产业为主导产业的创新驱动阶段与最后的凭借人类个性的发展和生活享受成为经济发展的新驱动力的财富驱动阶段。

（二）对我国经济发展阶段的评价

经济学者的研究：周海春（2001）以结构变化特征为核心构建了经济发展阶段的评价指标，并利用实证分析寻找中国经济发展轨迹的拐点，以此判断经济发展阶段特征①，认为城市化率低下和二元结构是阻碍中国经济发展的重要问题。卫兴华、侯为民（2007）认为中国仍处于经济增长的投资驱动阶段，资本密集型产业是主导产业，经济效率低下制约了经济的可持续发展和国际竞争力的提高，同时指出集约型增长是我国经济增长方式的必然选择②。梁炜、任保平（2009）从经济总量水平、经济结构、制度水平的变化以及创新水平四个方面对我国 1978 ~ 2006 年的数据进行整理，同时借助

① 周海春．中国经济发展阶段的研究［J］．经济学动态，2001（2）：4 – 9.

② 卫兴华，侯为民．中国经济增长方式的选择与转换途径［J］．经济研究，2007（7）：15 – 22.

Fisher 最优分割法进行系统分析，认为改革开放 40 年来，我国经济发展经历了四个经济发展阶段，目前正处于第四个阶段[①]。蔡昉（2008）[②]、陈昌兵（2009）[③] 等借助 2006 年世界银行依据人均 GDP 对经济发展阶段划分的新标准，判断中国经济当前已逐步进入“中等收入陷阱”阶段。

洪银兴（2010）在《创新型经济：经济发展的新阶段》一书中指出我国最初是处于发展乡镇经济阶段，后来又进入发展开放型经济阶段，现在我国正在进入新的发展阶段，即发展创新型经济阶段[④]。袁霓（2012）从刘易斯曲线、人口红利、库兹涅茨曲线角度出发对中国经济发展阶段进行探讨，认为中国经济未进入刘易斯拐点[⑤]。李月等（2011）提出有效经济增长的概念，构建了有效经济增长动态模型，并从日本与我国台湾地区经验的分析中认为中国已接近中低速稳定增长阶段与高速波动增长阶段的转折点，即正向“新起飞”阶段跨越[⑥]。

经济地理学者的研究：方创琳等（2008）通过对新中国成立 57 年来我国城市化发展历程的分析，修正了世界城市化发展的三阶段论，提出了与经济发展阶段和经济增长阶段相适应的城市化发展的四阶段论，目前处于城市化中期阶段[⑦]。王建军等（2009）运用数学方法推演出城镇化“S”形曲线的 Logistic 增长模型关于时间变量 t 的方程表达式以及该曲线的三个特征点及其数学表达式，选择日本和其他 22 个国家城镇化历史数据进行拟合分析，

---

① 梁炜，任保平．中国经济发展阶段的评价及现阶段的特征分析［J］．数量经济技术经济研究，2009（4）：3－18.

② 蔡昉．中国经济如何跨越“低中等收入陷阱”？［J］．中国社会科学院研究生院学报，2008（1）：13－18.

③ 陈昌兵．“福利赶超”与“增长陷阱”［J］．经济评论，2009（4）：97－105.

④ 洪银兴．新型经济：经济发展的新阶段［M］．北京：经济科学出版社，2010.

⑤ 袁霓．对中国经济发展阶段的探讨——从刘易斯曲线、人口红利、库兹涅茨曲线角度出发［J］．技术经济与管理研究，2012（9）：62－65.

⑥ 李月，邓露．有效经济增长与中国经济发展阶段再判断——从日本与我国台湾地区的经验谈起［J］．南开经济研究，2011（2）：100－118.

⑦ 方创琳，刘晓丽，蔺雪芹．中国城市化发展阶段的修正及规律性分析［J］．干旱区地理，2008，31（4）：512－523.

得出城镇化阶段划分结果与相关研究非常吻合，并且符合世界城镇化发展的总体趋势，还特别证明并指出2004年中国城镇化发展已经出现速度拐点[①]。齐元静等（2013）从全国和地级两个层面对中国经济发展的阶段性及其时空特征进行系统分析，并探讨了中国经济发展的空间演变规律[②]。

在研究方法上，刘玉龙、陆大道等（1995）采用灰色系统建模方法，建立了我国东部沿海地区国民收入灰色预测模型，模拟沿海地区1952～1992年国民收入的变化，划分沿海地区经济发展阶段[③]。陈国阶等（2004）在探讨区域发展机理的基础上，提出利用时空定价概念模型预测中国山区经济发展趋势与人均GDP变化特征[④]。张健等（2007）等构建了区域经济发展阶段的综合评价指标，以我国东中西三大经济区的南通市、滁州市、崇左市为研究区域分析了区域经济的发展阶段[⑤]。

国外相关研究还表明，处于不同发展阶段的区域经济有着完全不同的产业结构特征、支柱产业选择和经济发展驱动力[⑥⑦]。我国学者对区域经济不同发展阶段的产业结构、土地利用效率等进行了研究。郭腾云（2010）基于赛尔奎因—钱纳里标准模式和库兹涅茨模式，采用灰色关联综合判断方法对1978～2005年北京地区发展阶段演进进行了判断分析[⑧]。陈金英等（2013）

---

① 王建军，吴志强．城镇化发展阶段划分［J］．地理学报，2009，64（2）：177－188.

② 齐元静，杨宇，金凤君．中国经济发展阶段及其时空格局演变特征［J］．地理学报，2013，68（4）：517－531.

③ 刘玉龙，陆大道，刘卫东．中国沿海地区国民经济发展阶段的讨论［J］．经济地理，1995，15（2）：6－11.

④ 陈国阶，王青．中国山区经济发展阶段的理论模型与预测［J］．地理学报，2004，59（2）：303－310.

⑤ 张健，陈逸，濮励杰等．区域经济不同发展阶段的合理判定——以广西崇左市、安徽滁州市、江苏南通市为例［J］．经济地理，2007，27（5）：714－718.

⑥ David Gibbs. Ecological modernization, regional economic development and regional development agencies［J］. Geoforum, 2000, 31（1）: 9－19.

⑦ Ida J. Terluin. Differences in economic development in rural regions of advanced countries: An overview and critical analysis of theories［J］. Journal of Rural Studies, 2003, 19（3）: 327－344.

⑧ 郭腾云．北京产业结构演变与发展阶段的灰色关联判断［J］．地理科学进展，2010，29（2）：193－198.

以长三角城市群和吉林省中部城市群为研究对象，运用状态空间法来定量描述2005～2009年两个城市群的承载情况，分析不同发展阶段城市群综合承载力的差异①。闵捷等（2007）研究了江汉平原农地城市流转与经济发展阶段的耦合关系②。张佰林等（2011）以重庆市40个区县为例分析了不同经济发展阶段区域土地利用变化对经济发展的影响③。

（三）对城市群发展阶段划分的研究

在城市群发展阶段的研究上，国外学者最具代表性的为戈特曼从城市群内城市间相互联系程度出发对于纽约都市圈发展阶段的划分以及比尔·斯科特从城市群空间结构角度对城市群演化阶段的划分④。对于中国城市群发展阶段的分析，国内学者具有代表性的观点有周一星关于都市连绵区的论述及其识别标准⑤⑥；姚士谋等对于城市群初始、发育、稳定和成熟4个阶段的划分⑦；刘荣增（2003）对于我国城镇密集区初级发展、过渡发展和相对成熟3个阶段的划分⑧；方创琳等（2008）以经济发展和经济增长阶段为基础的城市化发展四阶段论⑨；叶裕民等（2014）按照城市群的发育程度对城市群

---

① 陈金英，杨青山，马中华．不同发展阶段的城市群综合承载能力评价研究［J］．经济地理，2013，33（8）：68－72.

② 闵捷，张安录，高魏．江汉平原农地城市流转与经济发展阶段的耦合关系［J］．地理与地理信息科学，2007，23（1）：64－67.

③ 张佰林，杨庆媛，鲁春阳．不同经济发展阶段区域土地利用变化及对经济发展的影响——以重庆市40个区县为例［J］．经济地理，2011，31（9）：1539－1544.

④ 熊剑平，刘承良，袁俊．国外城市群经济联系空间研究进展［J］．世界地理研究，2006，15（1）：63－70.

⑤ Zhou YiXing. Definition of urban place and statistical standards of urban population in China：Problem and solution［J］. Asian Geography，1988（1）：12－18.

⑥ 周一星．城市地理学［M］．北京：商务印书馆，1955：41－43.

⑦ 姚士谋，陈振光，朱英明．中国城市群［M］．合肥：中国科学技术大学出版社，2006：37－43.

⑧ 刘荣增．我国城镇密集区发展演化阶段的划分与判定［J］．城市规划，2003，27（9）：78－81.

⑨ 方创琳，刘晓丽，蔺雪芹．中国城市化发展阶段的修正及规律性分析［J］．干旱区地理，2008，31（4）：512－523.

都市连绵区、成熟城市群和潜在城市群三个阶段的划分[①]等。部分学者采用相关统计指标对我国城市群发展阶段进行了定量化的实证研究[②③]。国内外对城市群发展阶段的界定没有统一的标准，也没有完整的评价系统。主要都在各自的研究领域对城市群、都市连绵区、大都市区等进行了定性的描述界定。国内学者已有研究重点主要集中于城市群处于成熟期以后的特征表述[④]。由于中国区域发展的不平衡特征，存在着不同区域城市群发展多阶段并存的现实，从不同空间尺度对具有不同区域特征的城市群发展阶段及其演化进行分析是一个值得探讨的领域。

小结：由于区域经济增长的动态性、复杂性和系统性，对区域经济发展阶段的判断很难统一标准，取得共识，经济学者和经济地理学者们结合自己的专业领域和思维视角给出了自己的思考，并且对比分析了国内外的发展经验，分析了经济发展阶段与其他发展要素之间的相关性。总结来看，已有研究集中于对国家以及省级层面的经济发展阶段判断。由于中国区域发展的差异性和不平衡特征，经济发展阶段存在不同区域多阶段并存的现实，因此，有必要从不同空间尺度研究区域发展阶段及其演化，而且已有研究较少对城市群的发展阶段进行科学性和综合性的划分。

三、区域经济空间格局演化研究

区域空间结构演化是区域经济发展的重要内容和表现，同时也是区域经济系统演化的动力之一。自20世纪50年代开始，区域经济发展差异作为一种非均衡

① 叶裕民，陈丙欣．中国城市群的发育现状及动态特征［J］．城市问题，2014（4）：9－16.

② 陈群元，宋玉祥，喻定权．城市群发展阶段的划分与评判——以长株潭和泛长株潭城市群为例［J］．长江流域资源与环境，2009，18（4）：301－306.

③ 刘荣增．基于城乡统筹的城市群发展阶段划分与判定［J］．统计与决策，2008（13）：38－40.

④ 宁越敏，旋倩，查志强．长江三角洲都市连绵区形成机制与跨区域规划研究［J］．城市规划，1998，22（1）：16－20.

发展空间现象，成为西方地理学者和区域经济学者研究的热点。对区域经济空间格局识别、空间格局演化的研究是分析区域经济演化的重要组成部分。随着经济全球化以及新经济地理学、空间经济学和计量经济学等学科的发展，基于理论模型和计量方法的区域经济格局演化及其空间影响的研究成为该领域的关注热点[①][②][③][④]。

（一）区域空间格局识别

“格局—结构—过程—机理”是经济地理学和区域经济学揭示空间分异和区域联系的主要研究范式[⑤]。其中，格局和结构的识别对于把握区域发展的规律具有重要的作用。赵璐等（2014）根据克鲁格曼的“两个自然”理论，运用空间统计 SDE 方法，在 GIS 技术的支持下，基于中国国土空间特征椭圆系列，在空间上定量刻画了中国经济空间格局基本特征[⑥]。高晓路等（2014）通过分析城镇之间的空间关系，探讨了区域城镇空间格局的定量化识别方法和城镇空间影响范围的确定[⑦]。近年来，随着机动化和信息化的快速发展，城市和城镇之间劳动力、商品、技术、资金和信息等“流”的作用迅速加大，不仅改变着城市之间的空间距离，区域内各城市的关系也随之发生改变，交通和通信基础设施网络建设成为重塑区域城镇空间体系的决定性因素。

---

① Brenner N. The limits to scale: Methodological reflection on scalar structure [J]. Progress in Human Geography, 2001, 25 (4): 591-614.

② Moore A. Rethinking scale as a geographical category: From analysis to practice [J]. Progress in Human Geography, 2008, 32 (2): 203-225.

③ Barrios S., Strobl E. The dynamics of regional inequalities [J]. Regional Science and Urban Economics, 2009, 39 (5): 575-591.

④ Anselin L. Thirty years of spatial econometrics [J]. Papers in Regional Science, 2010, 89 (1): 3-25.

⑤ 马晓冬，朱传耿，马荣华等．苏州地区城镇扩展的空间格局及其演化分析［J］．地理学报，2008，63（4）：405-416.

⑥ 赵璐，赵作权．基于特征椭圆的中国经济空间分异研究［J］．地理科学，2014，34（8）：979-986.

⑦ 高晓路，季珏，樊杰．区域城镇空间格局的识别方法及案例分析［J］．地理科学，2014，34（1）：1-9.

李王鸣等（2011）研究认为，交通基础设施作为各种流的有形空间载体，起着区域经济联系的纽带作用，直接影响着城市和城市群的空间演变方式和发展方向[①]。韩玉刚等（2013）借助实地深度访谈、空间经济联系强度和经济隶属度模型，对皖浙省际边缘区宁国市空间经济整合模式进行了分析[②]。

（二）区域经济空间分异与演化研究

空间结构的发展演化与人口和经济要素在空间上的集疏过程密切相关[③]，因此，分析人口与经济的空间格局与演化过程对正确认识国土空间开发格局特征、发展模式与演变机理以及有效解决我国国土空间开发中存在的问题具有重要的意义[④⑤]。经济地理学相关学者基于社会经济发展的地学基础和资源环境效应，对于区域差异测度方法[⑥]、经济全球化背景下的中国区域经济发展格局演变[⑦⑧]、中国人口与经济重心集聚与均衡特征等进行了研究[⑨]。

在省域、县域尺度上，代合治（2001）采用 AHP 方法对山东省区域经济空间结构差异和区域不平衡特性进行了研究[⑩]；陈小素等（2005）采用 MapGIS 软件的 IDW 空间插值方法，以人均 GDP 为研究指标，对河南省区域

---

① 李王鸣，柴舟跃，江佳遥．基于城市空间要素分析的浙中城市群结构特征研究［J］．地理科学，2011，31（3）：295－301.

② 韩玉刚，李俊峰．基于县域尺度的省际边缘区空间经济整合模式——以安徽省宁国市为例［J］．经济地理，2013，33（11）：28－34.

③ 陆大道．中国人文地理学发展的机遇与任务［J］．地理学报，2004，59（增刊）：3－7.

④ 樊杰．人文——经济地理学和区域发展研究基本脉络的透视——对该领域在中国科学院地理科学与资源研究所发展历程的讨论［J］．地理科学进展，2011，30（4）：387－396.

⑤ 蔡运龙，陆大道，周一星等．中国地理科学的国家需求与发展战略［J］．地理学报，2004，59（6）：811－819.

⑥ 刘慧．区域差异测度方法与评价［J］．地理研究，2006，26（4）：710－718.

⑦ 刘卫东，张国钦，宋周莺．经济全球化背景下中国经济发展空间格局的演变趋势研究［J］．地理科学，2007，27（5）：609－616.

⑧ 王洋，修春亮．1990～2008 年中国区域经济格局时空演变［J］．地理科学进展，2011，30（8）：1037－1046.

⑨ 蒋子龙，樊杰，陈东．2001～2010 年中国人口与经济的空间集聚与均衡特征分析［J］．经济地理，2014，34（5）：9－13.

⑩ 代合治．山东省区域经济空间结构研究［J］．地域研究与开发，2001，20（3）：43－46.

经济空间结构演化进行了分析[①]；乔志霞等（2014）采用因子分析法对甘肃省 1995 ~2010 年以市级单元为样本的区域经济空间结构演化进行了研究，提出了培育经济集聚中心和增长极的建议[②]；仲俊涛等（2014）基于人口、经济和粮食重心对改革开放以来宁夏区域差异与空间格局演化进行了分析[③]；金瑞等（2014）采用 ArcGIS 及 GeoDa 对广东省 2001 ~2013 年城镇化进程中的经济结构和空间布局变化进行了研究[④]；蒋天颖等（2014）采用探索性空间数据分析方法以浙江为例分析了县域经济差异及其空间格局演化[⑤]。

在研究的指标选取上，除人均 GDP 指标以及表征经济发展水平的复合指标外，随着空间经济学研究对经济增长空间因素的引入，学者们开始采用能够反映空间集聚特征的研究指标，其中对于经济密度的研究受到关注。沈体雁等（2012）认为反映区域空间结构最核心的内容是不同区域的经济特性，即不同梯度地域的经济密度因产业性质差异而存在从核心到外围梯度递减的规律，经济密度可以衡量区域投入产出集约化程度以及各种发展要素的集聚能力，是研究经济集聚与分散、经济空间结构、经济发展绩效以及环境经济可持续性等重要课题的一个枢纽性变量[⑥]；张改素等（2013）采用人均、地均指标构成的经济密度综合指数，运用熵权灰色关联模型和聚类分析方法对

① 陈小素，乔旭宁．基于 GIS 的区域经济空间结构演化研究——以河南省为例［J］．地域研究与开发，2005，24（3）：119－123.

② 乔志霞，贾海波，张艳荣．欠发达省份区域经济空间结构演变与优化——以甘肃省为例［J］．经济地理，2014，34（9）：13－18.

③ 仲俊涛，米文宝，候景伟等．改革开放以来宁夏区域差异与空间格局研究——基于人口、经济和粮食重心的演变特征及耦合关系［J］．经济地理，2014，34（5）：14－20.

④ 金瑞，史文中．广东省城镇化经济发展空间分析［J］．经济地理，2014，34（3）：45－50.

⑤ 蒋天颖，华明浩，张一青．县域经济差异总体特征与空间格局演化研究——以浙江为实证［J］．经济地理，2014，34（1）：35－41.

⑥ 沈体雁，劳昕，杨开忠．经济密度：区域经济研究的新视角［J］．经济学动态，2012（7）：82－88.

2000年以来中部地区省域、市域经济密度的时空分异进行了研究①；付金存等（2014）以内含空间概念的经济密度为切入点，从新经济地理学视角对新疆区域经济集聚的宏观和微观机制进行了分析②。

小结：通过文献分析可以发现，相关研究存在三个较为明显的趋势：一是研究区域从我国三大经济圈、省市之间到地市级区域逐渐细化；二是研究指标从单一指标到复合指标再到多个指标耦合特征的分析；三是研究方法从传统的基尼系数、变差系数、聚类分析法等向探索性空间数据分析方法转变。综合来看，已有研究虽然尺度不断转换，研究方法和测度技术也日趋成熟，但是缺失一个系统性而且基本符合区域经济学维度的研究框架或研究范式作为指导，因此对区域空间格局演变的描述比较单一，难以真正反映区域经济在地理空间尺度上的差异变化。

四、区域空间关联研究

区域经济空间相关性的研究受到广泛关注，学者们分别从不同空间尺度上分析了区域经济的空间关联性特征。

（一）区域空间关联性的验证与特征研究

区域空间关联的基础在于区域之间要素和产品市场的开放，李善同等（2004）③、桂琦寒等（2006）④研究发现，中国各地区之间的贸易壁垒随着时间的推移逐渐消除，市场呈现明显的“一体化”整合趋势，产品与要素在各省区间、县区间更加自由地流动，各省区间、县区间的经济增长的空间溢

① 张改素，丁志伟，王发曾．我国中部地区经济密度的时空分异研究［J］．经济地理，2013，33（5）：15－23.

② 付金存，李豫新．新疆区域经济空间分异的微观机制与测度分析——基于新经济地理学的视角［J］．地理科学，2014，34（9）：1093－1098.

③ 李善同，侯永志，刘云中等．中国国内地方保护问题的调查与分析［J］．经济研究，2004（11）：78－84.

④ 桂琦寒，陈敏，陆铭等．中国国内商品市场趋于分割还是整合——基于相对价格法的分析［J］．世界经济，2006（2）：20－30.

出效应与日俱增。吴玉鸣等（2004）[①] 研究认为，中国省域经济增长具有明显的空间依赖性，在地理空间上存在集聚现象[②]；林光平等（2005）[③]、潘文卿（2010）[④] 均以中国31个省区为对象，通过空间计量技术研究了中国区域经济的差异与收敛特征；吴玉鸣（2007）[⑤] 以中国2800多个县域为对象，运用空间计量模型研究了中国县域经济增长的集聚与差异问题。

潘文卿（2012）[⑥] 研究了1988～2009年中国各省区人均GDP的空间分布格局与特征，结果发现中国各省区存在着全域范围的正的空间自相关性，并且空间自相关程度随着时间的推移在增大，局域性的空间集聚特征也越来越明显，空间溢出效应随着地区间距离间隔的增加而减少；袁冬梅等（2012）在对地区差距进行产业分解的基础上，分析了我国31个省区市制造业和服务业空间集聚的结构特征与变化趋势，发现服务业对地区差距的贡献日益强化并可能成长为主导因素[⑦]。

柯善咨（2009）研究指出，虽然产出、就业和资本增长的主要决定因素是要素投入和产出规模以及人力资本等要素，但不同等级的城市间存在着显著的空间相互作用，省会和地级中心城市的经济增长对下级市县有显著的扩散效应，同级市县经济增长有互相促进作用[⑧]。

---

① 吴玉鸣，徐建华．中国区域经济增长集聚的空间统计分析［J］．地理科学，2004，24（6）：654－659.

② 蒋子龙，樊杰，陈东．2001～2010年中国人口与经济的空间集聚与均衡特征分析［J］．经济地理，2014，34（5）：9－13.

③ 林光平，龙志和，吴梅．我国地区经济收敛的空间计量实证分析：1978～2002年［J］．经济学（季刊），2005（4）增刊：67－82.

④ 潘文卿．中国区域经济差异与收敛［J］．中国社会科学，2010（1）：72－84.

⑤ 吴玉鸣．县域经济增长集聚与差异——空间计量经济实证分析［J］．世界经济文汇，2007（2）：37－57.

⑥ 潘文卿．中国的区域关联与经济增长的空间溢出效应［J］．经济研究，2012（1）：54－65

⑦ 袁冬梅，魏后凯，于斌．中国地区经济差距与产业布局的空间关联性——基于Moran指数的解释，2012（12）：90－102.

⑧ 柯善咨．中国城市与区域经济增长的扩散回流与市场区效应［J］．经济研究，2009（8）：85－98.

张战仁（2013）[①] 运用空间计量经济学模型，实证检验了集聚互动、循环累积以及空间关联因素对我国区域创新差异产生的实际贡献作用。

区域经济增长要素也具有显著的空间关联特征。解垩（2007）[②]、魏下海（2010）[③] 研究认为政府效率、基础设施也具有空间溢出效应。高怡冰（2014）[④] 分析了人力资本、研发投入和基础设施对广东全要素生产率的影响，认为地区全要素生产率受相邻地区的正向影响。在科技创新日益受到重视的背景下，学者们对区域技术进步以及创新产业的空间关联和溢出效应也进行了许多探讨，Martin 等（2001）认为，技术扩散受到地区经济、技术水平和空间距离的影响[⑤]，Ertur 等（2007）认为，技术扩散程度随着空间距离递减[⑥]，Debarsy 等（2010）等认为，邻近区域创新对该区域经济影响较大[⑦]。

在省域尺度上，刘娜等（2014）[⑧] 采用 SPSS、GeoDA 和 ArcGIS 对甘肃省人口、经济的空间分异和关联性进行研究，指出甘肃省人口、经济分别具有空间关联特征，但是二者之间的相关性较低；何天祥（2014）采用 DEA 方法和 Moran 系数分析了环长株潭城市群技术进步及空间溢出效应，认为环长株潭城市群存在日益明显的技术溢出效应和集聚效应，技术扩散与空间邻

---

① 张战仁．我国区域创新差异的形成机制研究——基于集聚互动、循环累积与空间关联视角的实证分析［J］．经济地理，2013，33（4）：9－14.

② 解垩．政府效率的空间溢出效应研究［J］．财经研究，2007，33（6）：101－110.

③ 魏下海．基础设施、空间溢出与区域经济增长［J］．经济评论，2010（4）：82－88.

④ 高怡冰．区域内部经济增长要素的空间关联性研究［J］．广东社会科学，2014（1）：46－53.

⑤ Martin P.，Ottaviano GIP. Growth and agglomeration［J］. International Economic Review，2001，42（4）：947 － 968.

⑥ Ertur C.，Koch W. Growth，technological interdependence and spatial externalities：Theory and evidence［J］. Journal of Applied Econometrics，2007，22（6）：1033 － 1062.

⑦ Debarsy N.，Ertur C. Testing for spatial autocorrelation in a fixed effects panel data model［J］. Regional Science and Urban Economics，2010，40（6）：453 － 470.

⑧ 刘娜，石培基，李博．甘肃省人口经济空间分异与关联研究［J］．干旱区地理，2014（1）：179－187.

近紧密相关[①]；方远平等（2014）基于广东省21个地级市实证分析了知识密集型服务业空间关联特征及其动力机制。证明广东省知识密集型服务业呈现空间正相关特点，且集中于珠三角地区[②]；张友志等（2013）[③]、柯文前等（2013）[④]分别研究和验证了江苏省县域创新产出和劳动生产率的空间关联特征。

（二）城市群内部区域空间关联性

对于城市群内区域之间的空间关联特征和规律，Rosenthal等（2001）指出各种集聚外部性的空间衰减特征不一致，知识外部性由于十分依赖于人际交流，其空间衰减十分快速，但是劳动力与中间产品共享效应则要在更大的空间距离上才会衰减[⑤]。Scott（1983）[⑥]、Fotheringham（1985）[⑦]等认为，本地的产业结构特征影响从都市圈中心到外围地区的人口与经济活动流动。Fox等（1989）[⑧]以及Boarnet（1994）[⑨]还证明中心城市的城市化扩散的方向与尺度受周边地区间的税收结构、公共服务、基础设施等差异所影响。

国内学者也借助空间自相关等空间计量分析方法对城市群内区域经济空

---

① 何天祥．环长株潭城市群技术进步及空间溢出效应［J］．经济地理，2014，34（5）：109－115.

② 方远平，毕斗斗，谢蔓等．知识密集型服务业空间关联特征及其动力机制分析——基于广东省21个地级市的实证［J］．经济地理，2014，34（5）：109－115.

③ 张友志，顾红春．江苏省县域创新产出的空间关联与时空演化［J］．地域研究与开发，2013，32（6）：33－38.

④ 柯文前，陆玉麒，俞肇元等．江苏县域劳动生产率的空间关联与分异演化格局［J］．经济地理，2013，33（12）：24－30.

⑤ Rosenthal S.，Strange W. The determinants of agglomeration［J］. Journal of Urban Economics，2001，50（2）：191－229.

⑥ Scott A. J. Location and linkage systems：A survey and reassessment［J］. The Annals of Regional Science，1983，17（1）：1－39.

⑦ Fotheringham A. S. Modeling firms' locational choices and core－periphery growth［J］. Growth and Change，1985，16（1）：13－16.

⑧ Fox William F.，Herzog Jr.，Henry W.，Schlottman Alan M. Metropolitan fiscal structure and migration［J］. Journal of Regional Science，1989，29（4）：523－536.

⑨ Boarnet M. G. An empirical model of intrametropolitan population and employment growth［J］. Papers in Regional Science，1994，73（2）：135－152.

间关联特征进行了分析。刘立平等（2011）计算了中原城市群中心城市吸引力的分维数和空间结构的关联特征①；万鲁河等（2011）采用地理空间分析方法研究了哈大齐工业走廊各县 GDP 的空间关联和集聚特征，指出 GDP 水平在空间关联性上呈现正相关②；毕秀晶等（2013）通过对长三角地区经济空间结构的研究表明，在影响经济空间格局的各因素中，除要素投入、政策、集聚经济等因素外，区位条件即是否邻近大都市区也有重要作用，证实了大都市区的空间溢出效应③。

（三）区域空间竞争与冲突

对于经济集聚过程中区域之间的关系，学者们还从区域竞争与冲突的角度研究了区域剥夺问题。从区域经济集聚角度来看，中心城市对外围地区的促进作用为扩散效应，对外围区域的阻碍作用为回流效应，而溢出效应是扩散效应正影响和回流效应负影响的叠加。中心城市发展对外围区域的影响究竟是发生了溢出效应还是剥夺效应取决于扩散效应与回流效应的共同作用。

Fujita 等（1999）认为，享受城市基础设施与公共服务等的不便利性导致距离大型城市遥远的地区经济发展受到限制，大城市地区激烈的空间竞争也不利于邻近地区的发展，形成集聚阴影（Agglomeration Shadows）④。McGrahahan 等（1992）研究发现，40% 的大都市周边地区在 20 世纪 80 年代都经历了人口下降，而只有 25% 的地区经济增长快于全国平均水平，这种不一致性主要归结于邻近大都市的规模与增长能力差异⑤。

---

① 刘立平，穆桂松．中原城市群空间结构与空间关联研究［J］．地域研究与开发，2011，30（6）：164－168.

② 万鲁河，王绍巍，陈晓红．基于 GeoDA 的哈大齐工业走廊 GDP 空间关联性［J］．地理研究，2011，30（6）：977－984.

③ 毕秀晶，宁越敏．长三角大都市区空间溢出与城市群集聚扩散的空间计量分析［J］．经济地理，2013，33（1）：46－53.

④ Fujita M.，Krugman P.，Mori T. On the number and location of cities［J］. European Economic Review，1999，43（2）：209－251.

⑤ McGranahan D. A.，Salsgiver J. Recent population change in adjacent nonmetro counties［J］. Rural Development Perspectives，1992（8）：2－7.

国内学者也从经济因素、制度因素等角度结合中国国情对区域竞争与剥夺问题进行了研究。方创琳等（2007）认为，区域剥夺是指强势群体和强势区域基于区域与区域之间的空间位置关系，借助政策空洞和行政强制手段掠夺弱势群体和弱势区域的资源、资金、技术、人才、项目、政策偏好、生态、环境容量，转嫁各种污染等的一系列不公平、非合理的经济社会活动行为①。

王昱等（2007）认为，县域经济发展“滞后”区域的形成与“空间剥夺”有直接关系，县域经济的空间剥夺作用机理主要有县域经济发展要素的“极化”效应，制度因素的作用和核心城市产业的空间侵占②；周国华等（2012）以长株潭城市群为例分析了空间冲突的演变特征及影响效应，认为空间冲突的演变过程呈倒“U”形变化，其可控性级别可划分为稳定可控、基本可控、基本失控和严重失控 4 个层次，空间冲突的影响效应表现为空间资源失配、空间开发失序、生态系统失衡和社会发展失稳等③；马永红等（2014）定量分析了单核城市系统中心城市对周边县域空间剥夺效应④。

小结：通过文献分析可以发现有两方面的问题值得进一步探讨：一是由于中国区域经济发展的自然条件、区位因素、经济基础和制度因素的巨大差异性，对区域空间关联与溢出效应的研究应该考虑更微观的城市群以及市域甚至县域范围。二是研究的方法，随着探索性空间数据分析方法以及 ArcGIS 和 GeoDA 软件的广泛应用，大多数学者对于空间关联问题的研究都开始借用空间自相关分析方法和软件对区域经济空间关联问题进行分析，但是已有研

---

① 方创琳，刘海燕．快速城市化进程中的区域剥夺行为与调控路径［J］．地理学报，2007，62（8）：849－860.

② 王昱，丁四保，王荣成．“空间剥夺”与县域经济发展问题——以吉林省中部地区为例［J］．人文地理，2007（5）：60－65.

③ 周国华，彭佳捷．空间冲突的演变特征及影响效应——以长株潭城市群为例［J］．地理科学进展，2012，3（6）：717－723.

④ 马永红，朱良森．单核城市系统中心城市空间剥夺效应研究［J］．管理科学，2014（6）：105－107.

究多是针对探索性空间数据分析结果对集聚区域的分布及其关联性进行简单分析，对空间溢出效应的测度以及区域空间差异形成机制解析与调控策略方面的研究较少。

五、经济增长效率研究

改革开放以来，中国的城镇化和工业化取得了举世瞩目的成就，推动了中国经济的高速增长。随着我国经济的持续增长和规模的扩大，传统的高消耗、高增长的增长模式不断暴露出其资源投入效率低下以及不可持续的缺陷，城镇规模的快速扩大所带来的经济发展、社会福利水平提升以及合理的资源配置等经济发展的收益却十分低迷。在资源供给规模达到一定程度并且供给数量有限的背景下，投入产出效率的提高成为经济发展和城镇化亟待关注的问题①。城镇化是人类社会经济和生活空间集聚过程的缩影，是现代文明产生和经济繁荣发展的基础。城镇化和经济增长之间存在着显著的正相关关系②③，因此，对于经济增长和城镇化效率的探讨成为区域经济发展研究的热点问题。

经济增长效率是一定时期内经济发展过程中的投入与产出之间的权衡与比较，效率的计算是依据投入产出原理从系统内部经济效率与全要素生产率、单个要素效率测定与评价等角度对经济增长进行分析的一种方法④⑤，是衡量城镇经济系统运行运转水平的重要参考标准。作为经济增长的核心，效率的增长不但决定了区域经济增长的质量、技术进步的方向和管理效率的高

① 吴敬琏．我国城市化面临的效率问题和政策选择［J］．新金融，2012（11）：4－7.

② 沈凌，田国强．贫富差别、城市化与经济增长——一个基于需求因素的经济学分析［J］．经济研究，2009（1）：17－29.

③ 张明斗．城市化水平与经济增长的内生性研究［J］．宏观经济研究，2013（10）：87－94.

④ Anas A. Vanishing cities: What does the new economic geography imply about the efficiency of urbanization?［J］. Journal of Economic Geography, 2004, 4（2）: 181－199.

⑤ 肖文，王平．我国城市经济增长效率与城市化效率比较分析［J］．城市问题，2011（2）：12－16.

低，也直接影响着区域经济增长的差异。国外学者较早开始对经济增长效率问题进行分析，研究领域包括对不同空间尺度城镇化发展和经济增长效率的测度与评价[①]、城市化过程中土地利用效率的探讨[②]以及对于效率测定模型的研究[③]等。国内学者对于城镇化效率的研究主要集中于三个方面：一是对于经济增长过程中全要素生产率的测度与评价[④⑤]以及城市化进程中单个投入要素效率的研究[⑥⑦]；二是对于经济增长效率的区域差异及其影响因素的研究[⑧⑨⑩⑪⑫]；三是对于城市化效率的区域差异及其影响因素的研究[⑬⑭⑮]。

小结：综合已有相关研究来看，在研究尺度与研究视角上，主要集中于

---

① Bannistter G., Stolp C. Regional concentration and efficiency in Mexican manufacturing [J]. European Journal of Operational Research, 1985, 80 (3): 672-690.

② Halleux J. M., Marcinczak S. The adaptive efficiency of land use planning measured by the control of urban sprawl: The cases of the Netherlands, Belgium and Poland [J]. Land Use Policy, 2012, 29 (4): 887-898.

③ Charnes A., Cooper W. W. Using DEA to evaluate the efficiency of economic performance by Chinese cities [J]. Socio-Economic Planning Sciences, 1989, 23 (6): 325-344.

④ 王大鹏，吴育华．中国城市经济增长的全要素动态分析［J］．统计与决策，2007（24）：76-78.

⑤ 赵黎明，焦珊珊，姚治国．中国城镇化效率测度［J］．城市问题，2015（12）：12-18.

⑥ 陶小马，谭婧，陈旭．考虑自然资源要素投入的城市效率评价研究——以长三角地区为例［J］．中国人口·资源与环境，2013（1）：143-154.

⑦ 新奇，孙元军．中国城镇建设用地结构合理性分析方法研究［J］．中国土地科学，2008，5：4-10.

⑧ 宋长青，李子伦，马方．中国经济增长效率的地区差异及收敛分析［J］．城市问题，2013（6）：46-51.

⑨ 朱承亮，岳宏志，李婷．中国经济增长效率及其影响因素的实证研究：1985～2007［J］．数量经济技术经济研究，2009（9）：52-63.

⑩ 杨威，金凤君，王成金等．东北地区经济增长效率及其时空分异研究［J］．地理科学，2011，31（5）：544-550.

⑪ 张鹏，于伟．山东省城镇化效率及空间结构研究［J］．地理与地理信息科学，2014，30（4）：73-77.

⑫ 孙东琪，张京祥，张明斗等．长江三角洲城市化效率与经济发展水平的耦合关系［J］．地理科学进展，2013，32（7）：1060-1071.

⑬ 方创琳，关兴良．中国城市群投入产出效率的综合测度与空间分异［J］．地理学报，2011，66（8）：1011-1022.

⑭ 张明斗，周亮，杨霞．城市化效率的时空测度与省际差异研究［J］．经济地理，2012，32（10）：42-48.

⑮ 戴永安．中国城市化效率及其影响因素——基于随机前沿生产函数的分析［J］．数量经济技术经济研究，2010（12）：103-107.

对我国三大地带、省域和地级市城镇化效率的演化趋势及其影响因素的分析，对于微观县域尺度城镇化效率的探讨较少；在研究区域上，主要集中于长三角、山东半岛等经济发达地区，对于经济欠发达地区以及特殊地域城镇化效率研究较少；此外，在研究方法上，较多地采用 DEA（Data Envelopment Analysis）模型对城镇化效率的演变进行分析，但是，结合 ESDA（Exploratory Spatial Data Analysis）分析框架对城镇化效率空间分异格局及其演化特征的研究不足，难以深入分析城镇化效率的空间特征。

六、经济增长质量问题研究

随着中国经济快速发展以及经济总量的不断扩大，发展质量问题开始受到广泛关注。高投入—高增长的经济发展模式日益凸显出投资路径依赖与经济增长质量堪忧的双重难题①。在可持续发展战略的影响下，区域经济增长质量以及可持续发展水平提升问题引起政府和学界的关注。

国内外学者对于经济增长质量的研究主要集中在三个方面：一是对经济增长质量内涵的研究，早期学者们一般用经济增长效率来代替经济增长质量，如 Denision（1962）、Jorgenson（1967）等采用全要素生产率（TFP）的变化对经济增长质量进行测量②③，之后经济增长质量被赋予了新的内涵，如 Barro（2002）和 Stiglitz 等（2009）等认为对经济增长质量的考察应立足于民众福利水平的提升，包括生活水平、政治权利、受教育水平、健康状况等

① 郝颖，辛清泉，刘星．地区差异、企业投资与经济增长质量［J］．经济研究，2014（3）：101－114.

② Denision E. F. The source of economic growth in the U. S. and the alternatives before us［J］. Committee for Economic Development, 1962：22－33.

③ Jorgenson D.，Griliches Z. The explanation of productivity change［J］. Review of Economic Studies, 1967, 34（3）：249－283.

多个领域①②。国内学者对经济增长质量的界定也从投入产出效率以及要素的配置质量③转而认为经济增长质量是一个衡量经济发展优劣性的综合性评价标准④。二是对于经济增长质量的测度，王玉梅（2006）认为，经济发展质量评价标准包括经济增长的持续性和稳定性、增长效率、经济结构、产品质量、资源环境以及人民生活水平 6 个方面⑤，刘海英等（2006）、钞小静等（2011）从经济增长的结构和效率、稳定性、可持续性、成果分配、资源环境成本等方面对经济增长质量进行了测度，并对提高区域经济增长质量提出了对策⑥⑦，此外，学者们主要采用主成分分析法对中国区域经济增长质量进行了测度⑧。三是对经济增长质量区域差异的研究，詹新宇等基于创新、协调、绿色、开放、共享五大发展理念对中国省际经济增长质量差异进行了测度⑨，李佼瑞等（2015）基于空间视角对西部地区 12 个省份区域经济增长质量及其空间关联特征进行了分析⑩，李胭胭等（2016）、杨丽丽等（2016）采用主成分分析法和 GIS 空间分析方法分析了河南省 18 个省辖市的经济增

① Barro, Robert J. Quantity and quanlity of economic growth [M]. Working Papers from Central Bank of Chile, 2002.

② Stiglitz, Joseph, Sen, Amartya, and Fitoussi Jean - Paul. Mismeasuring our lives: Why GDP Doesn't Add Up [M]. NewYork: The New Press, 2009.

③ 王积业．关于提高经济增长质量的宏观思考［J］．宏观经济研究，2000（1）：11－17.

④ 李俊霖．经济增长质量的内涵与评价［J］．生产力研究，2007（15）：9－10.

⑤ 王玉梅．如何建立我国经济增长质量评价指标体系［J］．经济管理，2006（13）：32－35.

⑥ 刘海英，张纯洪．中国经济增长质量提高和规模扩张的非一致性实证研究［J］．经济科学，2006（2）：13－22.

⑦ 钞小静，任保平．中国经济增长质量的时序变化与地区差异分析［J］．经济研究，2011（4）：26－40.

⑧ 钞小静，惠康．中国经济增长质量的测度［J］．数量经济技术经济研究，2009（6）：75－86.

⑨ 詹新宇，崔培培．中国省际经济增长质量的测度与评价——基于“五大发展理念”的实证分析［J］．财政研究，2016（8）：40－53.

⑩ 李佼瑞，白桦，赵琎．基于空间视角的西部地区经济增长质量研究［J］．西北大学学报（哲学社会科学版），2015，45（5）：125－130.

长质量空间差异①②。

小结：综合来看，在区域经济增长质量内涵的认知上，虽然表述和具体意义不同，但是学者们基本认为是经济增长优劣程度的价值判断。在经济增长质量定量测度方法上，主要采用了AHP分析和主成分分析方法，在对经济增长质量进行测度的评价单元上，基本以三大地带、省际和地级市为空间分析单元，研究方法的综合应用以及研究空间尺度的细化是目前区域经济增长质量研究中的一个重要趋势。

本章小结

本章对本书涉及的基本概念与研究主题进行了梳理与界定，包括城市群、区域空间格局演化以及区域协调发展。然后系统分析了本书研究涉及的基本理论，包括区域经济增长理论、发展阶段理论、空间极化理论和区域空间关联理论等，并对区域经济增长、区域发展阶段、区域空间关联与格局演化以及区域经济增长的效率与质量问题等已有相关研究进行了评述，进一步明确了本书的研究思路和研究重点，为本书的后续研究奠定理论基础。

---

① 李腼腼，鲁丰先．河南省经济增长质量的时空格局［J］．经济地理，2016，36（3）：41－47.

② 杨丽丽，李强．新常态下经济增长质量测度、时空特征及其影响因素研究——来自安徽的例证［J］．西安电子科技大学学报（社会科学版），2016，26（4）：68－76.

第三章　吉林省中部城市群区域演化时序特征与发展阶段

20 世纪 90 年代以来，在工业化与城镇化加速发展的背景下，中国的人口与经济活动迅速向城市集聚，城市空间形态由单体型向城市带、城市群等组合城市形态转换。近年来，城市群已经逐渐成为我国推动区域经济发展和城市化进程的主体形态。城市群既是国家之间经济竞争的基本地域单元，也是一国内部经济发展的增长极和聚集地。新型城镇化规划明确指出城市群是我国新型城镇化的主体形态，要优化提升东部地区城市群和培育发展中西部地区城市群。随着区域城镇化进程的加快和现代交通与信息技术的发展，区域内城镇之间空间联系的加强和网络功能作用的强化，使城市群成为区域经济和产业竞争的主要空间平台。

本书的研究对象为吉林省中部城市群，对城市群空间范围的界定、发展背景的梳理以及发展阶段的分析是后续研究的基础。本章首先对吉林省中部城市群空间范围进行界定，并对城市群区域经济演化时序特征与背景进行分析，然后基于区域经济发展阶段理论采用模糊综合评价方法对吉林省中部城市群发展阶段进行判定。

第一节 研究区概况

一、研究区范围界定

对于城市群的界定，虽然学术界有着不同的观点，但一般认为需要满足四个条件：即空间相邻、经济相依、制度相近与等级相异①②，在我国特殊的国情下，制度因素带来的行政分割和政府干预在经济发展和城市化进程中扮演着重要角色③④。吉林省位于东北地区中部，东北亚地理中心，地跨东经121°38′~131°19′、北纬40°50′~46°19′。东西长769.62公里，南北宽606.57公里，土地面积18.74万平方公里，吉林省辖长春（副省级市）、吉林、松原、四平、白城、辽源、白山、通化和延边朝鲜族自治州，另外直辖梅河口、公主岭2个县级市⑤。吉林省地貌形态差异明显，地势由东南向西北倾斜，呈现明显的东南高、西北低的特征。以中部大黑山为界，可分为东部山地、中部台地平原区和西部草甸、湖泊、湿地、沙地区。在长期以来的区域经济发展中，依据自然、经济与社会特征，吉林省形成了以长春市和吉林市为极核的中部经济集聚中心和城市群，并成为东北地区城市群特征明显

---

① 戴宾．城市群及其相关概念辨析［J］．财经科学，2004（6）：101－103.

② 苗长虹，王海江．中国城市群发展态势分析［J］．城市发展研究，2005，12（4）：11－14.

③ Poncet S. A fragmented China：Measure and determinants of Chinese domestic market disintegration［J］. Review of International Economics，2005（3）：409－430.

④ 陈铭，陈钊．分割市场的经济增长——为什么经济开放可能加剧地方保护［J］．经济研究，2009（3）：42－52.

⑤ 朱邦耀，李国柱，刘春艳等．基于RS和GIS的吉林省人居环境自然适宜性研究［J］．国土资源遥感，2013，25（4）：138－142.

的三大主要城市群之一[①]。

对于吉林省中部城市群的划分，学术界主要有三种划分标准：第一种范围界定标准包含长春市（长春市区、德惠市、九台市、榆树市、农安县）、吉林市（吉林市区、桦甸市、磐石市、舒兰市、蛟河市、永吉县）、四平市（四平市区、双辽市、梨树县、伊通县）、公主岭市、辽源市（辽源市区、东辽县、东丰县）、松原市（松原市区、乾安县、扶余县、长岭县、前郭尔罗斯蒙古族自治县（简称前郭县））、梅河口市以及通化市辖的两县（辉南县、柳河县）[②③]，具体空间范围如图 3－1 所示。

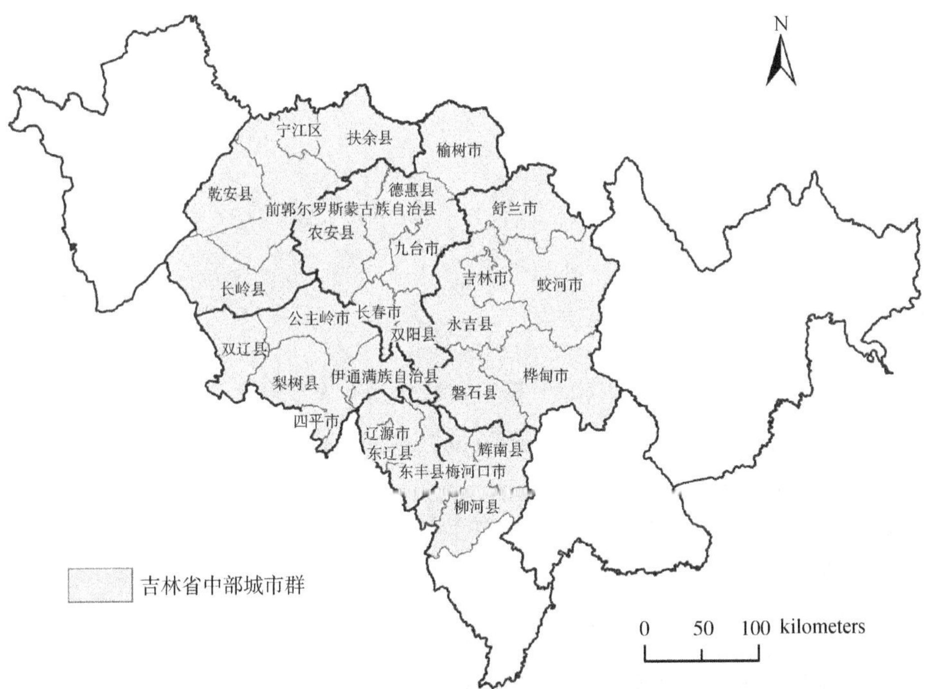

图 3－1　吉林省中部城市群空间范围划分标准一

Fig. 3－1　The spatial range of urban agglomeration in central Jilin province（1）

① 徐卓顺．东北三省城市群的发展现状及特征［J］．城市问题，2014（11）：44－49.

② 崔宏桥．吉林省中部城市群服务业空间布局优化［J］．现代经济信息，2004（1）：357－358.

③ 姜博，修春亮．吉林省中部城市群现状与调控对策［J］．中国国情国力，2007（7）：61－64.

第二种范围界定标准包括 1 个副省级城市长春市，吉林、四平、辽源、松原 4 个地级市以及 19 个县级城市①②，其空间范围如图 3-2 所示。

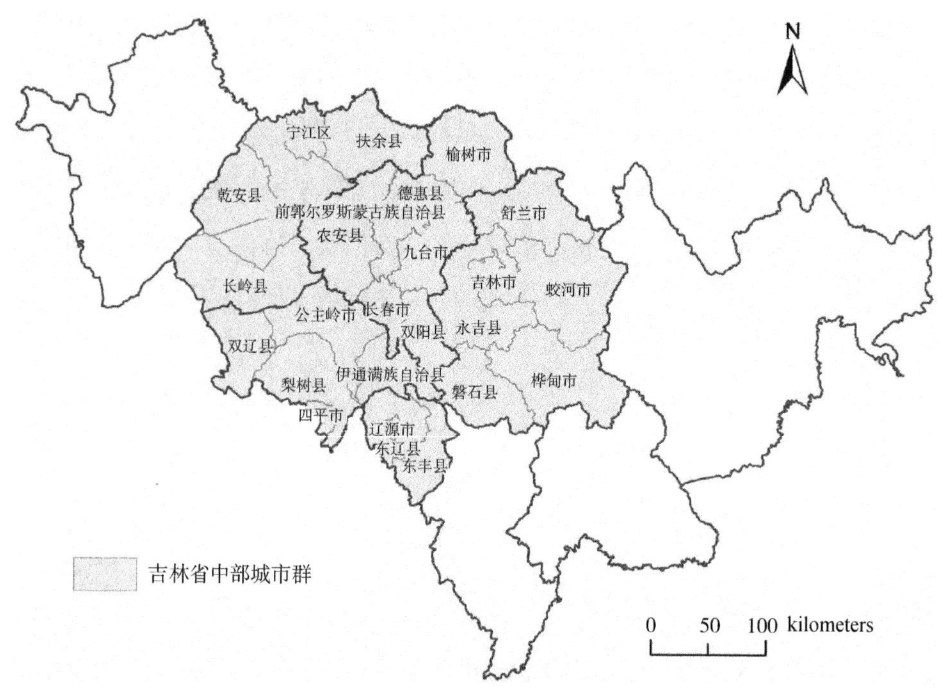

图 3-2 吉林省中部城市群空间范围划分标准二

Fig. 3-2 The spatial range of urban agglomeration in central Jilin province (2)

第三种范围界定标准主要基于经济开放与通道建设的经济区概念与内涵，为长吉图开发开放先导区，其空间范围包括长春市城区、德惠市、九台市、农安县、吉林市城区、永吉县、蛟河市和延边朝鲜族自治州全境③，总面积约 $7.3 \times 10^4 km^2$，2009 年 8 月，中央政府将长吉图开发开放先导区列为国家重要发展战略开放区之一，以及中国沿边开发开放的重要区域和面向东

① 李林山，杨青山，刘贺贺等．吉林省中部城市群城市区位与区域均衡发展关系研究[J]．地域研究与开发，2014，33（2）：25-29.

② 杨青山，楚洪建，王大鹏．吉林省中部城市群城市发展水平的收敛性分析［J］．地理科学，2009，29（5）：673-678.

③ 长吉图开发开放先导区战略实施网［EB/OL］．http：//www. cjtzlss. com/. 2014-12-29.

北亚开放的重要门户区域与经济技术合作平台，作为东北地区新的重要增长极进行培育，并逐步建设成为中国沿边开发开放的示范区和先行区①②。

长吉图开发开放先导区的区域人口和面积占到全省的30%左右，2014年经济总量接近全省的50%，是中国参与东北亚和图们江地区合作开发的核心地区，区内建设有长春—吉林—珲春（未来延伸到海参崴）高铁和长春—吉林—珲春高速公路，基础设施条件优越。依照长吉图开发开放先导区的规划纲要，长吉图开发开放先导区将建设以珲春为开放窗口、延（吉）龙（井）图（们）为开放前沿，以长春、吉林市为主要依托中心城市，实现边境地区与腹地联动开发开放，逐步形成具有较强实力的经济发达区域和对外开放的先行区，以带动吉林省中东部地区加快发展振兴，具体空间范围如图3－3所示。

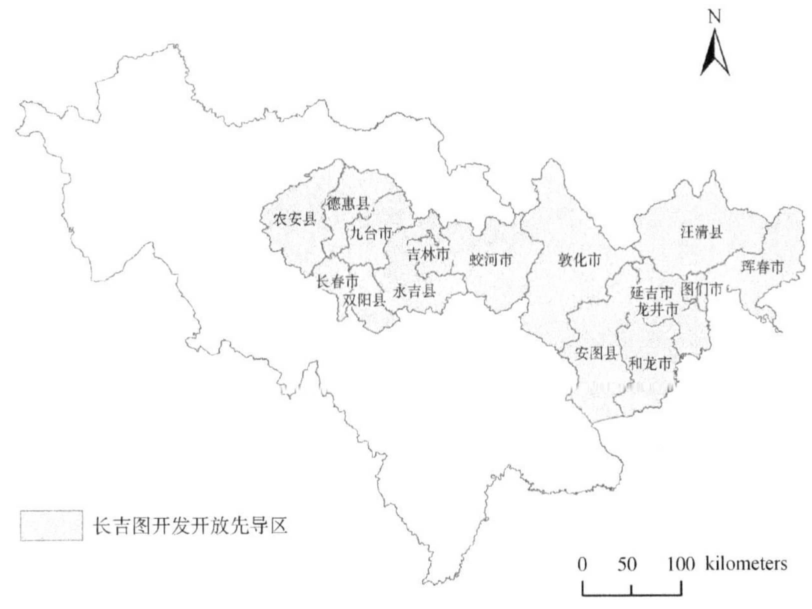

图3－3　吉林省中部城市群空间范围划分标准三

Fig. 3－3　The spatial range of urban agglomeration in central Jilin province（3）

---

① 于潇．长吉图开发开放先导区与国际大通道建设研究［J］．东北亚论坛，2010，19（2）：11－17.

② 赵宏波，马延吉，苗长虹．基于熵值—突变级数法的国家战略经济区环境承载力综合评价及障碍因子——以长吉图开发开放先导区为例［J］．地理科学，2015，35（12）：1525－1532.

为了更精确地对城市群空间范围进行界定，采用经济密度分析方法对吉林省区域空间格局进行计算和空间表达。选取 2014 年 GDP 数据，以县域为空间单元分别计算人均 GDP 和地均 GDP，并采用 GIS 空间插值方法对吉林省人均 GDP 和单位面积 GDP 进行插值计算，叠加吉林省县域行政区划图进行空间显示，如图 3－4 以及图 3－5 所示。

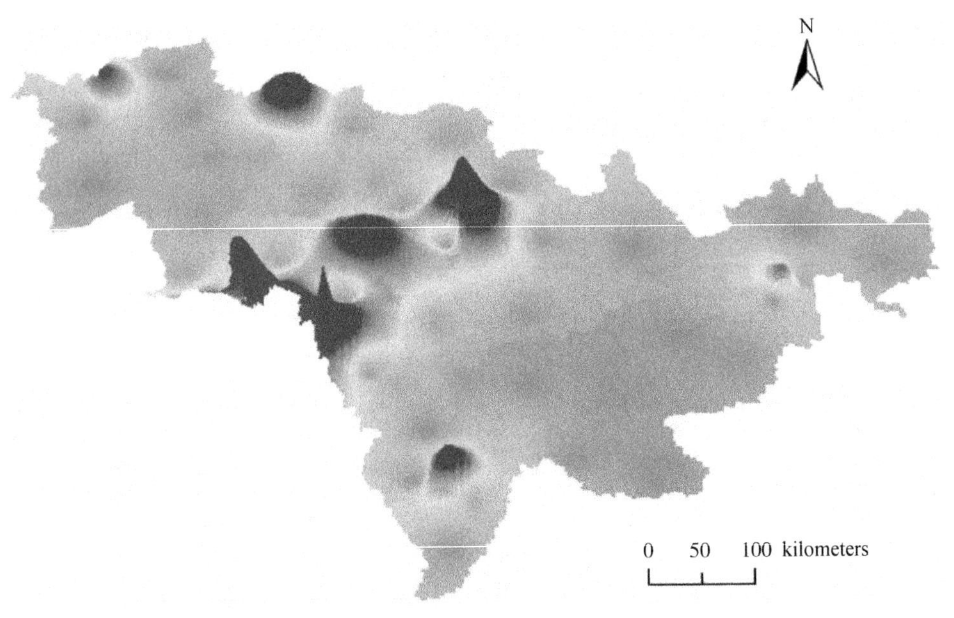

图 3－4 吉林省地均 GDP 空间插值图（2014）

Fig. 3－4 The GDP spatial interpolation map of Jilin province in 2014

从单位面积 GDP 空间插值三维图可以看出，吉林省地均 GDP 较高的县域主要集中分布于四平市、辽源市、长春市和辽源市所在的中部城市群，同时分散分布于白城市、松原市、通化市以及延边市市辖区周边区域，且松原市地均 GDP 值相对较高。从人均 GDP 空间插值图可以看出，吉林省人均 GDP 较高的县域自东向西主要集中于乾安县、前郭县、松原市、长春市、吉林市、磐石市以及桦甸市，其他区域人均GDP较低且未呈现连片化分布格局。

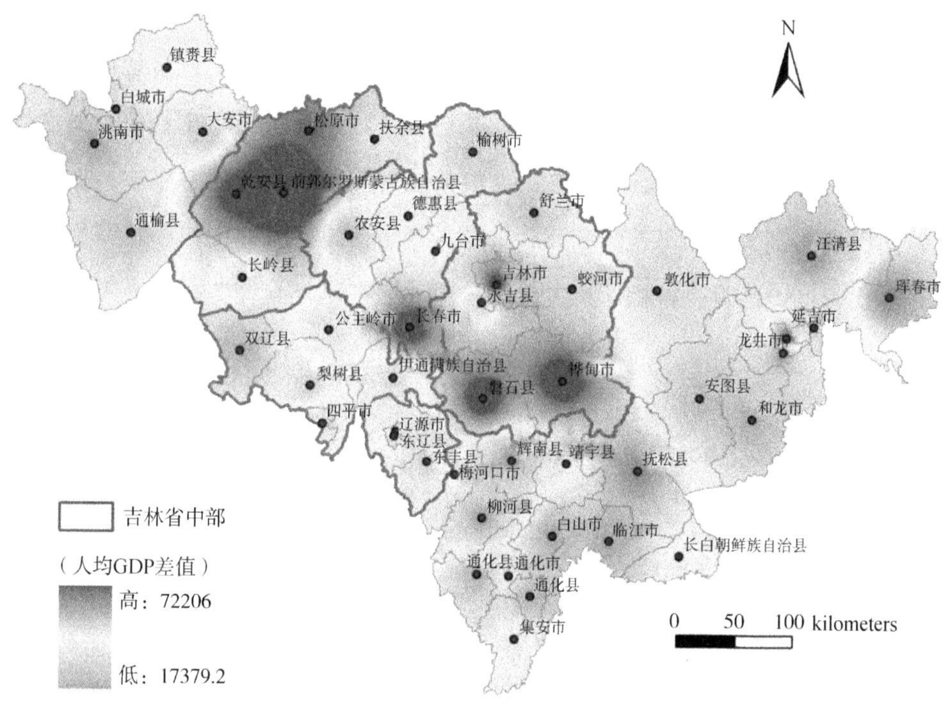

图3－5 吉林省人均GDP空间插值图（2014）

Fig. 3－5 The spatial interpolation of per capita GDP in Jilin province in 2014

综合考虑空间邻近、经济密度（见图3－4）、行政分割以及相关研究进展等因素，本书对吉林省中部城市群范围的界定遵循第二种划分标准，该标准所界定的吉林省中部城市群包括长春、吉林、四平、辽源、松原5市，地处北纬42°17′～45°32′、东经123°6′～127°56′，总面积8.85万平方公里，占吉林省的47.23%和全国的0.92%，是东北地区城市群特征明显的三大主要城市群之一①。

① 杨青山，楚洪建，王大鹏．吉林省中部城市群城市发展水平的收敛性分析［J］．地理科学，2009，29（5）：673－678.

二、研究区自然环境概况

吉林省中部城市群属于吉林东部地区长白山脉向西部草原过渡地区，境内主要地形为低山丘陵与山前台地平原（见图3－6）。境内长春市地貌类型主要为台地平原与冲积平原；吉林市主要地貌景观为低山丘陵与河谷平原；四平市由东南向西北依次为低山丘陵和波状平原；辽源市地处长白山向松辽平原过渡带，主要为低山丘陵区；松原市主要为松嫩冲积平原（见图3－7）。

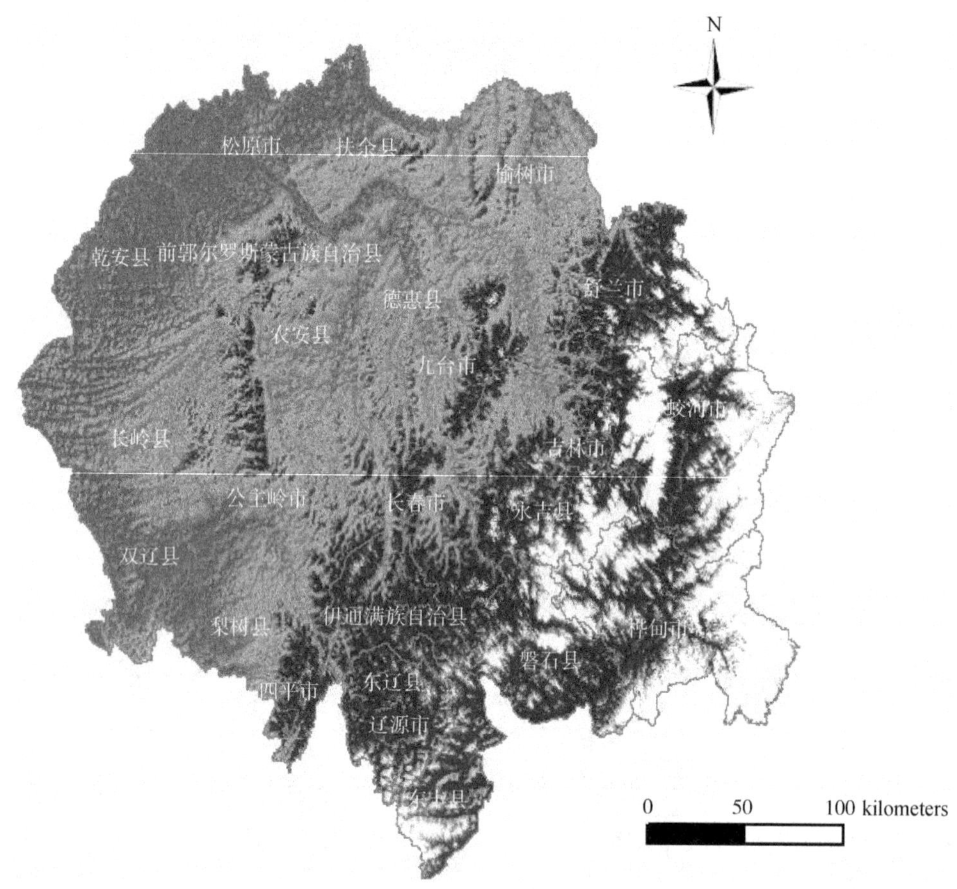

图3－6 吉林省中部城市群DEM图

Fig. 3－6 DEM map of urban agglomeration in central Jilin province

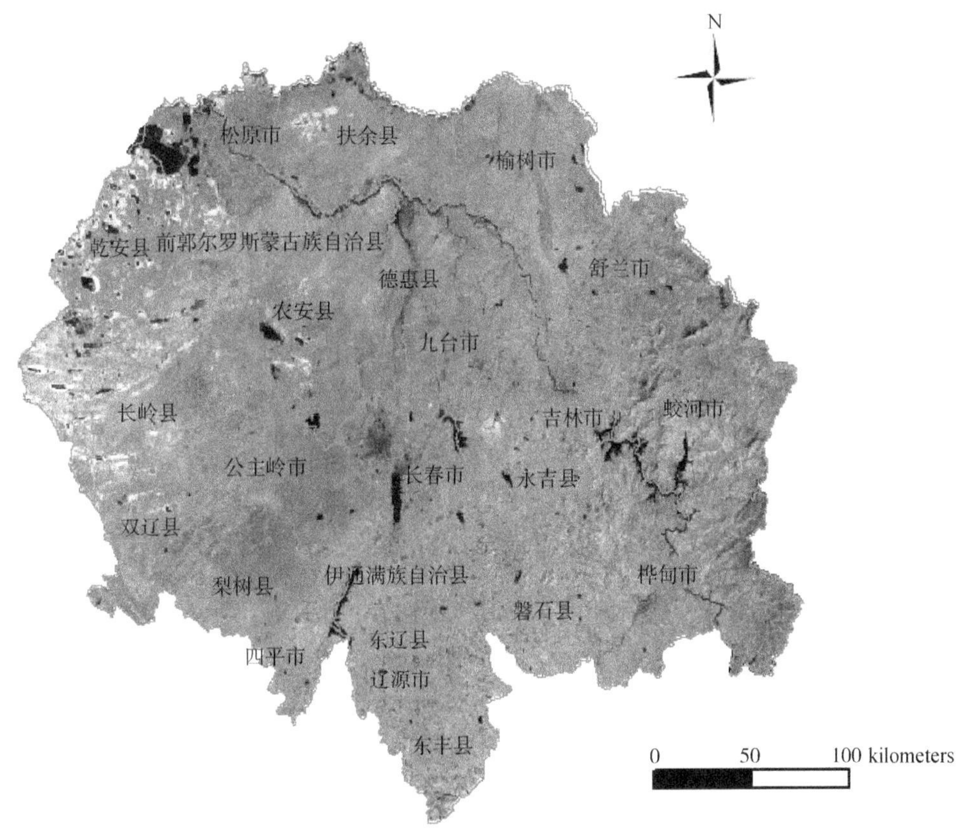

图 3－7　2010 年吉林省中部城市群 Landsat ETM 遥感影像图

Fig. 3－7　Landsat ETM remote sensing image of urban agglomeration in central Jilin province in 2010

城市群所在地区属于温带大陆性季风气候，冬季漫长寒冷，夏季高温多雨。区内河流众多，主要分属松花江水系、东辽河水系和嫩江水系，水资源总量为 248. 06 亿立方米。土地资源丰富，是世界著名的“黑土地之乡”，是我国主要的商品粮产区之一。矿产资源储量丰富，种类多样，富含石油、天然气、页岩油、石灰岩以及煤炭等矿产资源。

三、研究区人口与社会经济概况

吉林省中部城市群区位条件优越，地处东北地区和哈大产业带的中间位置，区域经济发展基础条件优越，中华人民共和国成立初期的“一五”期间，吉林省重点建设项目主要集中于吉林省中部地区，是东北老工业基地的重要组成部分，经过多年发展，主要形成了以汽车、石化和农产品加工为支柱产业，以医药、光电子通信以及高端制造为优势产业的工业发展基础。2014 年，吉林省中部城市群人口、GDP、全社会固定资产投资总额分别占全省的 71.49%、86.13% 和 75.26%，是吉林省人口、产业和城镇最为密集的区域，是吉林省主体功能区规划中优化开发区和重点开发区的主要集聚区域，已经成为吉林省经济发展的重要增长极和东北老工业基地振兴的主要支撑区域之一。

（一）人口概况

人口是区域经济发展过程中最为关键和最活跃的影响因素之一[①]。人口数量和结构直接影响着区域经济发展潜力和发展水平，合理的人口结构和适当的人口数量是区域经济可持续发展的根本保障，同时，人口数量还决定着区域平均发展水平以及区域资源利用水平和社会福利水平。本书主要以非农人口数量和演化特征来分析吉林省中部城市群城镇人口演化特征。从非农人口数据来看，吉林省中部城市群非农人口数量从 2004 年的 788.82 万增长至 2014 年的 820 万，同期吉林省非农人口数量从 1202.40 万增长至 1247.80 万。吉林省中部城市群非农人口数量占全省非农人口数量的比例从 2004 年的 65.60% 上升至 2014 年的 65.71%，2004～2011 年，吉林省中部非农人口数量占全省非农人口数量的比重呈现缓慢上升趋势，2011～2014 年所占比重开始下降（见图 3－8）。

---

① 朱邦耀，宋玉祥，于婷婷．2000 年以来吉林省人口变动特征及多模型预测［J］．东北师范大学学报，2016，48（3）：150－155.

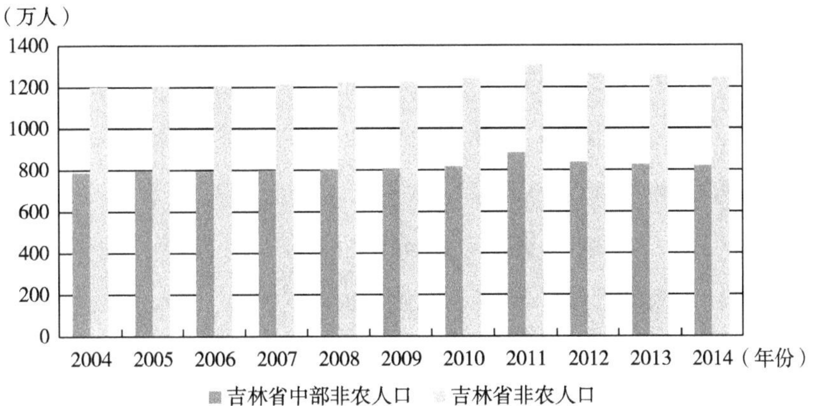

图 3 -8　吉林省中部非农人口数量占吉林省非农人口比例变化

Fig. 3 -8　The proportion of nonagriculture population of the central Jilin province

从非农人口增长率来看，吉林省中部城市群非农人口增长率从 2005 年的 0.44%下降至 2014 年的 -0.81%，同期吉林省非农人口增长率从 2004 年的 0.32%下降至 2014 年的 -0.84%。东北振兴政策实施十年来，吉林省中部城市群和吉林省非农人口均从上升转为下降趋势，演化拐点均出现在 2011 年。2004 ~2011 年吉林省中部城市群人口增长率高于吉林省人口增长率，2011 ~2014 年吉林省中部城市群非农人口下降速度也快于吉林省非农人口下降速度（见图 3 -9）。

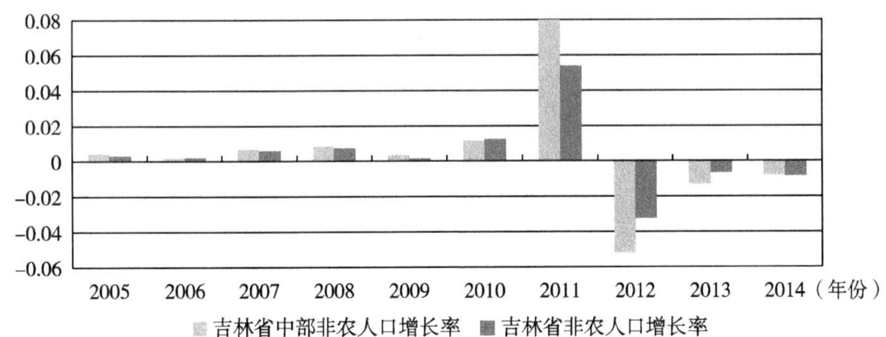

图 3 -9　吉林省中部城市群与吉林省非农人口增长率

Fig. 3 -9　The population growth rate of non - agricultural population in central Jilin province and Jilin province

（二）经济发展概况

吉林省中部城市群是吉林省人口、产业和城镇的集聚区域，是吉林省经济发展重心所在。从GDP演化趋势来看，吉林省中部城市群GDP总量从2004年的4099.79亿元增长至2014年的16151.79亿元，增长了2.93倍；吉林省GDP总量从2004年的5312.09亿元增长至2014年的21830.01亿元，增长了3.10倍。吉林省中部城市群GDP总量占吉林省GDP总量的比例从2004年的77.17%下降至2014年的73.98%，2009年以后下降速度加快（见图3－10、图3－11）。

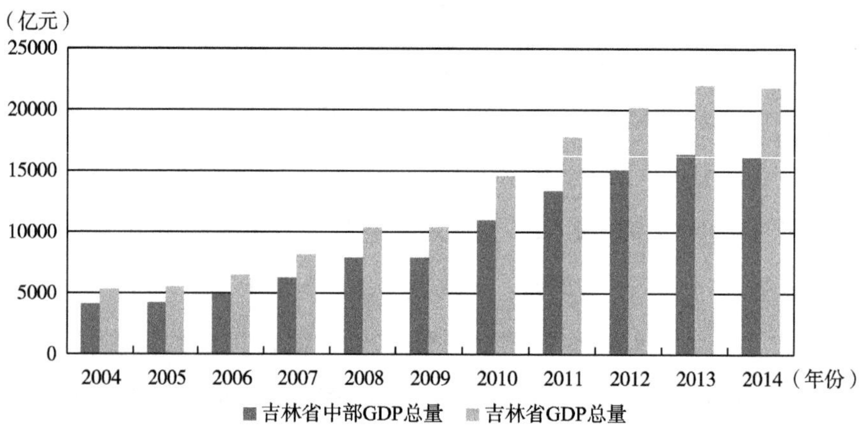

图3－10　吉林省中部城市群与吉林省GDP总量变化趋势

Fig. 3－10　The change trend of the total amount of GDP in central Jilin and Jilin province

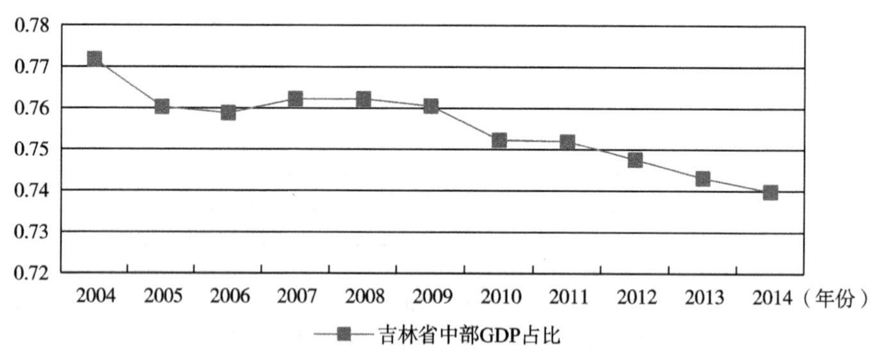

图3－11　吉林省中部城市群GDP占吉林省GDP比重变化

Fig. 3－11　The proportion of GDP in the central cities of Jilin province accounted for the proportion of Jilin province

从 GDP 增长率来看，吉林省中部城市群 GDP 增长率从 2005 年的 2.10% 下降至 2014 年的 -1.34%，吉林省 GDP 总量增长率从 2004 年的 3.64% 下降至 2014 年的 -0.90%。二者呈现同步演化形态，且具有显著的周期性特征，2005 ~ 2008 年，GDP 增长率逐年上升，2010 ~ 2014 年 GDP 增长率逐年下降（见图 3 - 12）。

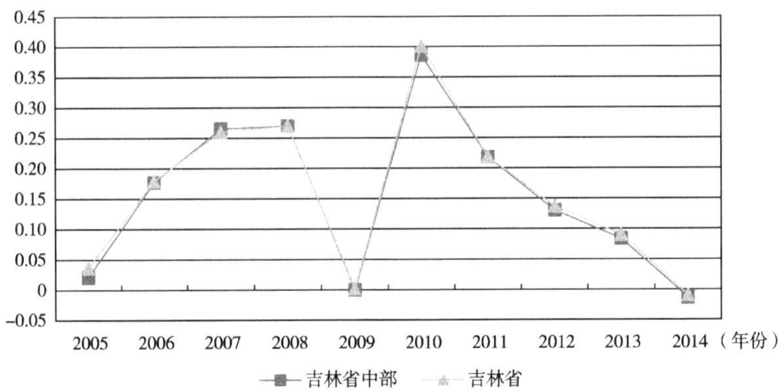

图 3 - 12　吉林省中部城市群和吉林省 GDP 增长率演化

Fig. 3 - 12　The evolution of GDP growth rate in central Jilin province and Jilin province

从人均 GDP 来看，2004 年以来，吉林省中部城市群人均 GDP 呈现逐年上升趋势，从 2004 年的 10339.21 元增长至 2014 年的 45091.08 元，同期吉林省人均 GDP 从 2004 年的 9389.98 元增长至 2014 年的 42785.96 元，各年份吉林省中部城市群人均 GDP 均高于吉林省人均 GDP，并且二者呈现出相似的演化趋势（见图 3 - 13）。

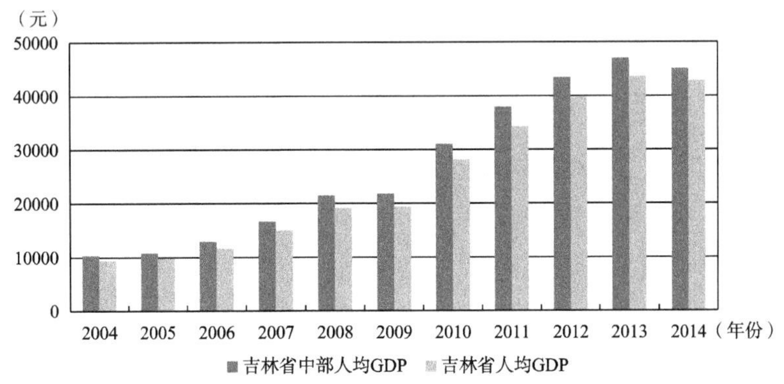

图 3 - 13　吉林省中部城市群和吉林省人均 GDP 增长趋势

Fig. 3 - 13　The growth trend of per capita GDP in central Jilin province and Jilin province

从人均 GDP 增长率来看，吉林省中部城市群人均 GDP 增长率从 2005 年的 4.37% 下降至 2014 年的 -4.16%，同期，吉林省人均 GDP 增长率从 2004 年的 4.78% 下降至 2014 年的 -1.89%，二者呈现出相似的演化趋势，2005~2008 年，人均 GDP 增长率呈现缓慢上升趋势，2009 年全球金融危机之后出现拐点，2010~2014 年，吉林省中部城市群和吉林省人均 GDP 均呈现逐年下降趋势（见图 3-14）。

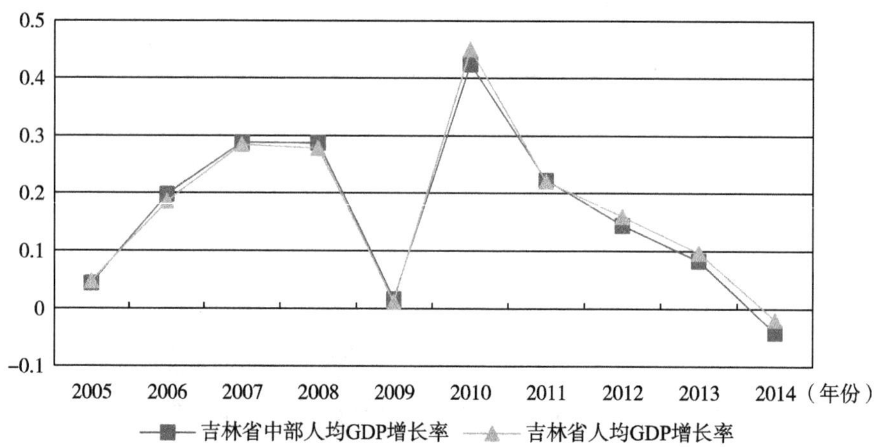

图 3-14　吉林省中部城市群和吉林省人均 GDP 增长率演化图

Fig. 3-14　The evolution of per capita GDP growth rate in central Jilin province and Jilin province

第二节　吉林省中部城市群区域经济演化时序特征与背景

一、外国势力主导下的资源开发与城市发展：20 世纪上半叶

20 世纪初，由于关内地区常年的自然灾害以及军阀混战的影响，大量移

民自山东、河北等地迁入东北，人口的迅速增加为东北地区近代工业发展以及城市化提供了基础条件。从民国元年（1912 年）至民国十八年（1929 年），东北地区的中国人口从1835.2 万人增加到2919.8 万人[①]。日俄战争结束之后，东北地区的日俄之间由军事竞争转向经济竞争。此后，由于第一次世界大战爆发，西方列强忙于争夺世界霸权，无暇东顾，为东北地区经济发展创造了机会，同时由于战争导致西方各国对于食品需求激增，东北地区小麦、大豆及相关农产品的加工业快速发展。到民国十七年（1928 年），日本人在东北地区开办工业企业总计 785 家，俄国在东北开办工商业企业总计 327 家[②]，客观上促进了东北地区工商业的近代化发展。

在殖民半殖民地的政治经济现实下，吉林地区的经济逐步由中心城市向东西扩散，为吉林省区域城镇格局的形成奠定了基础，沿着铁路线逐步发展起来一批近代城镇，区域中心由单核的吉林逐步向长春、吉林双中心过渡，南部的郑家屯、四平街、公主岭和西南部的辽源逐步发展起来，在各级城镇之间出现了初步的地域分工，铁路的修建也使中心城市与各级城镇之间的经济联系进一步增强。九一八事变爆发后，日本人控制下的伪满洲国于 1932 年成立，随着日本政府侵略野心的膨胀以及第二次世界大战的爆发，东北地区再次沦为战备品的生产和供应基地。煤炭、钢铁等工矿业迅速发展，1937 年，日伪制定《满洲产业开发五年计划纲要》，对东北地区进行大肆掠夺，资源型产业和重工业成为东北地区工业的主导部门产业，同时，一大批矿产资源丰富和交通便捷的地区成长为城镇。

此阶段内，吉林地区城镇格局的双中心结构进一步加强，长春在日伪统治下逐步成为政治中心，吉林市在丰满电站和丰满工业区的建设下成为吉林地区的经济中心，中部地区已经崛起成为现在吉林地区的经济中心。城镇空

---

① 吴晓松．东北移民垦殖与近代城市发展［J］．城市规划汇刊，1995（2）：46－53.

② 吴晓松，王丽尔．近代东北工商业发展与城市建设［J］．城市规划汇刊，1995（4）：43－51.

间分布沿着资源区位和铁路枢纽进一步发展起来，但没有形成一定城镇体系，城镇格局的形成以及城镇功能主要是以殖民掠夺为主要目标，对外经济联系也主要指向日本国内。1945～1949 年，吉林地区经济发展处于相对停滞阶段。随着抗战的胜利，日寇溃败时对东北地区的工矿业进行了大肆的破坏，抗战结束之后，苏军又大量拆迁重点工业城市的厂矿设备并运走战略物资，同时，外籍移民大批逃亡加之国共内战爆发对生产的破坏，这些因素导致地区经济发展和城市化进程的衰退。

二、计划经济时代的重工业基地与经济建设：1949～1978 年

1949 年之后，在国内外特殊的经济形势与政治背景下，借鉴苏联的发展经验，中央政府推行了重工业优先发展战略。由于东北地区特殊的地缘特征以及相对完善的工业体系和较好的工业发展基础，一大批重化工企业相继在东北地区建立。同时，大量的移民从华北地区进入，东北地区的教育、文化和科技等事业也呈现蓬勃的生机，在这样的时代背景下，吉林省中部地区工业化和城镇化进程快速发展。一系列重点投资项目的建设促进了城镇化的发展和城镇人口的增长，在此期间，吉林省城镇人口比重由 1949 年的 22.0% 上升至 1961 年的 43.3%，成为全国城镇化率最高的地区之一。许多原有城镇得到恢复与发展，长春、吉林、四平、辽源等工矿业城市发展迅速，城镇规模逐步扩大，并带动了周边一批中小城镇的建设与发展。1966 年以后，受一系列政治运动的冲击，经济发展裹足不前甚至出现倒退，城市化进程停顿，在“上山下乡”运动的影响下，城市人口比重呈现下降趋势。吉林省城市化水平由 1962 年的 36.3% 下降至 1971 年的 33.8%，在 1977 年又小幅增长至 35.3%。在此期间，伴随着对自然资源的大规模开发，一大批矿区、林区、农垦城镇相继出现，重化工业也进一步发展，吉林中部地区初步形成了以重化工业为主的城镇体系。

三、改革开放政策背景下的经济变革与发展：1978～2003年

1978年中共十一届三中全会之后，中国经济迎来了新的转折点。中央政府开始实施改革开放战略，区域经济发展中心从内陆地区转向了区位条件相对优越的东部地区，在东部沿海进行政策扶持和产业投资，同时，大力引进外资和技术管理人才。在一系列政策、资本以及人力资源优势的促进下，东南沿海地区经济得到快速发展，与此同时，东北地区经济发展在改革开放政策的推动下也呈现了较强的增长活力，GDP和城市化保持较快的增长速度。但是，相对于东南沿海地区，东北经济在全国的比重呈现逐年下滑趋势。

进入20世纪90年代之后，随着改革开放政策的进一步推进以及计划经济向市场经济的转变，东北地区经济出现了停滞和衰退的迹象，经济增长动力不足而且阻力重重。主要原因在于，东北地区作为我国的老工业基地，长期受到计划经济体制的影响和束缚，难以适应改革开放的趋势和市场经济的转型；此外，在国有经济、计划体制的长期影响下，浓厚的计划色彩和官本位体制所衍生的行为方式、思维观念对东北地区经济发展和机制改革产生了极大的阻力，进而导致所有制结构单一、产业结构调整困难、企业发展活力不足、投资环境恶劣以及人力资源外流等困局。20世纪90年代后期，随着中央政府对国有企业改制的推进，特别是中国政府加入WTO之后，东北地区在改革开放中长期积累的问题进一步突出，产生了所谓的“东北现象”，传统的东北老工业基地成为我国经济发展的“问题区域”。令人欣慰的是，同期东北地区的基础设施建设、经济发展和城镇化也呈现出一些亮点，如一大批商品粮基地、重化工产业基地的形成，以及东北地区哈大齐、吉林省中部、辽中南三大城市群的形成。

四、东北振兴以来的城镇化建设与经济转型：2003年至今

2003年10月，国务院下发《关于实施东北地区等老工业基地振兴战略

的若干意见》，正式开始实施振兴东北老工业基地战略，以加快东北地区经济发展转型，主要内容包括国有企业改制改造和老工业基地产业结构调整。2004 年以来，中央政府实行了税收优惠、农业补贴、财政转移支付等政策，在基础设施以及农业、工业和社会保障等方面对东北老工业基地振兴予以重点扶持。同时，逐步豁免国有企业历史欠税，加大对国有企业破产重组的财政与政策支持力度，加快推动企业职能分离，推进东北地区国有企业体制机制的改革与创新。一系列措施带动了区域经济发展，为东北地区经济振兴提供了重要保障。在此期间，东北三省粮食产量、居民家庭人均可支配收入均实现大幅度增长。同时，东北地区实施振兴战略以来，中央政府对东北地区的交通、水利、能源、电力和电信等区域基础设施建设投入明显加大。目前，东北老工业基地振兴战略已实施逾十年，经济和社会发展各方面振兴工作已取得一定成效，经济总量有所增加，相对衰退的局面得到一定遏制。然而，随着全球区域经济一体化的发展以及区域价值链重构，在中国区域经济转型升级的背景下，东北地区经济体制改革不彻底、经济发展活力与思维习惯僵化的问题再次凸显出来。近年来的经济增长速度再次衰退，不仅落后于东部沿海地区，也落后于中西部地区，出现了所谓的“新东北现象”，进而引起学者和政府的再次关注。

第三节　吉林省中部城市群经济发展阶段划分与特征分析

在城市化以及区域经济发展的不同阶段，区域内的产业结构、空间结构以及要素供给结构等呈现出不同的特征。通过区域经济发展的一般规律，对城市群发展特征和发展阶段进行分析判断，揭示特定区域经济发展中的核心矛盾和发展趋势是形成具有方向性和针对性的城市群发展规划和区域发展政策的关键。本节依据城市群发展的一般规律，对吉林省中部城市群的发展阶段进行判定，并分析城市群发展特征、趋势和矛盾，为本书的后续研究提供基础。

一、划分标准

对于城市群发展阶段的划分，国内外学者在划分标准与方法上存在一定的差异，这种差异首先是由于各自学科背景的差异，其次是各自划分视角和侧重点的不同，最后国内外城市化发展进程以及城市化的驱动因素不同也造成了城市化发展阶段划分的差异。由于城市群发展的动态性、复杂性和系统性，对城市群发展阶段的判断很难统一标准，但是普遍认为城市群的发展具有生命周期特征，是一个从低级到高级的演化过程，城市的空间本质是聚集，城市群是城市空间聚集的高级阶段①，因此，可以在借鉴城市群生命周期理论的基础上，结合目标城市群本身的发展特征对特定城市群发展阶段进行科学划分。

针对吉林省中部城市群区域经济发展特征，将城市群的发展阶段划分为：萌芽阶段、成长阶段、成熟阶段、稳定阶段。其中，萌芽阶段是城市群发展的雏形，城市数量较少、规模较小，城市之间联系较弱，城镇体系还没有形成；城市群的成长阶段是城市群内城市化进程和经济发展加速，城市规模扩大，城市化水平提升，在产业分工和空间结构上形成具有一定联系的城镇体系；成熟阶段是城市群已经具备一定的规模，区域内城市化水平较高，城镇之间分工合理，形成完整的城镇体系；稳定阶段是城市群的高级发展阶段，城市群的发展已经由外延式扩张转向内涵式发展为主，城市化水平很高，城镇体系发育完善，区域内城市化水平保持稳定（见图3－15）。

① 陈群元，喻定权．我国城市群发展阶段的划分、特征与开发模式［J］．现代城市研究，2009（2）：77－82.

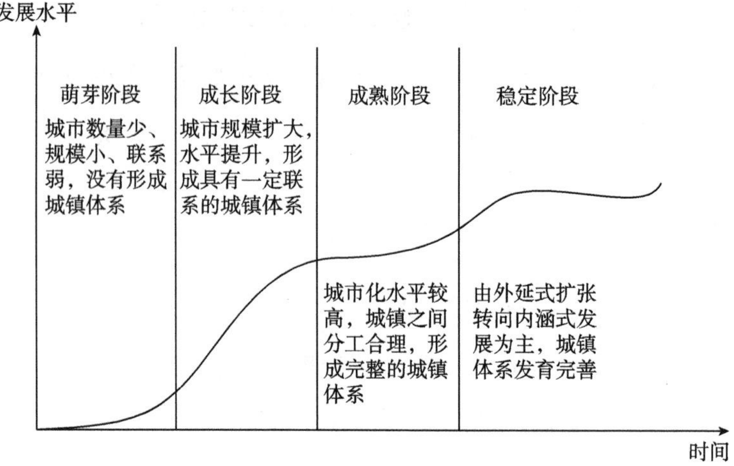

图 3－15　城市群发展生命周期

Fig. 3－15　The life cycle of urban agglomeration development

二、划分方法与评价指标体系构建

（一）划分标准

城市群是一个复杂系统，对城市群发展阶段进行定量化分析没有统一的方法和划分指标。同时，由于城市群发展背景、自身条件以及所处国家的经济成长水平和发展阶段对于城市群发展阶段的划分均有影响。因此，对于城市群发展阶段的评判需要借助定性与定量、规范与实证相结合的方法，以得到客观并且具有实际意义的结论。论文采用模糊综合判定方法对吉林省中部城市群的发展阶段进行划分。该方法的主要步骤如下：

第一步，确定评价对象的因素论域。

建立 p 个评价指标，$u=\{u_1, u_2, \cdots, u_p\}$，即对城市群发展阶段进行评价的指标体系。

第二步，确定评语等级论域。

对于评判指标进行分级，每一个等级可对应一个模糊子集，构建等级集合 $v=\{v_1, v_2, \cdots, v_p\}$。

第三步，建立模糊关系矩阵 R。

在构造了等级模糊子集后，要逐个对被评事物从每个因素 u_i（i=1，2，…，p）上进行量化，即确定从单因素来看被评事物对等级模糊子集的隶属度（$R|u_i$），进而得到模糊关系矩阵：

$$R=\begin{bmatrix} R| & u_1 \\ R| & u_2 \\ \vdots & \vdots \\ R| & u_p \end{bmatrix}=\begin{bmatrix} r_{11} & r_{12} & \cdots & r_{1m} \\ r_{21} & r_{22} & \cdots & r_{2m} \\ \vdots & \vdots & \vdots & \vdots \\ r_{p1} & r_{p2} & \cdots & r_{pm} \end{bmatrix}_{p.m} \qquad (3-1)$$

矩阵 R 中第 i 行第 j 列元素 r_{ij}，表示某个被评事物从因素 u_i 来看对 v_j 等级模糊子集的隶属度。一个被评事物在某个因素 u_i 方面的表现，是通过模糊向量（$R|u_i$）=（r_{i1}，r_{i2}，…，r_{im}）来刻画的，而在其他评价方法中多是由一个指标实际值来刻画的。

第四步，确定评价因素的权向量。

在模糊综合评价中，确定评价因素的权向量：A=（a_1，a_2，…，a_p）。权向量 A 中的元素 a_i 本质上是因素 u_i 对被评事物重要性的隶属度，本书使用 AHP 分析法来确定评价指标间的相对重要性次序，从而确定权系数，并且在合成之前进行归一化处理。

第五步，合成模糊综合评价结果向量。

利用合适的算子将 A 与各被评事物的 R 进行合成，得到各被评事物的模糊综合评价结果向量 B，即：

$$A\circ R=(a_1, a_2, \cdots, a_p)\begin{bmatrix} r_{11} & r_{12} & \cdots & r_{1m} \\ r_{21} & r_{22} & \cdots & r_{2m} \\ \vdots & \vdots & \vdots & \vdots \\ r_{p1} & r_{p2} & \cdots & r_{pm} \end{bmatrix}=(b_1, b_2, \cdots, b_m)=B \qquad (3-2)$$

式中，b_1 是由 A 与 R 的第 j 列运算得到的，它表示被评事物从整体上看

对 v_j 等级模糊子集的隶属程度。

第六步，对模糊综合评价结果向量进行分析。在实际的分析与应用中最常用的方法是最大隶属度原则，本书采用加权平均求隶属等级的方法，对于城市群发展阶段所处的等级位置进行划分和评价。

（二）评价指标体系的构建

根据模糊综合判定方法的原理与城市群系统本身的特征设定评价指标构建原则与指标体系。指标体系构建原则：科学性原则，指标体系的设置是否科学合理直接关系到评价的质量，设置的指标要有代表性、完整性和系统性，选择的指标应该符合城市群系统本身的发展特征，避免重复性和干扰性指标要素的影响。可比性原则：由于城市群本身的规模、层级以及区位条件的差异，对于指标的选取需要保持可比性特征，以利于不同城市群系统之间的对比，同时评价指标体系各项指标要尽量能够量化，指标值采用相对值。可操作性原则：指标体系的设置尽量避免形成庞大的指标群或层次复杂的指标树，指标的数据尽量选取可获取的指标，计算公式科学合理，评价过程简单，利于掌握和操作。在具体指标选取过程中，依据上述指标体系选取原则，借鉴相关学者已有研究思路，本文选取城市化发展水平、经济发展水平、基础设施水平、内部联系水平和外部联系水平 5 项一级指标，17 项二级指标来判定吉林省中部城市群的发展阶段（见表 3－1）。

表 3－1　城市群发展阶段评价指标体系

Tab. 3－1　Indexes system of evaluating the development stages of urban agglomerations

一级指标	权重	二级指标	权重
城市化发展水平	0.20	城市化率（%）	0.0560
		城市密度（个/万平方公里）	0.0620
		城镇等级规模结构（分）	0.0300
		中心城市等级（分）	0.0520

续表

一级指标	权重	二级指标	权重
经济发展水平	0.26	人均 GDP（元/人）	0.0780
		人均固定资产投资额（元/人）	0.0468
		工业总产值占全省比重（%）	0.0572
		第二产业占 GDP 比重（%）	0.0286
		第三产业占 GDP 比重（%）	0.0494
基础设施水平	0.25	城市间可达性（小时）	0.1925
		城市群信息化程度（分）	0.0575
内部联系水平	0.16	城市间功能互补程度（分）	0.0576
		城市间联系密切程度（分）	0.0640
		城市间协调机制状况（分）	0.0384
外部联系水平	0.13	实际利用外资（近三年平均，亿美元）	0.0364
		出口占社会消费品零售额比重（%）	0.0351
		年接待旅游人次与本区总人口比重（%）	0.0585

（三）评判标准设定

评判标准的设定是模糊综合评判方法中的关键一步，直接决定了评价结果的科学性。国内外对于城市群发展定量化研究的代表主要有戈特曼关于纽约都市圈的划定原则与指标体系，中国社科院对于城市群的评价标准主要有周一星都市连绵区的指标标准以及陈群元的城市群评价指标准则等。综合国内外的研究现状与我国城市群发展演进各阶段的特征，设立了吉林省中部城市群发展阶段的评判界定标准（见表 3－2）：

表 3－2　城市群发展阶段的评判界定标准

Tab. 3－2　Indexes standard of evaluating the development stages of urban agglomerations

指标体系	萌芽阶段 0～60 分	成长阶段 60～80 分	成熟阶段 80～90 分	稳定阶段 90～100 分
城市化率（%）	10～30	30～50	50～70	70 以上
城市密度（个/万平方公里）	<5	5～8	8～10	>10

续表

指标体系	萌芽阶段 0~60分	成长阶段 60~80分	成熟阶段 80~90分	稳定阶段 90~100分
城镇等级规模结构（分）	不完善	较完善	完善	很完善
中心城市等级（分）	地方级	区域级	国家级	国际级
人均 GDP（元/人）	<15000	15000~25000	25000~35000	>35000
人均固定资产投资额（元/人）	<5000	5000~10000	10000~15000	>15000
工业总产值占全省比重（%）	<40	40~60	60~80	>80
第二产业占 GDP 比重（%）	<30	50~60	30~50	<40
第三产业占 GDP 比重（%）	<30	30~50	50~70	>70
城市间可达性（小时）	1~3	0.5~1	<0.5	<0.5
城市群信息化程度（分）	较低	一般	较高	高
城市间功能互补程度（分）	较弱	一般	较强	强
城市间联系密切程度（分）	较少	较多	紧密	非常紧密
城市间协调机制状况（分）	未形成	初步形成	已形成	形成
实际利用外资（近三年平均，亿美元）	<20	20~50	50~100	>100
出口占社会消费品零售额比重（%）	<10	10~30	30~50	>50
年接待旅游人次与本区总人口比重（%）	<1	1~3	3~5	>5

三、吉林省中部城市群区域经济发展阶段分析

依据上述设定的城市群发展阶段评价指标体系与批判标准，对吉林省中部城市群各指标进行赋值和专家打分，将各项指标的具体值代入进行分析，计算结果显示，吉林省中部城市群发展阶段评价总体得分为 70.66 分，处于成长阶段，而且位于成长周期的中期阶段，具体指标分解分析如表 3－3 所示：

表3-3　吉林省中部城市群发展阶段指标体系及分值

Tab. 3-3　Indexes system and values of evaluating the development stages of central Jilin urban agglomeration

指标体系	权重	特征	得分	实际得分
城市化率（%）	0.0560	43.16	69.05	3.8668
城市密度（个/万平方公里）	0.0620	2.61	26.10	1.6182
城镇等级规模结构（分）	0.0300	较完善	70	2.1000
中心城市等级（分）	0.0520	地方级	60	3.1200
人均 GDP（元/人）	0.0780	55703	100	7.8000
人均固定资产投资额（元/人）	0.0468	38223	100	4.6800
工业总产值占全省比重（%）	0.0572	83.13	100	5.7200
第二产业占 GDP 比重（%）	0.0286	50.97	61.164	1.7493
第三产业占 GDP 比重（%）	0.0494	38.28	76.56	3.7820
城市间可达性（小时）	0.1925	0.91	65.93	12.6915
城市群信息化程度（分）	0.0575	较低	70	4.0250
城市间功能互补程度（分）	0.0576	一般	65	3.7440
城市间联系密切程度（分）	0.0640	较多	70	4.4800
城市间协调机制状况（分）	0.0384	初步形成	65	2.4960
实际利用外资（近三年平均，亿美元）	0.0364	14.64	42.72	1.5550
出口占社会消费品零售总额比重（%）	0.0351	7.47	44.82	1.5731
年接待旅游人次与本区总人口比重（%）	0.0585	3.8712	96.75	5.6598
合计	1.0000			70.6609

（1）城市群发展优势指标分析。吉林省中部城市群部分特征已处于成熟发展阶段，如人均 GDP、人均固定资产投资以及工业产值占全省的比重，得分均在 80 分以上，表明吉林省中部城市群整体经济发展水平和工业化水平较高，已经处于工业化发展的基本成熟阶段，并且在吉林省内处于领先地位。作为我国老工业基地之一，吉林中部城市群长春、吉林等城市产业发展基础良好，拥有以汽车制造、机械设备以及石油化工等产业为主的产业集群。对于城市群发展来说，工业化是城镇化发展的重要基础条件，作为吉林

省内产业集聚中心和人口集聚中心，较高的经济发展水平和工业化水平是形成城市群发展核心的必要条件。

（2）城市群发展良好指标分析。大部分指标的特征值在60分至80分之间，包括城市化发展水平、基础设施建设水平与内部联系水平等指标。从计算结果来看，整体城市化率为43.16%，高于全国平均水平，但是低于东北地区的辽中南、哈大齐城市群城市化率水平，同时，城镇化率在城市群内部不均衡，部分县市城镇化率较低，农业人口比重仍然较大（见图3-16）。作

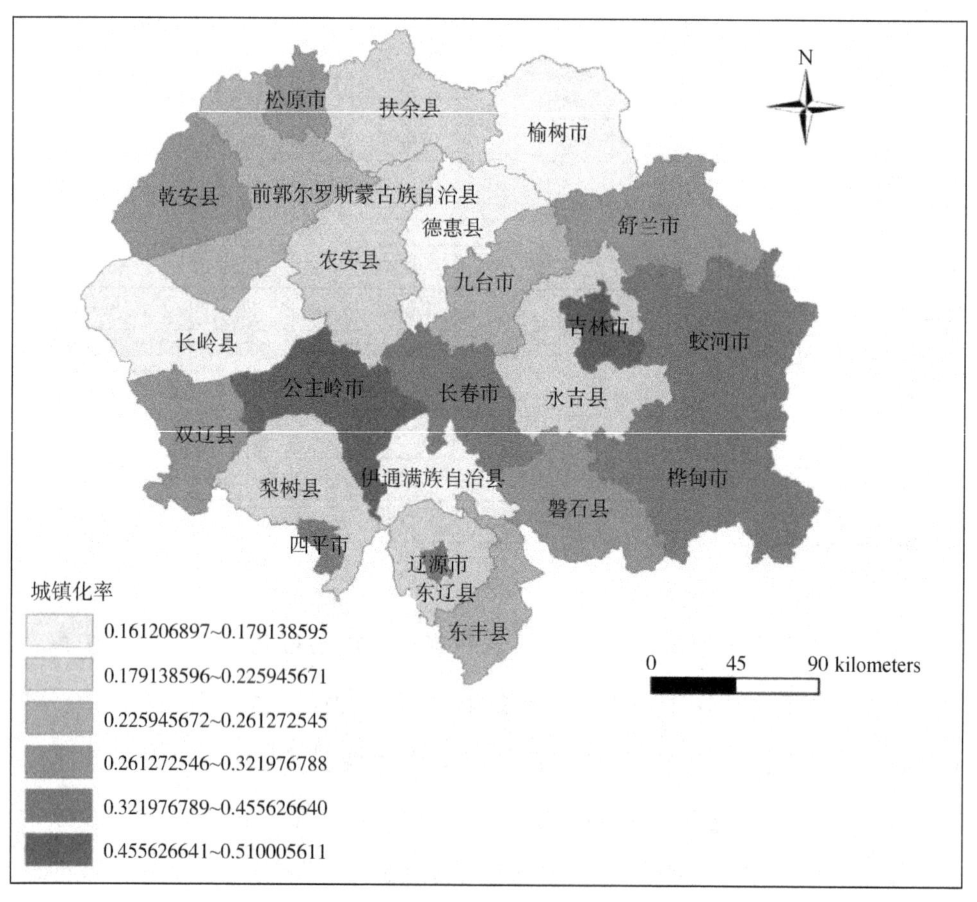

图3-16　吉林省中部城市群各县市城镇化率

Fig. 3-16　Urbanization rate of city groups in central Jilin province

为老工业基地之一，吉林省中部城市群存在产业结构发展不合理，以服务业为主的第三产业比重较低等问题，对就业人口的吸纳作用不足。据统计，2014 年吉林省中部城市群一、二、三产业比重分别为 10.74%、50.97% 和 38.28%，呈现出二三一的产业结构态势，而同期我国三次产业结构比例分别为 10%、43.9% 和 46.1%，在我国经济转型升级的宏观背景下，吉林省中部地区产业结构矛盾问题凸显。在城市群空间结构和城市群基础设施方面，城市群等级规模结构和城市群信息化水平得分均为 70 分，与总体得分持平，城市间功能互补程度和城市间协调机制得分为 65 分，处于成长初期阶段，城市群之间的产业结构趋同，互补性不强，降低了区域经济竞争力。从国外主要城市群的发展经验看，各城市间密切的产业分工与协作是城市群发展的重要特征，政府的规划协调是城市群发展的重要保障。从当前来看，城市群内五市及各部门之间的行政壁垒一定程度上阻碍了城市群的协同发展，缺乏促进城市群协调发展的实施措施和手段。

（3）城市群发展不足指标分析。部分指标的特征值尚处于萌芽发展阶段，得分较低，如城市密度、中心城市等级、实际利用外资以及出口占社会消费品零售总额比重等。城市密度特征值为 2.61 个每平方公里，得分为 26.10 分，远低于国内成熟城市群的发展水平，显示城镇体系发育不足，中心城市的首位度和集聚水平较低，城市群规模结构和空间结构有待进一步优化。实际利用外资水平和出口占社会消费品零售总额比重得分分别为 42.72 分和 44.82 分，显示吉林中部城市群经济开放度与贸易开放度水平较低，外向型经济发展严重滞后，这些因素影响了城市群发展的活力，制约了城市群内部的产业结构调整和开放创新活动。

对城市群发展阶段的判断是科学认识城市群自身特征的关键。由于理论以及实践经验的束缚，对城市群发展阶段的认识容易与城镇化发展阶段、工业化发展阶段以及城乡一体化发展阶段等概念相混淆，从而影响对城市群发展的科学认知。作为东北老工业基地之一，吉林省中部城市群城镇化率较高，工业化发展也已经处于基本成熟阶段，但是城市群发展阶段仍然处于成长期，远远落后于城镇化与工业化进程，这对于城市群发展既是挑战也是机遇，说明城镇体系发展与结构优化具备较大的发展潜力，对于吉林省域经济发展和区域新型城镇化建设是一个难得的机遇。应该继续加速市场化改革，促进城市群内产业之间的竞争与整合，通过错位发展和差异化的功能定位发挥群内各个城市的竞争优势，建立联系协调机制，推进群内城市之间经济要素的一体化和公共服务一体化建设。同时，积极发展第三产业，提高城市群内部的信息化水平和城市群对外开放水平，促进城市群内部协同发展，并大力发展外向型经济，增强城市群的对外竞争力。

本章小结

本章对吉林省中部城市群空间范围进行了界定，分析了吉林省中部城市群自然与社会经济条件以及城市群区域经济演化的时序特征，然后对吉林省中部城市群经济发展阶段进行了综合判别与分析，通过本章的分析，明晰了吉林省中部城市群的范围、发展基础以及城市群区域经济发展阶段特征，本章是全书后续分析的基础，主要结论如下：

第一，2004 年至 2011 年，吉林省中部城市群人口增长率高于吉林省非农人口增长率，城市群非农人口占吉林省非农人口比重缓慢上升，2011 年之后，吉林省中部城市群非农人口增长率的下降速度也快于吉林省非农人口下降速度。从经济发展状况来看，吉林省中部城市群 GDP 总量增速低于吉林省 GDP 总量增长速度，城市群 GDP 总量占吉林省 GDP 总量的比例从 2004 年的 77. 17% 下降至 2014 年的 73. 98%，2010 年以后，GDP 增长率快速下滑，人均 GDP 逐年上升，但是增长率从 2011 年开始逐年下降。区域经济整体增速从2011年开始呈现出明显的下滑趋势。

第二，20世纪以来，吉林省中部城市群城市化和工业化发展道路曲折，先后经历了外国势力主导下的资源开发与城市发展阶段、计划经济时代的重化工业基地建设阶段、改革开放政策背景下的经济变革与发展阶段和东北振兴以来的城镇化建设与经济转型阶段。

第三，作为老工业基地以及吉林省经济承载核心区域，吉林省中部城市群处于城市群发展的成长中期阶段，城市群工业化水平和城镇化水平较高，但是基础设施与内部联系水平低，协调联系机制、功能互补程度不强，城市群内城镇体系发育不够成熟，极核城市聚集力有待进一步提升，此外，吉林省中部城市群的对外开放水平不高，城市群内经济发展仍然以自给自足式的内循环式发展模式为主，外向型经济发展活力不足。

第四章　吉林省中部城市群城镇体系空间结构演化

区域经济结构是区域经济的组成和结构关系，是由多系统组成的多层次、多因素复合体。合理的区域经济结构有利于发挥区域经济优势，有效地利用人力、物力、财力和自然资源，促进区域各个地域单元以及各个部门之间的协调发展。因而，区域经济结构是衡量区域经济发展水平和发展优劣程度的重要标准。不同经济体制、不同发展阶段的地区，区域经济结构差异较大。优化区域经济结构是我国区域经济发展过程中的重要课题之一。经济结构具有多重含义：从一定社会生产关系的总和来看，主要基于不同的生产资料所有制经济成分的比例和构成来表现，即经济的所有制结构；从国民经济各部门的组成和与结构方面考察，经济结构主要包括产业结构（如一二三次产业的构成，农业、轻工业、重工业的构成等）、分配结构（如积累与消费的比例及其内部的结构等）和技术等；从研究区域所包含的范围来看，经济结构又可以分为部门结构、地区结构，以及企业结构等。对区域经济结构进行科学分析，是判定区域经济发展特征的重要基础，空间结构是区域经济结构中地区结构的重要组成部分。

城市群的空间结构形态是城市群的基本特征之一，包含城市群内人口、经济、社会组织的层次结构与空间联系特征，城市群空间结构优化是促进城市群协调发展的主要内容之一和城市群发展规划的核心内容，也是本书研究的重点，本章对吉林省中部城市群城镇体系空间结构特征及其演化进行研究。

第一节　城市群首位分布演化特征

一、研究方法

城镇体系规模结构是指城市群内部城镇的规模层次分布与结构特征，可以反映城镇体系内所有城镇从大到小的序列与规模的关系，揭示区域内城镇化规模的分布规律是趋于集中还是分散。城市群规模结构的衡量方法主要有城市首位度方法和等级规模分布方法。城市首位度理论由马可·杰斐逊（M. Jefferson，1939）提出，通过计算区域内首位城市人口规模与第二位城市的比率来衡量城镇体系发展要素在最大城市的集中程度，首位度大的城镇体系规模分布就叫首位分布。后来学者们依据该思想分别提出了四城市指数和十一城市指数，更全面反映城镇体系中城市人口规模分布特征，以分析城市群规模等级结构。城市首位度一般采用城镇非农人口数量来计算，非农人口数量越多，一般经济总量越大。城市首位度以及4城市指数和11城市指数的计算公式如下：

首位度：

$$S_2 = P_1/P_2 \tag{4-1}$$

四城市指数：

$$S_4 = P_1/(P_2 + P_3 + P_4) \tag{4-2}$$

十一城市指数：

$$S_{11} = 2P_1/(P_2 + P_3 + \cdots + P_{11}) \tag{4-3}$$

二、城市群首位分布特征演化

公式中，$P_1 \sim P_{11}$分别为区域内非农人口规模第一位至第十一位城镇的非农人口数。2004～2014年吉林省中部城市群中，有200万人口以上城市一座，即省会长春市，有100万至200万人口城市一座，即吉林市，50万人口以上城市2004年和2009年只有四平市，2014年公主岭市非农人口超过50万人。依据2004年、2009年和2014年吉林省中部城市群各县域非农人口规模以及位序（见表4－1），参照首位度和四城市指数以及十一城市指数计算公式对吉林省中部城市群县域城镇规模等级特征进行计算可得：

表4－1 吉林省中部城市群非农人口前十位城市位序演化

Tab. 4－1 The evolution of the top ten cities of non－argiculture population in central Jilin urban agglomeration

位序	名称	2004年非农人口（万人）	名称	2009年非农人口（万人）	名称	2014年非农人口（万人）
1	长春市	239.18	长春市	257.44	长春市	261.75
2	吉林市	125.24	吉林市	129.1	吉林市	127.41
3	四平市	51.38	四平市	55.28	公主岭	57.70
4	辽源市	38.65	辽源市	38.67	四平市	53.08
5	公主岭	37.58	松原市	34.61	辽源市	38.05
6	松原市	31.93	公主岭	32.06	松原市	34.87
7	农安县	24.66	农安县	22.98	农安县	22.06
8	桦甸市	20.36	榆树市	20.21	榆树市	20.35
9	舒兰市	19.79	舒兰市	19.83	舒兰市	18.86
10	九台市	19.77	桦甸市	19.36	桦甸市	18.79
11	梨树县	18.92	九台市	18.16	九台市	17.19

吉林省中部城市群2004年的首位度$S_2 = 1.9097$，四城市指数$S_4 = 1.1111$，十一城市指数$S_{11} = 1.2319$。2009年$S_2 = 1.9941$，$S_4 = 1.5418$，$S_{11} = 1.3193$。2014年$S_2 = 2.0543$，$S_4 = 1.0989$，$S_{11} = 1.2819$。按照城市群

城镇体系位序—规模分布规律，一般 S_2 的值应该为 2，S_4 和 S_{11} 的值为 1。吉林省中部城市群的首位度 S_2 值基本满足首位分布特征，且处于缓慢上升趋势，说明长春市是城市群内显著的首位城市；S_4 的值从 2004 年的 1.1111 增长至 2009 年的 1.5418，之后又下降至 2014 年的 1.0989，说明 2004～2009 年首位城市长春的非农人口增长速度显著高于第二、第三、第四位城市，城市群集聚程度提升，2009～2014 年首位城市长春增长速度趋缓；十一城市指数从 2004 年的 1.2319 增加至 2009 年的 1.3193，后又下降至 2014 年的 1.2819，具有与四城市指数相似的演变规律（见图 4－1）。

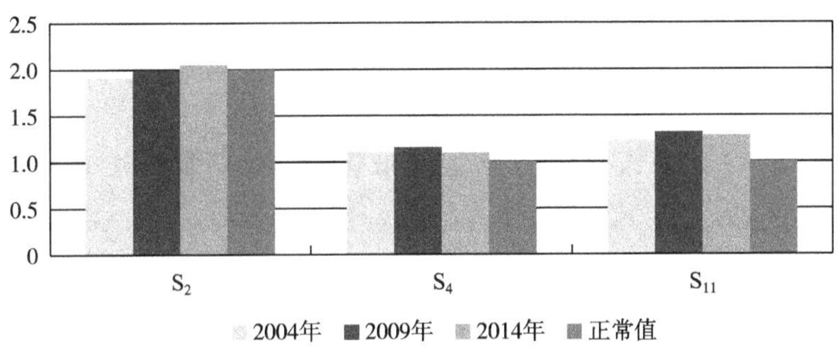

图 4－1　吉林省中部城市群首位分布特征值演化

Fig. 4－1　Evolution of the first distribution characteristics of urban agglomeration in central Jilin province

第二节　城市群规模等级结构的分形演化特征

一、城镇规模的分形特征

城市群城镇体系的等级规模分布一般具有自相似性，对于一个特定城市群，假设有 n 个城市，用非农人口数量 r 来测度城镇规模，将 n 个城镇人口规模按照大小排序，则城市群内城镇数目 N（r）与人口规模 r 的关系满足。

$$N(r) \propto r^{-D} \quad (4-4)$$

该分形模型中，D 为分形维数，它表征了城市群内城镇规模的分布特征。由上式可得如下关系式：

$$\ln N(r) = A - D\ln r \quad (4-5)$$

式中，A 为常数，r 为城镇非农人口规模，N（r）为城市群内城镇累积数目，D 为分形维数。根据城镇体系规模结构分形理论，D 值大小反映城市群城镇等级规模的分布结构特征，D 值的取值范围与城镇等级规模形态之间的对应关系如表 4－2 所示。

表 4－2　D 值的范围以及相对应的城市群等级规模形态特征

Tab. 4－2　The range of D value and the pattern of rank and scale of the corresponding city

D 值范围	城市群等级规模特征
$D \to 0$	城市群内只有唯一一座城市
$D < 1$	城市群内城镇等级规模结构分散，城镇体系发育不成熟，首位城市垄断性较强
$D = 1$	城市群内城镇体系规模结构的理想状态，符合位序规模分布
$D > 1$	城市群等级规模分布较为集中，整个城镇体系发育成熟，中间位序城镇数目较多
$D \to \infty$	城市群内城市等级规模分布没有差异

二、吉林省中部城市群城镇等级规模分形特征及演化

按照城市群城镇等级规模结构分形特征的计算方法，以吉林省中部城市群各城镇 2004 年、2009 年和 2014 年的非农人口数据，以 lnN（r）为纵坐标，lnr 为横坐标，采用线性回归方法进行曲线拟合，结果如图 4－2、图 4－3 和图 4－4 所示，可以得到各个年份的回归方程、分维数以及复相关系数（见表 4－3），各个方程的 R^2 均大于 0.95，说明分维值的回归方程拟合优度

较高，即2004～2014年吉林省中部城市群的城市规模结构具有显著的分形特征，通过模型拟合得到的分维值可信。从三个年份非农人口的分维值来看，分维值均接近于1，说明吉林省中部城市群城镇非农人口规模结构达到理想的分形状态，符合位序—规模分布特征，随着城市群内城镇规模的递减，城镇非农人口数量也随之递减。2004年、2009年和2014年的分维度值分别为1.001、1.009和1.079，呈现缓慢上升趋势，说明城市群等级规模分布趋于集中，中间位序城镇数目缓慢增多。

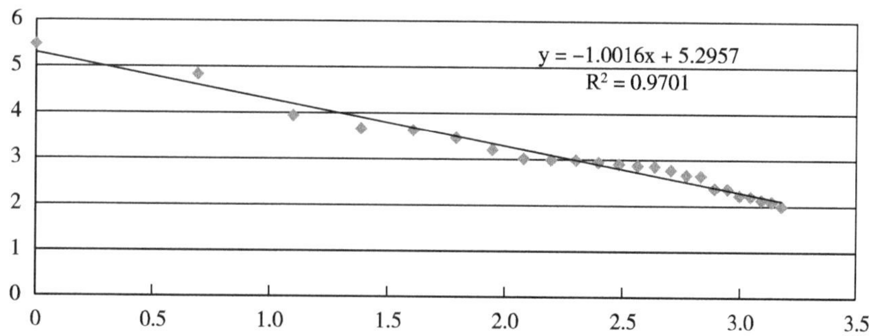

图4－2　2004年吉林省中部城市群城市规模分布双对数坐标图

Fig. 4－2　The ln－ln plot of the city－size distribution of Jilin central urban agglomeration in 2004

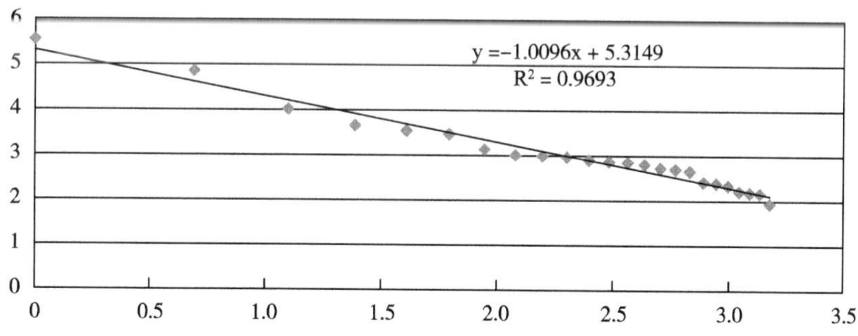

图4－3　2009年吉林省中部城市群城市规模分布双对数坐标图

Fig. 4－3　The ln－ln plot of the city－size distribution of Jilin central urban agglomeration in 2009

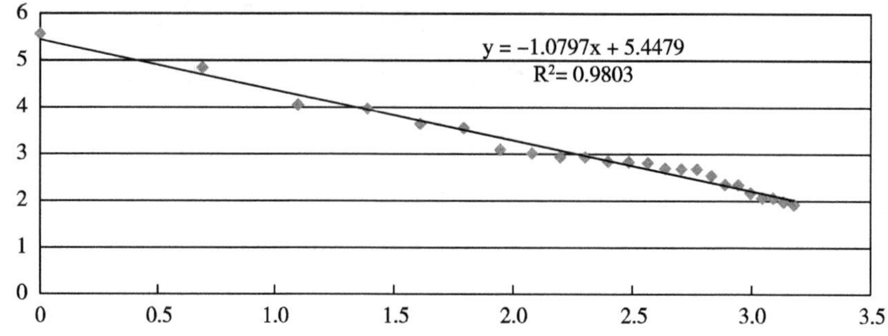

图 4－4　2014 年吉林省中部城市群城市规模分布双对数坐标图

Fig. 4－4　The ln－ln plot of the city－size distribution of Jilin central urban agglomeration in 2014

表 4－3　2004～2014 年吉林省中部城市群等级规模分维数计算结果

Tab. 4－3　The calculate result of fractal dimension values of Jilin central urban agglomeration 2004－2014

年份	等级分布回归方程	分维数	复相关系数
2004	y = －1.001x + 5.295	1.001	0.970
2009	y = －1.009x + 5.314	1.009	0.969
2014	y = －1.079x + 5.447	1.079	0.980

第三节　城市群空间组织结构的分形特征

一、分析模型构建

城市群空间组织结构是指城市群内城镇在空间上分布、关联及其组合形态特征。空间组织结构包括单极核中心体系结构类型和多中心城镇体系结构类型。城市群内城镇体系的空间分布在一定范围内具有随机分形结构①。城市群空间结构分维数的描述主要有三种基本方法：一是聚集分维数，主要描述系统要素围绕核心聚集的形态特征；二是空间关联维数，该方法从多点密度描述城镇系统要素的相对分布形态；三是网络分维数，该方法直接从空间要素的分布出发描述系统空间结构特征②③。本书选择空间关联分维数来模拟吉林省中部城市群城镇体系结构的分形特征，分析城市群内城镇之间的相互作用和空间关联，其基本模式与计算过程如下：

首先定义城镇体系的空间关联函数为

$$C(r) = \frac{1}{N^2}\sum_{i,j=1}^{N} H(r - d_{ij}) \quad (i \neq j) \tag{4-6}$$

$$H(r - d_{ij}) = \begin{cases} 1 & d_{ij} \leq r \\ 0 & d_{ij} > r \end{cases} \tag{4-7}$$

式中，r 为给定的距离单位；d_{ij} 为 i、j 两城镇的欧式距离，H 为 Heaviside 越阶函数④，为了计算方便，上式可以改写成：

$$C(r) = \sum_{i,j=1}^{N} H(r - d_{ij}) \quad (i \neq j) \tag{4-8}$$

由于城市群城镇体系的空间分布具有分形特征和标度不变性，即有

$$C(\lambda_r) \propto \lambda D_C(r), \quad C(r) \propto \lambda D \tag{4-9}$$

因此，可以得到：

$$\ln C(r) = A + D\ln r \tag{4-10}$$

式中，D 为空间关联维数，其地理意义可以反映城市群城镇之间的通达性以

---

① 刘继生，陈彦光．城镇体系空间结构的分形维数及其测算方法［J］．地理研究，1999，18（1）：171－172．

② 凌怡莹，徐建华．长江三角洲地区城镇体系的分形研究［J］．地理科学，2004（9）：87－92．

③ 朱邦耀，宋玉祥，李汝资等．基于分形理论的渝东北三峡库区城镇体系研究［J］．华中师范大学学报（自然科学版），2015，49（3）：447－451．

④ 徐雪梅，王燕．城市化对经济增长推动作用的经济学分析［J］．城市发展研究，2004，11（2）：48－51．

及城市群内城镇体系空间布局的均衡特征。一般情况下，空间关联维数 D 在 0 ~ 2 变化，D 值越小，表示城镇之间联系越紧密，城镇分布高度集中于一地；D 越大，表示城镇之间相互联系越弱，城镇布局越均匀，当 D→0 时，表示城市群内城镇高度集聚于一地，即首位城市；当 D→1 时，表示城市群内各城镇集中某一线状空间，如交通干线、河流沿线等；当 D→2 时，表示城市群内各城镇空间分布均匀，即以任何一个城市为中心，其余各城镇分布密度相等。

二、吉林省中部城市群城镇体系空间组织结构的分形特征

依据以上分析模型对吉林省中部城市群县域城镇体系空间组织结构的分形特征进行计算分析，采用 GIS 软件对吉林省中部城市群的矢量化地图中两两城镇之间的距离进行测算，构建城市群内 24 个县域之间的乌鸦距离矩阵（限于篇幅，乌鸦矩阵表格省略），取步长 $\Delta r = 10km$ 为距离标度 r，C（r）为距离在半径 r 内的城镇间的距离点数，则距离在 $n\Delta r$ 的城镇之间的距离个数 C（r）随着 r 的变化而变化，取不同的 r 值时，就得到一系列点对（r，C（r））（见表 4－4）。

表 4－4　标度 r 及其关联函数 C（r）

Tab. 4－4　The yardstick（r）and the correlative function（C（r））

序号	1	2	3	4	5	6	7	8	9
r（km）	340	320	300	280	260	240	220	200	180
C（r）	576	574	570	560	532	500	472	418	370
序号	10	11	12	13	14	15	16	17	
r（km）	160	140	120	100	80	60	40	20	
C（r）	322	256	208	174	112	56	36	28	

根据表 4－4 可以得到［lnr，lnC（r）］的散点图，从散点图可以看出它呈现线性分布，对［lnr，lnC（r）］进行线性回归分析，结果如图 4－5 所示。

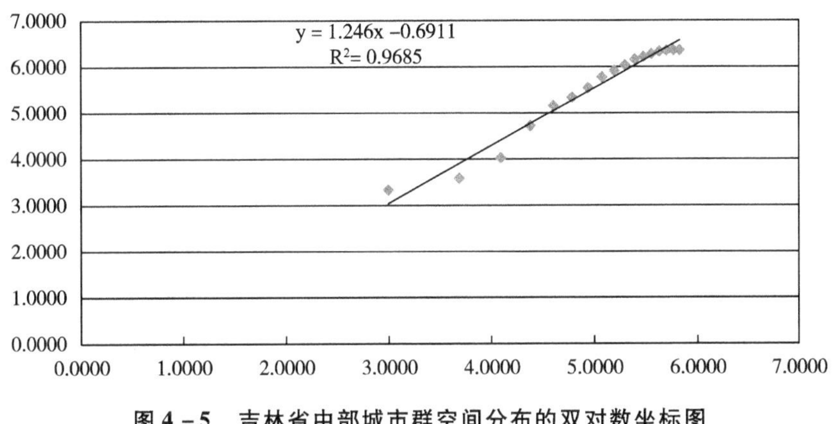

图4-5 吉林省中部城市群空间分布的双对数坐标图

Fig. 4-5 The ln-ln plot on the spatial distribution of cities of Jilin central urban agglomeration

可以得到，lnC（r）=1.246lnr-0.691，复相关系数 R^2 =0.968，模拟效果较好，空间关联维度 D=1.246，介于1～2，说明吉林省中部城市群空间组织结构具有显著的分形特征，但是城市群空间关联程度和空间相互作用程度一般，长春—吉林都市圈作为吉林省中部城市群的经济增长极核，辐射带动作用不够明显，吉林省中部城市群空间演化处于集聚—扩散阶段，需要继续培育以长春和吉林为核心的区域增长极，完善区域内的公路网和城际铁路网，构建合理的城镇体系结构。

第四节 城市群空间职能结构特征与演化

城市群城镇空间结构不仅包括等级规模结构和空间组织结构，还包括城镇职能结构，城镇职能结构是城镇作为空间连接点在城市群中所承担的分工和职能的变化①，职能结构是城市群空间结构的重要组成部分，只有结构与

① 张京祥．西方城镇群体空间研究之评述［J］．国际城市规划，2009（S1）：187-190.

功能的协调与互补，才能使城市群实现空间结构与功能结构的统一，城市群才能形成布局合理、体系完整、功能完善的空间格局。

一、城镇职能分工的形成

从区域空间结构演化过程来说，初始的地域资源禀赋和发展基础会引起地域之间的贸易交流，从而带来不同要素的空间集聚，形成初始地域分工格局①。对城市群空间发展来说，随着自然演进和经济的不断发展，不同城镇之间会形成劳动地域分工，即各城镇承担符合自身条件的职能，并在地域分工过程中城镇职能不断强化和升级。城镇空间集聚与地域分工之间交替影响、相互促进会不断提高地域分工水平和城镇空间集聚水平。因而，地域分工的演进促成和强化了城镇职能分工（见图 4-6）。

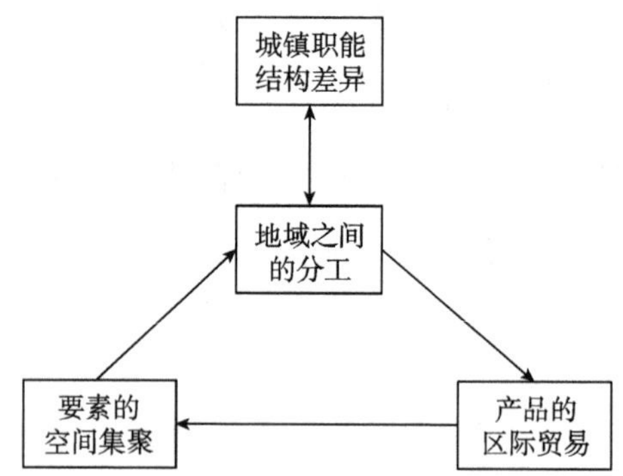

图 4-6　地域分工循环与城镇职能结构

Fig. 4-6　Circulation of geographical division and the function structure of cities

二、吉林省中部城市群城镇职能结构及演化

城镇职能研究尚没有统一的方法体系，常见的有描述法、统计法等定性

① 李少星，颜培霞，蒋波．全球化背景下地域分工演进对城市化空间格局的影响机理［J］．地理科学进展，2010，29（8）：943-951.

分析方法以及经济区位商方法①、纳尔逊法②、聚类分析等定量分析方法。吉林省中部城市群包含5个地级市，共有县、县级市以及地级市市辖区24个，共同组成了吉林省中部城市群的县域城镇体系。本书以县域为基本分析单元，综合借鉴区位熵法和纳尔逊法，依据各县域行业GDP比重与城市群各行业的平均比重之间的关系以及城镇产业发展优势对城市群内县域职能分工进行划分。24个县、市按照城镇职能分工一共可以划分为四种类型，即综合型城市、农业型城市、工业型城市、商贸服务型城市。5个地级市市辖区均为综合型城市，其他19个县、市主要以工业型城市和商贸服务型城市为主，具体见表4－5，结果可知，2004～2014年，吉林省中部城市群农业型城市下降最多，而工业型城市数量增加最多，商贸服务型城市由3个增长至5个，说明东北振兴政策实施以来，吉林省中部城市群工业化成长速度较快，产业结构逐步向高级化方向发展。

表4－5　吉林省中部城市群县域职能体系结构

Tab. 4－5　The county functional system structure of central Jilin urban agglomeration

	2004年		2014年	
职能结构类型	县市数量	县市名称	县市数量	县市名称
综合型	5	长春、吉林、四平、松原、辽源	5	长春、吉林、四平、松原、辽源
农业型	10	榆树、德惠、农安、公主岭、梨树、伊通、东丰、东辽、长岭、扶余	1	梨树
工业型	6	九台、桦甸、磐石、永吉、前郭、乾安	13	九台、德惠、桦甸、蛟河、磐石、永吉、公主岭、伊通、双辽、东丰、东辽、长岭、乾安
商贸服务型	3	蛟河、舒兰、双辽	5	榆树、农安、舒兰、前郭、扶余

① 刘海滨，刘振灵．辽宁中部城市群城市职能结构及其转换研究［J］．经济地理，2009，29（8）：1293－1297.

② 田光进，贾淑英．中国城市职能结构的特征研究［J］．人文地理，2004，19（4）：59－63.

本章小结

本章在第三章的基础上，对吉林省中部城市群城镇体系空间结构及其演化过程进行了综合分析与计算，具体包括城市群首位分布特征及其演化、城市群规模等级结构特征及演化、城市群空间组织结构分形特征以及城市群空间职能结构及其演化特征。主要结论有：

第一，吉林省中部城市群城镇体系规模满足首位分布特征，长春市是城市群内显著的首位城市，2004～2009 年，首位城市长春的非农人口增长速度显著高于第二、第三、第四位城市，城市群集聚程度提升，2009～2014 年首位城市长春增长速度趋缓，四城市指数和十一城市指数呈现出先上升后下降的趋势，城市群空间集聚速度趋缓。

第二，城市群城镇非农人口规模结构达到理想的分形状态，符合位序—规模分布特征，2004 年、2009 年和 2014 年的分维度值分别为 1.001、1.009 和 1.079，呈现缓慢上升趋势，城市群等级规模分布趋于集中，中间位序城镇数目缓慢增多。

第三，城市群空间组织结构具有显著的分形特征，但是空间关联程度和空间相互作用程度一般，关联维度 D = 1.246，介于 1～2，城市群的经济增长极核城市的辐射带动作用不够明显。

第四，从城市群职能结构演化来看，农业型县域数量快速下降，同时工业型县域数量增长较快，以商业贸易等服务业为主的县域数量开始增多。

第五章　吉林省中部城市群多层次空间极化及演化特征

区域经济空间极化与扩散是区域经济空间结构演化的两种主要形态，对发展中国家和地区来说，空间极化是区域经济空间结构演化过程的主体形态和必然过程，主要表现为人口和经济活动在空间上的集中与集聚。由于规模效益与循环累积作用，自然资源、人力资源、资本以及技术创新的空间集聚对于提高区域经济增长效率和发展水平具有重要促进作用。区域经济空间极化已经成为国内外学术界研究的热点问题。对经济极化的理解主要有以下几种观点：一种认为极化是区域经济发展过程中所表现出来的向两级集聚以及中间阶层的消失①；另一种认为极化是群体中个体差别的扩大，是一个或者两个"极"形成的过程，主要内涵包括要素的集中和两极分化以及高端个体的统治性加强②；还有一种代表性的观点认为极化是区域差异向"贫困"和"富裕"两个方向的分化，是穷人和富人的增加以及中间阶层的减少③。本章主要从区域空间极化的视角以吉林省中部城市群为核心从不同的空间尺度对吉林省域经济、城市群内地级市以及县域经济的经济差异与空间极化过程、格局和演变进行分析。

---

① Estebn J. M., Ray D. C. On the measurement of polarization [J]. Econometrical, 1999, 62 (4): 819-851.

② 修春亮，赵映慧，宋伟. 1990年以来东北地区铁路运输的空间极化 [J]. 地理学报，2008，63 (10): 1097-1107.

③ Zhang X. B., Kanbur R. What difference do polarization measures make? An application to China [J]. Journal of Development Studies, 2001, 37 (3): 85-98.

第一节 研究方法

一、GIS 空间分析与表达

以 GDP 和人均 GDP 为主要分析变量，对各不同地域单元 GDP 总量以及人均 GDP 的空间分布及其变化特征进行 GIS 分析与可视化表达，采用自然断裂点法对 GDP 数据进行等级划分，对其空间结构演化特征进行分析，以揭示区域经济发展演化的时空规律。

二、极差和标准差

（一）极差

极差是指一组研究数据中最大值和最小值之间的差值，用于描述研究对象数据的离散程度，又称为范围误差，极差的计算公式为：

$$Y = X_{max} - X_{min} \tag{5-1}$$

式中，Y 为极差，本文选取人均 GDP 对城市群经济发展绝对差异进行分析，X_{max}表示城市群县域人均 GDP 的最大值，X_{min}表示城市群县域人均 GDP 的最小值。

（二）标准差

标准差又称标准误差或者均方差，是方差的算术平方根，平均数相同的两组数据，标准差未必相同，可以反映一组数据集的离散程度，标准差计算公式为：

$$\sigma = \sqrt{\frac{1}{n}\sum_{i=1}^{n}(x_i - \mu)^2} \tag{5-2}$$

式中，σ 为标准差，x_i 为城市群内县域人均 GDP 的值，μ 为区域人均 GDP 的平均值，n 为区域个数，标准差越大，研究区域的统计数据值就越分散，区域之间平均差距也就越大。

三、极化指数

（一）基尼系数

基尼系数可以反映区域收入差异状况和不均等程度，是国际上衡量区域整体收入差异和不均等性（inequality）的主要指标。基尼系数越大表明区域不均等程度越强，越小则表明区域差异和不均等性越弱，具有直观性和可比性优势，具体计算公式为：

$$G = 1 - \frac{1}{n}\left(2\sum_{i=1}^{n-1} w_i + 1\right) \tag{5-3}$$

式中，n 为样本城市个数，w_i为第 1 个城市到第 i 个城市累积经济要素占全部统计区域经济要素的权重，本书对经济要素取值为 GDP。

（二）崔王指数

崔王指数[①]是由香港学者崔启源和王友强根据沃尔夫森（wolfsen）指数[②]利用“两极分化”和“扩散增加”的两部分排序公理推导得到。崔王指数值越大，则空间极化现象越严重，其表达公式为：

$$TW = \frac{\theta}{N}\sum_{i=1}^{k} \pi_i\left(\frac{y_i - m}{m}\right)^r \tag{5-4}$$

式中，θ 为正的常数标量，r 为（0，1）之间的任一值，借鉴学者们的已有研究结论[③]，论文取 θ = 0.125，r = 0.5，以保持计算结果与基尼系数数量级别的可比性，k 为地理区域个数，N 为全部研究区域内的人口数，π_i 为 i 地理区域的人口数，y_i 为 i 区域的人均 GDP，m 为所有城镇集聚能力得分的

---

① Tsui K., Wang Y. Q. Polarisation ordering and new classes of polarization indices [M]. Memo, the Hong Kong University, 1998: 353-358.

② Michael C., Wolfsen. Conceptual issues in normative measurement when inequalities diverge [J]. The American Economic Review, 1994, 84 (2): 353-358.

③ 孙平军，修春亮，董超. 东北地区经济空间极化及其驱动因子的定量研究 [J]. 人文地理，2013 (1): 87-93.

中位数，论文取研究区域人均 GDP 的中位数。

四、泰尔指数

为了对城市群区域经济发展差异进行进一步分解，测度地级市和县域之间的差异与极化特征，选择泰尔（Theil）指数进行计算。泰尔指数又称泰尔熵，有两种计算方法，一是以 GDP 为比重加权计算的 T 指数，另一种是以人口为比重加权计算的 L 指数，本书选择以 GDP 为比重加权计算的 T 指数。Theil 指数可以把区域差异分解为组内差异和组间差异，可以用于比较不同地域对区域总体差异的影响和贡献①②。这里将吉林省中部城市群经济发展的总体差异分解成地级市之间的内部差异（T_s）和县域之间的内部差异（T_x），以及地级市与县域之间（T_j）的差异，则用公式表示如下：

$$T = T_j + T_s + T_x = \left[y_s \log\left(\frac{y_s}{p_s}\right) + y_x \log\left(\frac{y_x}{p_x}\right)\right] + y_s \sum_i^n y_{si} \log\left(\frac{y_{si}}{p_{si}}\right) + y_x \sum_i^n y_{xi} \log\left(\frac{y_{xi}}{p_{xi}}\right) \tag{5-5}$$

式中，T 表示吉林省中部城市群总体差异，T_j 表示地级市和县域之间的差异，T_s 表示市区之间的内部差异，T_x 表示县域之间的内部差异，y_s 表示各地级市 GDP 总额占吉林省中部城市群 GDP 的比重，y_x 表示各县域 GDP 总额占吉林省中部城市群 GDP 的比重，p_s 表示各地级市人口占吉林省中部城市群总人口的比重，p_x 表示各县域人口占吉林省中部城市群总人口的比重，y_{si} 表示 i 市区 GDP 占各市区 GDP 总额的比重，y_{xi} 表示 i 县域 GDP 占各县域 GDP 总额的比重，p_{si} 表示 i 市区人口占各市区人口总数的比重，p_{xi} 表示 i 县域人口占各县域人口总数的比重，n 表示区域数。

---

① 陈修颖 . 1990 年以来浙江沿海区域差异及其成因分析［J］. 地理科学，2009，29（1）：22－29.

② 李汝资，王文刚，宋玉祥 . 东北地区经济差异演变与空间格局［J］. 地域研究与开发，2013，3（4）：28－32.

第二节　省域整体差异和空间极化特征演化

一、省域经济差异的时空演化规律

采用自然断裂点法，对2004年、2009年和2014年三个时间节点的GDP分布空间格局进行展示，以此为基础分析GDP演化的时空特征。从图中可以看出，吉林省区域经济存在空间极化现象，2004年，省域经济发展高水平区域主要集聚于中部地区，其中长春市和吉林市为主要的极化中心城市；2009年，经济集聚区域有向西北部拓展的趋势，舒兰市和蛟河市经济发展水平排名相对下降，松原市成为新的极化中心城市；2014年，集聚区域进一步缓慢向西北方向移动，次级集聚区域呈现分散化趋势，白山市和延边朝鲜族自治州仍然是经济发展水平相对较低的区域（见图5－1、图5－2、图5－3）。

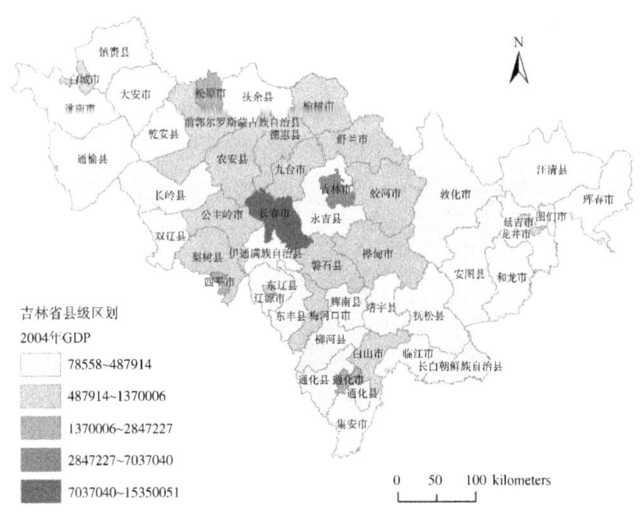

图5－1　吉林省2004年GDP的空间分布图

Fig. 5－1　Spatial distribution of GDP in Jilin in 2004

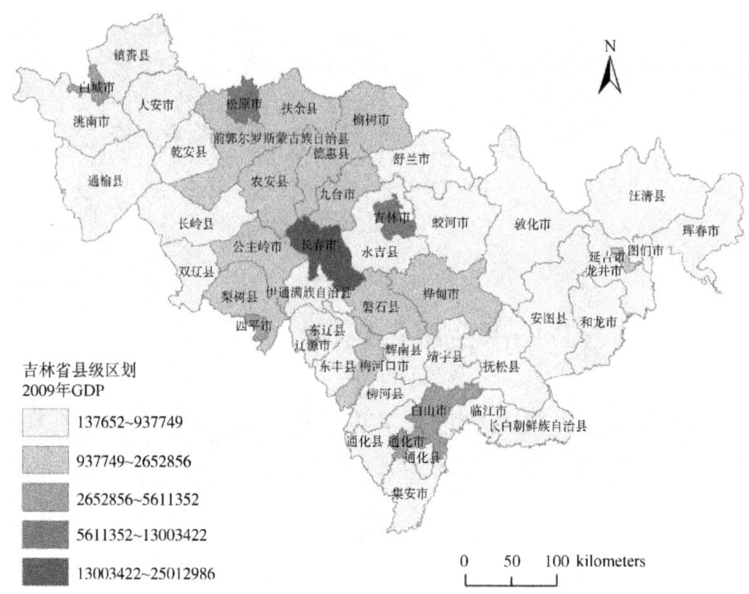

图 5 - 2　吉林省 2009 年 GDP 的空间分布图

Fig. 5 - 2　Spatial distribution of GDP in Jilin in 2009

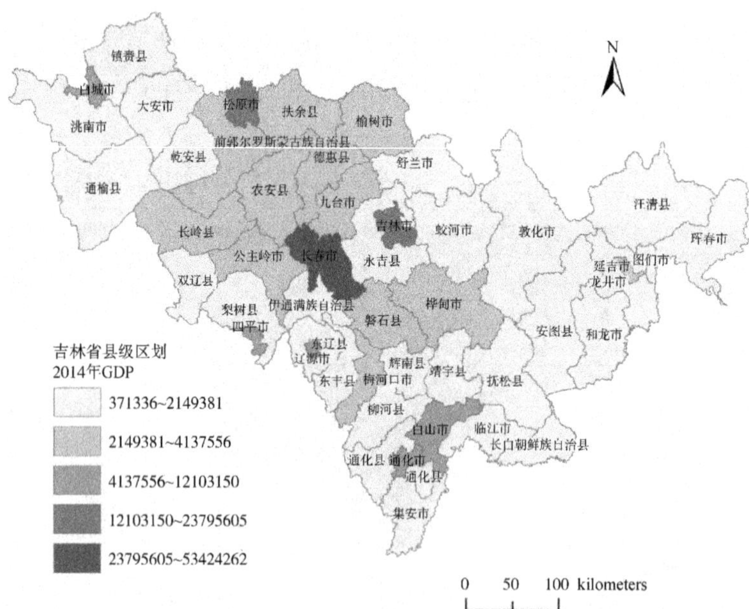

图 5 - 3　吉林省 2014 年 GDP 的空间分布图

Fig. 5 - 3　Spatial distribution of GDP in Jilin in 2014

二、省域经济空间极化水平测度

对省域经济发展水平的极差和标准差分析可以发现，研究期内，极差和标准差具有相似的演化特征，均呈现缓慢上升趋势。具体来看，2004～2008年，极差呈现缓慢上升趋势，2009～2014年，上升速度加快，表明最富裕地区和最贫困地区经济发展绝对差异值扩大。从变化幅度来看，极差的变化程度远大于标准差的变化程度。标准差从2004年至2014年均呈现缓慢上升趋势，表明区域经济发展水平的离散程度变化幅度较小（见图5－4）。

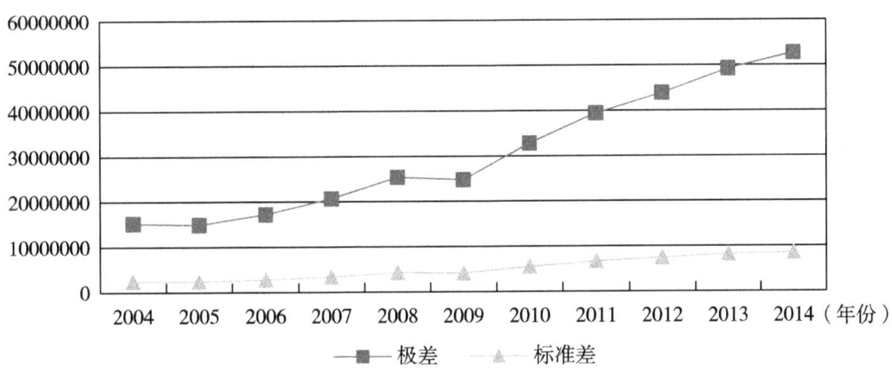

图5－4 吉林省2004～2014年GDP极差与标准差演化趋势

Fig. 5－4 Change trend of range and standard deviation of GDP in Jilin in 2004－2014

依据基尼系数和崔王指数的计算公式对吉林省区域经济整体差异和空间极化水平进行计算，结果可知：吉林省区域经济的基尼系数和崔王指数变化趋势较为相似，均呈现先上升后缓慢下降的趋势；基尼系数的值相对较高，表明不同区域单元之间经济发展差异较大，但是差异水平有逐渐缩小趋势，崔王指数值相对较小，说明区域经济空间极化程度一般，且有逐步减弱趋势；从时间上来看，2004～2007年，区域经济差异呈现上升趋势，2007～

2014 年呈现下降趋势，而区域经济空间极化水平在 2004～2010 年呈现缓慢上升趋势，2010 年以后极化水平下降并趋于稳定（见图 5－5）。

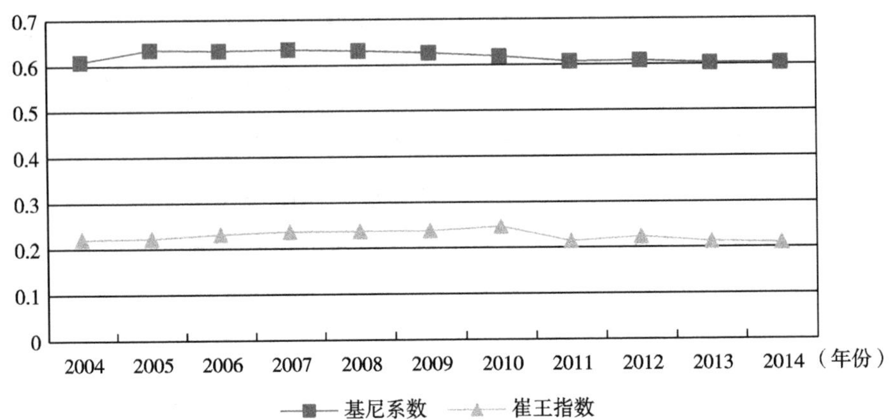

图 5－5　2004～2014 年吉林省整体区域经济差异和空间极化指数

Fig. 5－5　The total regional economic inequality and spatial polarization in 2004－2014

三、三大地域之间区域经济极化特征演化

从东部地区、中部城市群和西部地区三大地域来看，2004～2014 年，吉林省东部地区占全省 GDP 比重从 20.51% 下降至 20.27%，中部地区从 73.99% 上升至 2014 年的 74.31%，而西部地区从 2004 年的 5.50% 下降至 2014 年的 5.41%。分时间段来看，2004～2010 年，吉林省东部地区 GDP 占比下降，2010 年以后又呈现缓慢上升趋势，中部城市群 2004～2008 年 GDP 占全省比重快速上升，2008 年以后开始下降，西部地区 2004～2008 年 GDP 占比下降，随后出现缓慢上升态势。说明中部城市群对吉林省区域经济的集聚作用呈现出倒“U”形变化趋势，集聚能力有待增强（见图 5－6）。

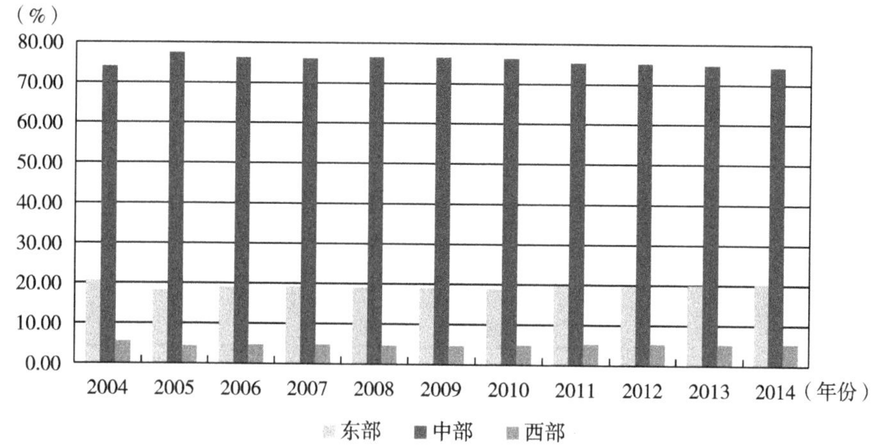

图 5－6 吉林省三大地域 GDP 份额演化

Fig. 5－6 The changes of GDP ratio in three regions of Jilin province in 2004－2014

第三节 城市群地级市经济差异和空间极化的时空格局演化

一、地级市人口分布的空间极化过程

为了衡量城市群区域经济发展水平差异特征及其演化规律，分别以市域和县域为分析单元并采用极差和标准差对吉林省中部城市群区域经济发展差异进行测度。以吉林省中部城市群 5 个地级市非农人口数量来看，长春市非农人口数量占吉林省中部城市群的比例从 2004 年的 40.30% 上升至 2014 年的 40.97%，吉林市非农人口数量占比从 2004 年的 26.57% 下降至 2014 年的 25.30%，四平市非农人口数量从 2004 年的 16.62% 上升至 2014 年的

17.80%，辽源市非农人口数量从2004年的7.19%下降至2014年的6.75%，松原市非农人口数量占比从2004年的9.32%下降至2014年的9.18%。主要演化拐点出现在2010年和2011年（见表5-1）。

表5-1　吉林省中部城市群地级市人口占城市群人口比例

Tab. 5-1　The proportion of urban population in the central cities of Jilin province

单位：%

年份	2004	2005	2006	2007	2008	2009	2010	2011	2012	2013	2014
长春市	40.30	40.52	41.02	41.16	41.18	41.25	41.93	40.12	40.92	40.53	40.97
吉林市	26.57	26.64	26.49	26.49	26.30	26.22	25.84	23.82	25.02	25.25	25.30
四平市	16.62	16.46	15.98	15.94	15.80	15.66	15.46	20.45	17.20	17.35	17.80
辽源市	7.19	7.03	7.01	6.98	6.90	6.91	6.84	6.28	6.63	6.72	6.75
松原市	9.32	9.34	9.49	9.44	9.82	9.96	9.93	9.33	10.24	10.15	9.18

二、地级市经济差异的空间极化

以吉林省中部城市群5个地级市GDP总量占比来看，长春市GDP占吉林省中部城市群的比例从2004年的47.47%下降至2014年的42.63%，吉林市GDP占吉林省中部城市群的比例从2004年的25.29%下降至2014年的20.83%，四平市GDP占吉林省中部城市群的比例从2004年的12.35%上升至2014年的13.33%，辽源市所占比例从2004年的3.56%上升至2014年的6.08%，松原市GDP占吉林省中部城市群的比例从2004年的11.31%上升至2014年的17.70%（见图5-7）。

从吉林省中部城市群5个地级市人均GDP极差变化来看（见图5-8），均呈现缓慢增长态势，除长春市外，其他4个地级市在2012年和2013年人均GDP极差演化出现拐点，开始下降。分地区来看，长春市人均GDP极差从2004年的11874元增长至2014年的37845元，增长了3.1872倍，吉林市人均GDP极差从2004年的7541元增长至28969元，增长了3.8415倍，四平市人均 GDP 极差从 2004 年的 2154 元增长至 2014 年的 12964 元，增长了 6.0185 倍，辽源市人均 GDP 极差从 2004 年的 2808 元增长至 2014 年的 17562 元，增长了 6.2542 倍，松原市人均 GDP 极差从 2004 年的 7911 元增长至 2014 年的 23267 元，增长了 2.9410 倍。说明松原市人均 GDP 极差的相对增幅最小，而辽源市人均 GDP 极差的相对增幅最大。

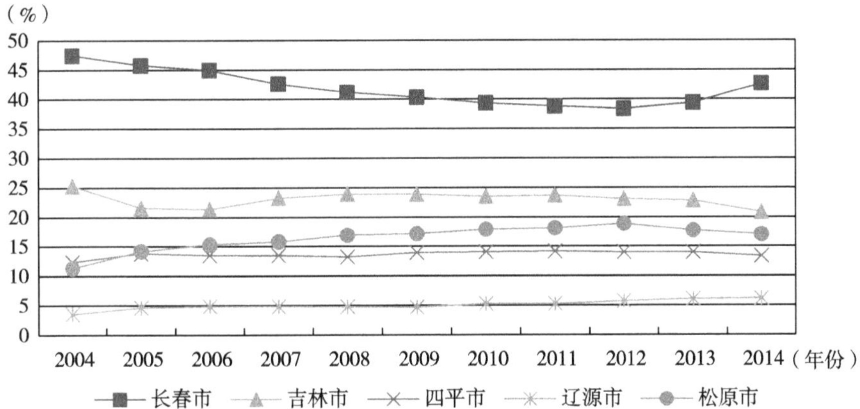

图 5-7　吉林省中部城市群各地级市 GDP 占吉林省中部城市群 GDP 比重变化

Fig. 5-7　The proportion change trend of GDP in each city of central Jilin province accounted central Jilin province

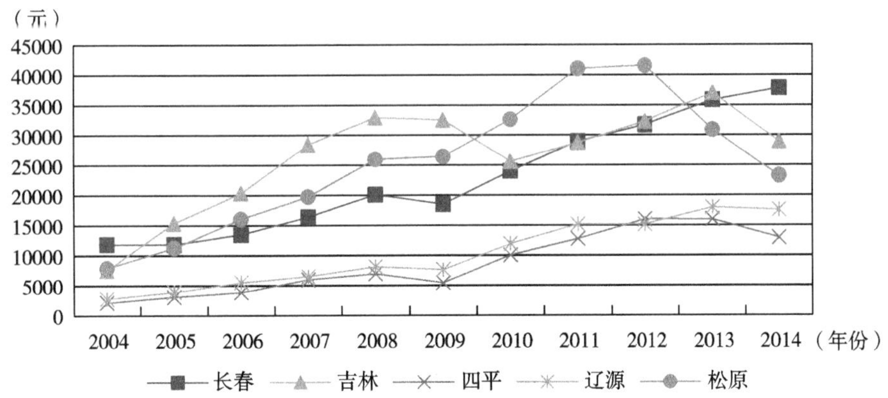

图 5-8　吉林省中部城市群各地区人均 GDP 极差变化趋势

Fig. 5-8　Change trend of range of per capita GDP in each region of central Jilin province

从吉林省中部城市群5个地级市人均GDP标准差变化来看（见图5-9），长春市呈现逐年上升趋势；松原市在2004～2012年逐年上升，2012年开始下降；吉林、辽源和四平自2004年至2013年人均GDP标准差逐年上升，2013年开始出现下降趋势。分地区来看，长春市人均GDP标准差从2004年的5081.653增长至2014年的15531.06，增长了3.0563倍，吉林市人均GDP标准差从2004年的3171.002增长至2014年的12440.41，增长了3.9231倍，四平市人均GDP标准差从2004年的853.8165增长至2014年的4860.473，增长了5.6926倍，辽源市人均GDP标准差从2004年的1420.071增长至2014年的9167.013，增长了6.4616倍，松原市人均GDP标准差从2004年的3233.716增长至2014年的9610.973，增长了2.9721倍，说明松原市人均GDP标准差的相对增幅最小，松原市内各县域经济发展差异的离散程度变化最低，而辽源市人均GDP标准差的相对增幅最大，区内各县域经济发展离散程度变化最大。

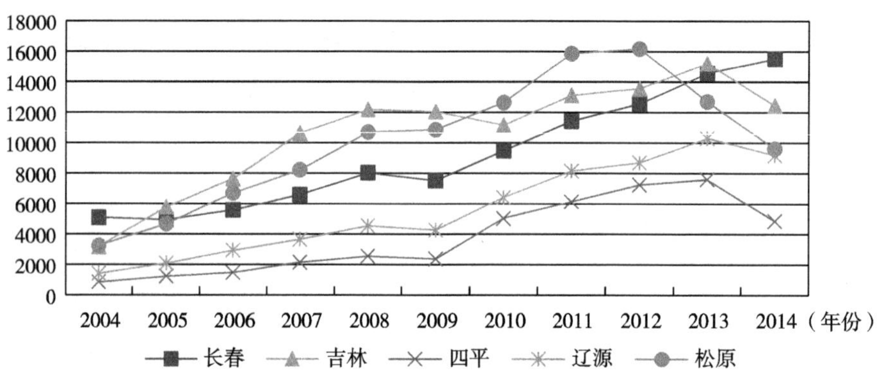

图5-9　吉林省中部城市群各地区人均GDP标准差演化趋势

Fig. 5-9　Change trend of standard deviation of per capita GDP in each region of central Jilin

三、地级市经济增长差异的空间极化

从吉林省中部城市群5个地级市人均GDP增速来看，长春市人均GDP增长率从2005年的-1.69%增长至2005年的6.92%，吉林市人均GDP增长率从2005年的-15.00%增长至2004年的-9.90%，四平市人均GDP增长率从2005年的11.86%降低至2014年的-10.5%，辽源市人均GDP增长率从2005年的33.10%下降至2014年的1.37%，松原市人均GDP增长率从2005年的30.79%下降至2014年的-4.47%，均呈现出波动下降的演化趋势，自2010年以来，各地级市人均GDP增长率逐年下降，并且吉林市、四平市与松原市人均GDP增长率均为负值，所谓的“断崖式”下跌的说法并不为过（见图5-10）。

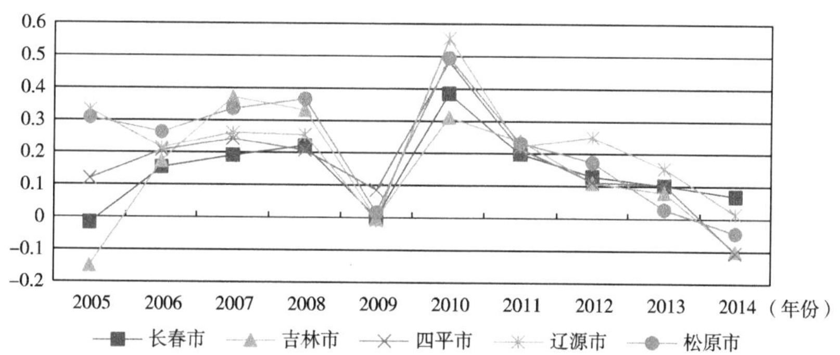

图5-10　吉林省中部城市群各地级市人均GDP增长率演化趋势

Fig. 5-10　The evolution trend of per capita GDP growth rate of cities in central Jilin province

第四节　城市群内经济差异演化与极化的空间格局

一、城市群内县域经济极化特征演化

以吉林省中部城市群24个县、县级市以及市辖区为研究对象，采用2005～2015年《吉林省统计年鉴》和2005～2015年《中国城市统计年鉴》数据对城市群内县域2004～2014年的人均GDP极差和标准差进行测算，分析城市群区域经济发展的绝对差异演化特征，结果如表5-2、图5-11所示：

表 5-2 2004~2014 年吉林省中部城市群人均 GDP 绝对差异变化

Tab. 5-2 The absolute difference of per capital GDP of central Jilin urban agglomeration 2004-2014

年份	最大值	最小值	极差	标准差
2004	21285	5227	16058	4054.389
2005	21908	6548	15360	4199.792
2006	27647	7310	20337	5386.157
2007	37965	9545	28420	7127.03
2008	46282	13330	32952	8980.777
2009	45898	13345	32553	8776.972
2010	57960	19308	38652	9967.545
2011	72282	23677	48605	12296.87
2012	79909	26953	52956	13349.29
2013	74943	30419	44524	13087.58
2014	70891	29067	41824	11783.46

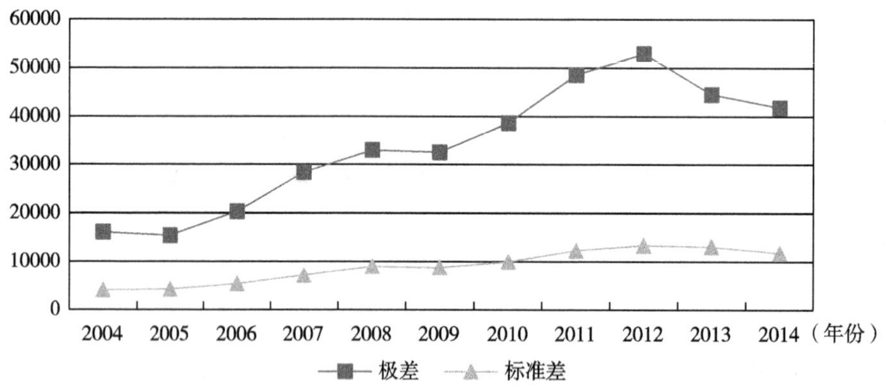

图 5-11 2004~2014 年吉林省中部城市群人均 GDP 极差与标准差演化趋势

Fig. 5-11 Change trend of range and standard deviation of per capita GDP in central Jilin 2004-2014

从计算结果来看，2004～2014年，吉林省中部城市群人均GDP极差和标准差均呈现缓慢上升趋势，说明区域经济发展的绝对差异逐年扩大，2012年极差和标准差达到最大值，之后开始下降，说明县域经济发展的绝对差异开始降低。2004年，人均GDP最高的是长春市，为21285元，最低的长岭县为5227元，前者是后者的4.07倍。2014年，人均GDP最高的长春市为70891元，人均GDP最小的舒兰市为29067元，最大值是最小值的2.43倍，说明最富裕与最贫困地区的人均GDP的相对差异在逐年缩小。2004～2012年标准差逐年扩大，但是增速趋缓，而且自2012年开始减少，说明县域之间人均GDP的离散程度开始降低。

二、城市群内区域经济差异极化特征分解

依据城市群内5个地级市以及县域的经济统计数据，依据泰尔指数计算公式将泰尔指数T分解为地级市之间的区域差异以及市域内部差异，并分别进行计算，结果可知，吉林省中部城市群区域经济发展总体差异较小，且呈现波动变化趋势，2004～2009年缓慢下降，2009年之后又开始扩大，具体差异值从2004年的0.0220扩大至2014年的0.0288，增长了31.0502%（见表5－3）。

表5－3　2004～2014年吉林省中部城市群经济差异的泰尔指数

Tab. 5－3　The Theil index of economy difference of central Jilin province 2004－2014

年份	长春	吉林	四平	辽源	松原	区域内部	区域之间	城市群
2004	0.0038	0.0073	0.0244	0.0004	0.0374	0.0109	0.0111	0.0220
2005	0.0027	0.0227	0.0234	0.0005	0.0371	0.0146	0.0113	0.0260
2006	0.0023	0.0246	0.0201	0.0009	0.0411	0.0153	0.0122	0.0275
2007	0.0016	0.0247	0.0183	0.0015	0.0345	0.0144	0.0112	0.0256
2008	0.0016	0.0186	0.0190	0.0013	0.0327	0.0132	0.0122	0.0254
2009	0.0016	0.0183	0.0182	0.0012	0.0316	0.0130	0.0119	0.0249
2010	0.0011	0.0125	0.0129	0.0009	0.0185	0.0085	0.0131	0.0216

续表

年份	长春	吉林	四平	辽源	松原	区域内部	区域之间	城市群
2011	0.0045	0.0112	0.0934	0.0011	0.0183	0.0210	0.0192	0.0402
2012	0.0008	0.0096	0.0415	0.0014	0.0215	0.0125	0.0150	0.0274
2013	0.0012	0.0099	0.0503	0.0014	0.0221	0.0138	0.0122	0.0260
2014	0.0013	0.0095	0.0499	0.0006	0.0195	0.0125	0.0163	0.0288

城市群各区域之间与区域内部差异呈现交叉演替变化趋势，具体来看，吉林省中部城市群区域内部差异从 2004 年的 0.0109 增长至 2014 年的 0.0125，增长了 15.0268%，区域之间的差异从 2004 年的 0.0111 增长至 2014 年的 0.0163，增长了 46.7516%，区域之间的差异演化速度快于区域内部差异的演化速度（见图 5－12）。

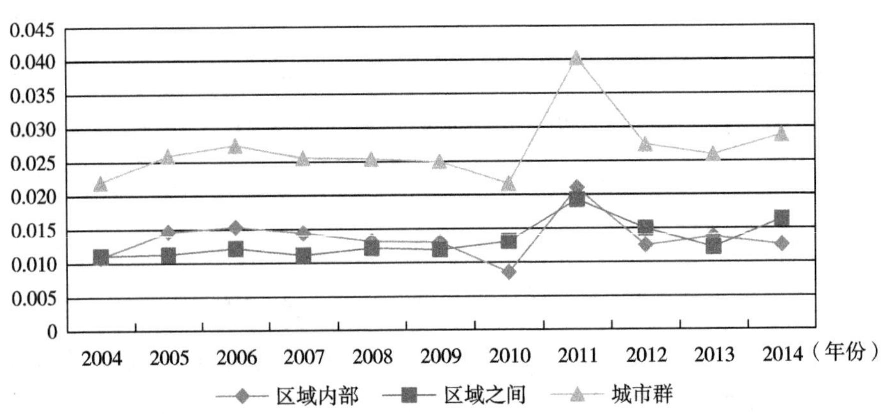

图 5－12　吉林省中部城市群泰尔指数变化趋势

Fig. 5－12　The Theil index variation tendency of central Jilin province

从吉林省中部城市群各地级市来看，泰尔指数值的相对差异较大，由图可以看出，5 个地级市内部县域经济差异有明显差别，其中，四平市泰尔指数的波动幅度最大，2010 年四平市泰尔指数值为 0.0129，2011 年增长至 0.0934，之后有所回落，但是仍然高于其他 4 个地级市。综合来看，松原市、吉林市泰尔指数值高于长春市和辽源市，且波动幅度也大于长春市和辽源市（见图 5－13）。

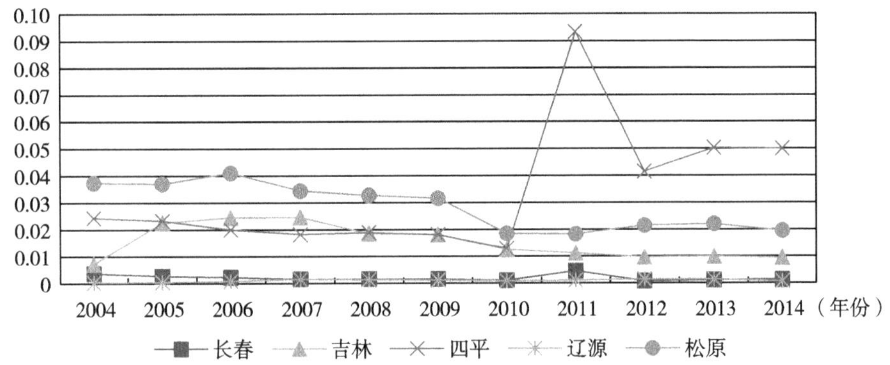

图 5－13　2004～2014 年吉林省中部城市群区域间的经济差异变化

Fig. 5－13　The disparitybetween cities in the central Jilin province from 2004 to 2014

第五节　吉林省中部城市群县域经济空间格局演化特征

区域空间结构演化是区域经济发展的重要内容和表现，同时也是区域经济系统演化的动力之一①。对区域经济空间格局识别、空间格局演化的研究是分析区域经济增长过程、增长差异以及区域经济增长动力的重要组成部分。对于城市群内部区域经济发展的空间结构及其演化特征的研究是剖析城市群结构、功能与演化规律的重要基础。区域经济发展的时空格局及其演化是区域经济学和经济地理学关注的重点问题，由于县域经济在我国行政等级、政府决策以及经济单元中的特殊地位，国内外学者对区域空间格局的研究尺度也不断由全国、三大地带、省域的宏观尺度向县域、乡镇等微观尺度进行过渡。县域经济是国民经济的重要组成部分和最基本的运行单元，研究县域经济空间格局演化特征和规律对于促进城

① 郭腾云，徐勇，马国霞等．区域经济空间结构理论与方法的回顾［J］．地理科学进展，2009，28(1)：111－118.

市群协调发展具有重要作用。本节首先以县域为基本分析单元，基于 ESDA 分析模型采用空间统计分析方法对 1993～2013 年吉林省中部城市群县域经济空间格局及其演化进行研究，以县域为基本空间单元探讨近 20 年来特别是东北振兴政策实施以来吉林省中部城市群区域经济时空演化特征与规律。

一、研究方法

（1）IDW 空间插值方法。空间插值方法是通过空间位置的已知特征值估计周围未知空间点的特征值，或者由不规则数据生成等值线或者连续表面的方法，可用于研究县域经济发展水平空间格局及其空间扩展状况。常见的空间插值方法有 IDW 方法、Kriging 方法和样条插值方法等。论文选用 IDW（Inverse Distance Weighted）方法，该方法认为与未知空间点距离最近的地区对位置点特征值的贡献最大，其计算公式为①：

$$Z(S)=\left(\sum_{i=1}^{n}\frac{Z_i}{d_i^2}\right)\Big/\left(\sum_{i=1}^{n}\frac{1}{d_i^2}\right) \quad (5-6)$$

式中，Z（S）为插值点 S 的估测值，n 为已知的样本数，Z_i 为第 i 个观测点的特征值，d_i 为 S 点到 i 点的距离。

（2）经济重心方法。为研究城市群内县域经济总体空间结构演化特征，引入重心分析方法。重心分析方法借鉴物理学中的牛顿力学原理对经济现象的空间分布中心进行计算，近年来广泛应用于社会经济领域。假设某一个区域由 n 个小区域构成，第 i 个小区域的重心坐标为（x_i，y_i），m_i 为该区域的某种属性值，M（x_j，y_j）为该区域第 j 年的重心坐标，则这一大区域该属性意义下的重心计算公式为：

$$M_i(x_j,y_j)=\left[\frac{\sum_{i=1}^{n}m_ix_i}{\sum_{i=1}^{n}m_i},\frac{\sum_{i=1}^{n}m_iy_i}{\sum_{i=1}^{n}m_i}\right] \quad (5-7)$$

① 王发曾，吕金嵘．中原城市群城市竞争力的评价与时空演变［J］．地理研究，2011，30（1）：49－60.

在分析过程中，如果某一地理现象的空间均值显著偏离于区域的几何重心，则显示了该地理现象的不均衡分布特征。偏离的方向表征了空间现象分布的“高密度”部位，偏离距离可以表征均衡程度[①]。对于多个时间序列的空间现象，可以用重心移动的方向和距离来考察重心迁移轨迹，从而对其空间结构的演化趋势进行分析。

（3）标准差椭圆方法。标准差椭圆（Standard Deviational Ellipse，SDE）分析方法可以揭示空间要素的扩散方向及离散程度，对地理要素的空间分布具有良好的解释效果[②]，可以表征要素的空间集聚区域、方向和中心位置等信息。SDE 方法的主要参数包括椭圆中心、椭圆指向以及椭圆主方向和辅方向上的标准差，通过这几个参数的定量描述分析研究对象的空间分布特征。其中，椭圆中心表示地理要素在二维空间上分布的相对位置，方位角反映要素分布的主要趋势方向，椭圆的长轴为要素空间分布最多的方向，短轴为要素空间分布最少的方向，公式为[③]：

$$\tan\theta = \frac{\sum_{i=1}^{n}(x_i - \bar{x})^2 - \sum_{i=1}^{n}(y_i - \bar{y})^2 + \sqrt{\left[\sum_{i=1}^{n}(x_i - \bar{x})^2 - \sum_{i=1}^{n}(y_i - \bar{y})^2\right]^2 + 4\left[\sum_{i=1}^{n}(x_i - \bar{x})\sum_{i=1}^{n}(y_i - \bar{y})\right]^2}}{2\sum_{i=1}^{n}\sum_{i=1}^{n}(x_i - \bar{x})\sum_{i=1}^{n}(y_i - \bar{y})} \tag{5-8}$$

$$\sigma_x = \sqrt{\sum_{i=1}^{n}\left[(x_i - \bar{x})\cos\theta - (y_i - \bar{y})\sin\theta\right]^2 / n} \tag{5-9}$$

$$\sigma_y = \sqrt{\sum_{i=1}^{n}\left[(x_i - \bar{x})\sin\theta - (y_i - \bar{y})\cos\theta\right]^2 / n} \tag{5-10}$$

---

① 李秀彬．地区发展均衡性的可视化测度［J］．地理科学，1999，19（3）：254－257.

② 赵作权．地理空间分布整体统计研究进展［J］．地理科学进展，2009，28（1）：1－8.

③ 朱邦耀，宋玉祥，李国柱等．C2C 电子商务模式下中国“淘宝村”的空间聚集格局与影响因素［J］．经济地理，2016，36（4）：92－98.

式中，（x_i，y_i）表示点要素的空间区位，n 为空间要素的个数，$\bar{x}$、$\bar{y}$表示所有点 x 坐标值和 y 坐标值的平均值，θ 为椭圆方位角。

1）Moran's I 分析。全局空间自相关（Moran's I）分析可以用来检验空间相邻或者相近的区域单元属性值在某个研究范围内空间相关特征的总体趋势。一般采用的测度指标为 Global Moran's I，来衡量整个研究区域空间要素之间的分布特征，其计算公式为[①]：

$$I = \frac{N\sum_{i=1}^{N}\sum_{j=1,j\neq i}^{N}W(i,j)(x_i-\bar{x})(x_j-\bar{x})}{\left[\sum_{i=1}^{N}\sum_{j=1,j\neq i}^{N}W(i,j)\right]\sum_{i=1}^{N}(x_i-\bar{x})^2} \tag{5-11}$$

式中，$\bar{x}=\sum_{i=1}^{N}x_i/N$，$x_i$ 和 x_j 分别表示空间事物在地域单元 i 和 j 上的观测值，W（i，j）为空间权重矩阵，一般采用邻近标准，如果地域单元 i 和 j 相邻，则值为 1，否则值为 0；指数 I 的取值范围为（-1，1），当 $I>0$ 时，表示观测要素具有空间自正相关特征，$I<0$ 为空间自负相关，$I=0$ 时表示空间不相关，I 的绝对值越大表示空间自相关的程度越明显。采用 Z 检验对 Moran's I 的结果进行检验，其中 E（I）为期望值，Var（I）为变异系数。

$$Z(I) = \frac{I-E(I)}{\sqrt{Var(I)}} \tag{5-12}$$

2）Getis-OrdG_i^* 指数分析。为了更好地识别不同空间位置的高值簇和低值簇，运用热点分析 Getis-OrdG_i^* 指数对县域经济演变的热点区和冷点区进行识别，测度局部空间自相关特征，其公式为：

$$G_i^*(d) = \frac{\sum_{i=1}^{n}W_{ij}(d)X_j}{\sum_{j=1}^{n}X_j} \tag{5-13}$$

---

① Getis A.，Ord J. K. The analysis of spatial association by use of distance statistics [J]. Geographical Analysis，1992，24（3）：189-240.

式中，W_{ij}为空间权重矩阵，n为研究区域单元总数，X_j表示样本观测值。对G_i^*进行标准化，可以得到：

$$Z(G_i^*)=\frac{[G_i^*-E(G_i^*)]}{\sqrt{Var(G_i^*)}} \tag{5-14}$$

式中，$E(G_i^*)$和$Var(G_i^*)$分别为G_i^*的数学期望值和变异系数。若$Z(G_i^*)$显著为正，则表明i周围的值较高，属于热点区（高值簇）；反之，若$Z(G_i^*)$显著为负，表明区域i周围的值低于均值，属于冷点区（低值簇）。

二、吉林省中部城市群县域经济空间异质分析

相比建立系统指标体系的不确定性和单一指标的权威性，人均GDP在很大程度上反映了一个地区的总体财富水平，测度了一个国家或地区的资本积累边界，能够有效、准确地反映区域经济发展的基本特征。考虑到研究数据的客观性、科学性和可获得性原则，本书采用县域人均国内生产总值指标，以吉林省中部城市群24个县域（县、县级市、设区市辖区）作为研究区域，主要选取1993年、1998年、2003年、2008年和2013年5个时间节点作为研究断面。所有数据来源于1994～2014年的《吉林统计年鉴》和《中国区域经济统计年鉴》，对于行政区划调整区域的数据进行相应的修改与合并处理，以保持数据的连续性和准确性。

根据IDW方法生成吉林省中部城市群县域经济发展水平空间分异图（见图5-14）。从空间插值结果可以看出：①5个时间节点县域经济发展水平较高的地区主要集中于长春市辖区、吉林市辖区以及东南部地区的桦甸市和磐石市，较低的地区集中于南部的四平市和辽源市。②1993～2003年，核心城市长春市和吉林市的空间扩展能力较强，对周边县域的经济发展产生了一定的溢出作用，经济发展水平较高和较低县域均呈现集聚分布的态势，而且经济发展水平较高的县域逐渐集聚于以长春和吉林为核心的都市圈内，较低的地区集聚于西部的松原市和南部的四平市与辽源市。③2003年以后，吉林省中部城市群内县域经济发展水平的集聚格局开始出现分化，松原市和前郭

县成为新的经济发展高水平地区，并向周边县域扩展，东部地区以长春市和吉林市为核心的都市圈内县域经济发展水平开始呈现分散化格局。经济发展低水平区域范围开始扩大，部分农业县市如农安县、榆树市和舒兰市经济发展水平下降，南部的四平市和辽源市所属县域经济发展水平开始缓慢提升。

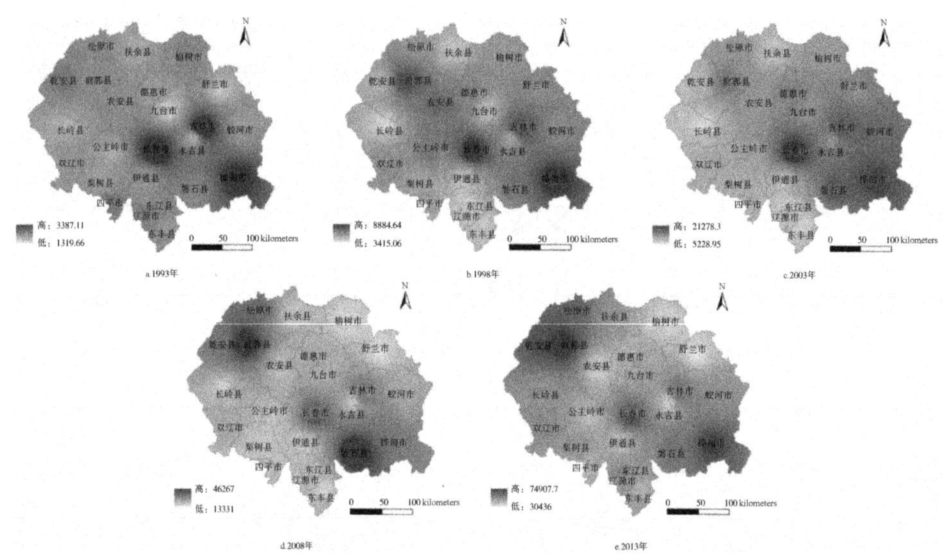

图 5－14　1993～2013 年吉林省中部城市群县域经济空间插值图

Fig. 5－14　The spatial interpolation effect of the county economy in Jilin central urban agglomeration in 1993－2013

三、县域经济空间格局演化分析

（一）经济重心移动轨迹

以第 n 年重心坐标为（x_n，y_n），第 n＋1 年重心坐标为（x_{n+1}，y_{n+1}），第 n＋1 年相对于第 n 年移动距离为 r，移动方向为 α，以正东方向为 0°，则（0°～90°）为东北方向，（90°～180°）为西北方向，（－180°～－90°）为西南方向，（－90°～0°）为东南方向，对 1993～2013 年县域经济重心进行计算，并依次计算各个时间段特别是 2004～2013 年东北振兴政策实施 10 年来重心移动方向和距离，对区域经济重心格局演变进行分析。结果可知，研究期内吉林省中部城市群县域经济重心移动过程明显，1993 年重心坐标为（125.4634°，43.8779°），2003 年为（125.6217°，43.8874°），2013 年为（125.3978°，43.9204°），即以 10 年为周期，吉林中部城市群县域经济重心先向东北方向移动，再向西北方向移动，移动距离分别为 12.6421 千米和 18.1901 千米。以 5 年为周期，1993 年至 1998 年移动距离为 9.6120 千米，1998 年至 2003 年移动距离为 11.1848 千米，2003 年至 2008 年移动距离为 15.1912 千米，2008 年至 2013 年重心移动距离为 3.0894 千米，移动方向分别为东北、东南、西北和西南，移动距离呈现先增加后减少的趋势。

从 2004～2013 年东北振兴政策实施以来的时间段看，各年份的重心在 125.3894°～125.6217°E，43.8874°～43.9451°N 移动，位置处于长春市北部。从 10 年间重心移动的轨迹来看，重心先向西移动，再向北移动，然后向南移动，移动速率呈现上升—下降—上升的趋势，其中 2004 年、2009 年和 2012 年是 3 个关键时间点（见表 5－4），这 3 个年份经济重心的移动距离较大。表明吉林省中部城市群县域经济发展具有一定的周期性波动特征，3 个时间节点中，2004 年为东北振兴政策实施元年，2008 年全球金融危机爆发，随后中国政府开始实施经济刺激计划，2012 年为经济转型以及新一轮政府经济周期起始年份，对于区域经济空间结构演变均产生了较大影响。

表 5－4　2004～2013 年吉林省中部城市群县域经济重心移动方向与距离

Tab. 5－4　Variation direction and distance of county economy gravity center in Jilin central urban agglomeration in 2004－2013

年份	空间位置（°）		移动方向（°）	移动距离（千米）
	经度	纬度		
2004	125.6217	43.8874	西南	14.5588
2005	125.4397	43.9009	西北	2.3414
2006	125.412	43.9080	东南	0.6768
2007	125.4202	43.9064	东北	2.085

续表

年份	空间位置（°）		移动方向（°）	移动距离（千米）
	经度	纬度		
2008	125.4366	43.9209	西南	1.0432
2009	125.4237	43.9224	西北	2.9898
2010	125.3964	43.9407	东北	0.3639
2011	125.4007	43.9417	西北	0.9786
2012	125.3894	43.9451	东南	2.8502
2013	125.3978	43.9204	—	—

（二）标准差椭圆分析

选取1993年、1998年、2003年、2008年以及2013年5个时间节点数据，对吉林省中部城市群县域经济空间分布的标准差椭圆进行计算，分析其空间分布方向与集聚区域的整体演变特征，计算结果如表5-5所示，其空间分布态势如图5-15所示。分析可知，近20年来标准差椭圆总体变化幅度不大，椭圆中心位于省会长春市，范围涵盖了吉林省中部城市群的大部分县域。从椭圆旋转角度θ来看，1993~2013年均在119°~129°变动，表明吉林省中部城市群县域经济的空间分异呈现西北—东南方向的分布格局。其中1993~1998年旋转角度θ从129.6018°缩小至121.1568°，到2004年缩小至119.1785°，2004年至2009年旋转角度又扩大至129.5796°，之后缓慢缩小至128.4013°。

表5-5　1993~2013年吉林省中部城市群县域经济标准差椭圆参数

Tab. 5-5　Standard deviational ellipses of county economy in Jilin central urban agglomeration in 1993-2013

年份	椭圆旋转角（°）	x轴标准差（千米）	y轴标准差（千米）
1993	129.6018	1.2566	1.0824
1998	121.1568	1.2555	1.0595
2003	119.1785	1.2479	1.0300
2008	129.5796	1.3395	1.0038
2013	128.4013	1.3353	1.0469

从椭圆的 x 轴和 y 轴来看，x 轴标准差由 1993 年的 1.2566 千米下降至 2003 年的 1.2479 千米，表明县域经济在标准差椭圆的辅方向即东北至西南方向呈现出弱的极化趋势，2003～2008 年 x 轴标准差又从 1.2479 千米升高至 1.3395 千米，县域经济总体在辅方向上又出现分散趋势，2008～2013 年又呈现进一步的极化趋势，x 轴标准差下降至 1.3353 千米。在主轴 y 方向上，1993～2008 年，y 轴标准差从 1.0824 千米逐渐下降至 1.0038 千米，表明这个时间段内县域经济沿西北至东南方向呈现连续的极化趋势，2008～2013 年，标准差从 1.0038 千米增加至 1.0469 千米，表明该时段县域经济在主要方向上又呈现分散趋势，由此说明 2008 年金融危机之后，吉林省中部城市群的区域经济极化趋势处于调整过程中，集聚水平减弱。

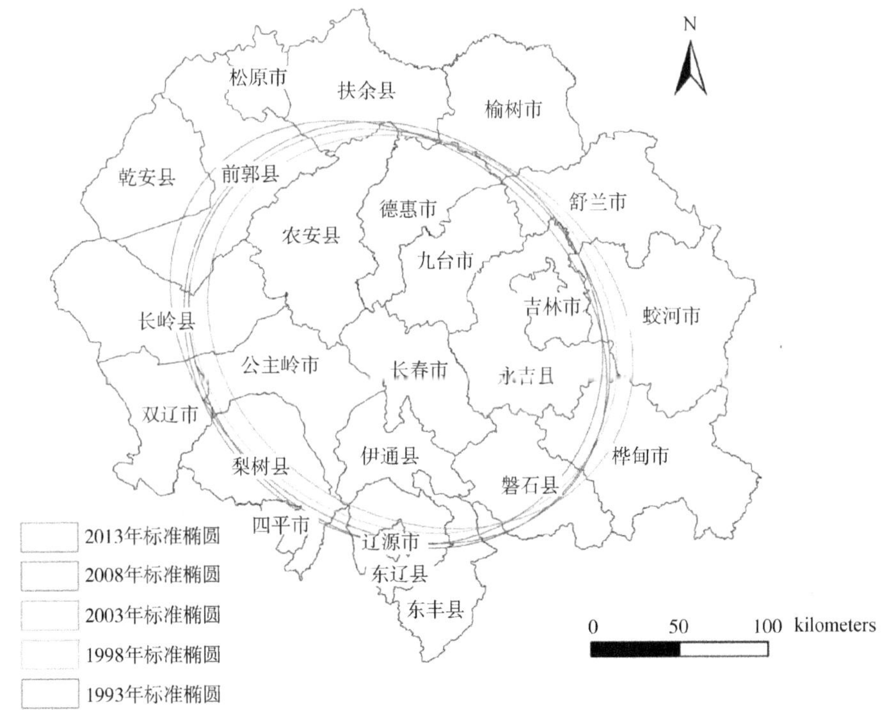

图 5－15　1993～2013 年吉林省中部城市群县域经济标准差椭圆分布图

Fig. 5－15　Standard deviational ellipses of county economy in Jilin central urban agglomeration in 1993－2013

四、县域经济空间关联特征演化分析

在区域经济发展过程中，“空间依赖”与“空间溢出”效应对经济发展有着不可忽视的影响力。由于地理学第一定律的存在，区域经济具有广泛的空间关联特征。在区域经济分析的过程中，由于空间依赖的存在，使因变量的部分变化被解释为每个观测量与相邻观测量的相关性，不符合多数古典经济学与计量经济学分析中样本之间相互独立的前提假设，如果直接将古典计量经济学的方法应用于空间数据的分析与处理时，通常不能获取这些数据的空间依赖性，不能完全揭示经济现象的演化特征与规律。因此，在进行空间数据的分析与处理时，需要采用适当的空间统计分析方法。

本书选择地统计方法对吉林省中部城市群区域经济发展的空间关联特征进行探讨。地统计是以区域化变量为基础，借助变异函数，研究既具有随机性又具有结构性，或空间相关性和依赖性的自然现象的一门科学。用于研究区域经济统计数据的空间相关性和空间依赖性，以及空间格局变异与演化规律。地统计学与经典统计学主要区别在于，地统计学既考虑样本值的大小与统计分布特征，又考虑样本的空间位置以及空间距离，通过空间距离权重值对数据的统计特征以及空间特征进行分析。对于区域经济空间关联特征的分析主要有空间自相关特征分析和热点区演化特征分析。

（一）全局自相关特征演化

采用全局空间自相关方法对1993年、1998年、2003年、2008年和2013年5个时间节点对吉林省中部城市群县域经济的Moran's I进行计算，空间权重矩阵选择相邻性指标。由表5-6中可以看出，Moran's I呈现倒“U”形变化特征，1993年Moran's I为-0.5273，$Z < -1.65$，且$p < 0.1$，置信度为90%，县域经济表现出负的自相关特征，其他年份全局空间自相关特征不显著，高低错落分布。1993～2003年，负的自相关特征减弱，并逐渐从空间负相关演化为弱的空间正相关；2003～2013年，又从空间正相关

演变为负的空间自相关。这种变化格局反映出吉林省中部城市群县域经济发展的持续性和稳定性不强，城市群内城镇体系发育不足，极核城市集聚效应不够明显，区域经济合作和经济关联水平有待进一步提高。

表 5 - 6　1993 ~ 2013 年吉林省中部城市群县域经济全局 Moran's I

Tab. 5 - 6　The global Moran's I index of county economy in Jilin central urban agglomeration in 1993 - 2013

年份	Moran's I	E（I）	Z 值	P 值
1993	-0.5273	-0.04347	-1.7409 *	0.0816
1998	0.0915	-0.04347	0.4689	0.6391
2003	0.2694	-0.04347	1.1024	0.2702
2008	-0.02052	-0.04347	0.08193	0.9347
2013	-0.2026	-0.04347	-0.5424	0.5874

注：* 表示 90% 的置信度。

（二）热点区域演化特征

为进一步研究吉林省中部城市群县域经济格局的演变状况，对城市群内县域单元中热点区和冷点区在空间格局上的演化特征进行分析，识别哪个区域单元对空间自相关特征的贡献度更大。分别计算各个时间节点的 Getis - OrdG_i^*，采用 Jenks 最佳自然断裂法将 G_i^* 值从高到低依次划分为热点区、次热区、次冷区和冷点区，如图 5 - 16 所示。1993 年以来，吉林省中部城市群 24 个县域所处地位在不断变化中，具体而言：①1993 年，热点县域为九台市、永吉县和桦甸市，表明以长春和吉林市为核心的周边县域经济发展水平较高。冷点区为德惠市、双辽市和榆树县，经济发展水平较低。②1998 年，热点区域新增加一个县域为农安县，而冷点区域转移至长岭县、四平市辖区以及辽源市辖区、东辽县和东丰县，表明吉林省中部城市群内核心区域的长吉地区经济发展水平进一步提升，而作为传统老工业基地城市四平市和辽源市的经济发展水平下降。③2003 年，热点区和次热点区仍主要集中于长吉核心区域的周边县市，冷点区域包括长岭县、双辽市、四平市辖区、梨树县、辽源市辖区、东辽县和东丰县，热点区域和冷点区域均呈现集聚化分布态势，县域经济发展的“俱乐部”格局开始呈现。④2008 年，热点区域开始分化，西北部的松原市和前郭县成为新的热点区，而长吉周边区域的热点区转移至桦甸市和磐石市，冷点区域除四平地区和辽源地区所属市辖区和县域外，北部的榆树市和德惠市成为新的冷点区。⑤2013 年，热点区和冷点区的分化特征进一步显著，热点区域集中于西北部的松原市、前郭县和乾安县以及东南部的桦甸市和磐石市，松原地区所属的周边县域成为新的次热点区，冷点区仍然集中于四平市、辽源市和北部的榆树市和德惠市。总体而言，热点区域呈现一定的分化态势，从以长吉为核心的周边县域向以松原市和吉林市为核心的周边县域转变，而长春市辖区和吉林市辖区并没有呈现出热点区特征，冷点区从分散孤立的县域演化为逐渐集中于四平市和辽源市周边县域以及长春市外围县市的榆树市和德惠市。

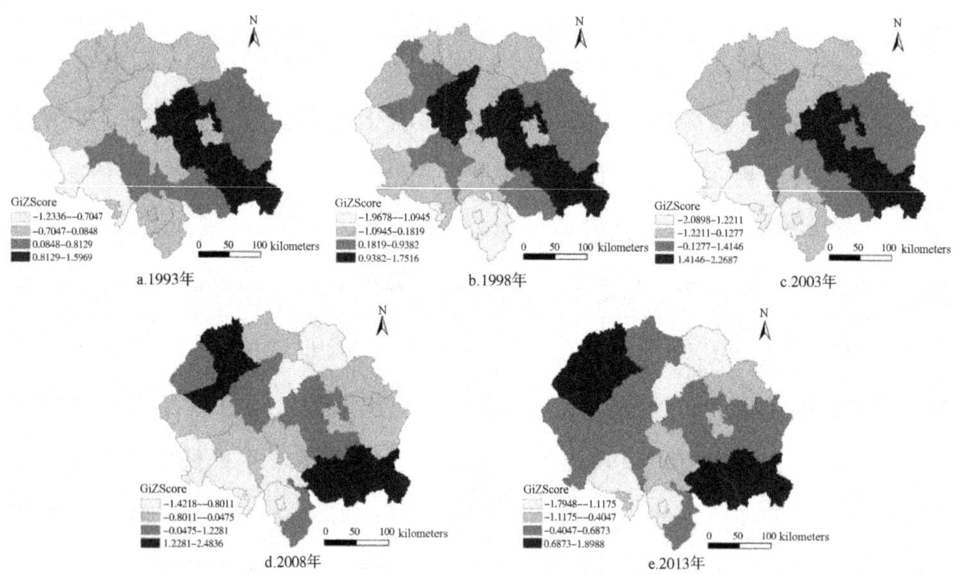

图 5－16　1993～2013 年吉林省中部城市群经济空间格局热点演化图

Fig. 5－16　Evolution of hotspot areas of county economy in Jilin central urban agglomeration in 1993－2013

本章小结

区域经济极化以及区域经济发展差异的扩大是区域经济发展过程中的必然过程，区域经济差异是区域经济发展状况的重要特征之一，区域经济差异的存在与演化对区域经济协调发展具有正负两方面的影响。一方面，区域经济差异的存在是区域分工和区域竞争的基础，适度的区域差异有利于区域经济发展动力和竞争力的形成，促进区域生产要素的流动与优化配置，促进区域之间的竞争；另一方面，区域经济差异过大会加剧地方市场分割，区域差异长期存在或者过大，会助长地方保护主义的盛行，阻碍区域分工与协作，并削弱欠发达地区的经济发展能力，从而影响区域整体经济的可持续发展。

本章采用极差、标准差、基尼系数、崔王指数以及泰尔指数等统计分析方法结合 GIS 软件基于省域、市域和县域三种空间尺度对吉林省省域范围以及中部城市群区域经济差异特征以及空间极化格局的演化特征进行了分析。然后，从人均 GDP 角度以县域为基本空间单元，分别采用 IDW 空间插值、经济重心、标准差椭圆、Moran's I 和 Getis - OrdG_i^* 方法对 1993 年以来特别是东北振兴政策实施 10 年来吉林省中部城市群县域经济时空格局演化特征进行分析。主要研究了经济发展差异演化特征、县域经济空间异质与演化特征以及县域经济演化的空间关联特征。主要结论如下：

第一，省域范围内，经济发展高水平地区主要集聚于吉林省中部地区，自 2009 年开始，松原市成为新的极化中心城市，省域经济集聚区域向西北方向移动，白城市和延边朝鲜族自治州经济发展水平相对较低。省域经济发展的绝对差异逐步增大，发展水平的离散程度缓慢增大。经济增长均等性和极化性水平先上升后下降。

第二，吉林省中部城市群内各地级市人均 GDP 极差和标准差均呈现缓慢上升趋势，区域经济发展的绝对差异逐年扩大，2012 年极差和标准差达到最大值，之后开始下降，县域经济发展的绝对差异开始降低，最富裕与最贫困地区发展水平的相对差异逐年缩小。

第三，泰尔指数分解发现，吉林省中部城市群区域经济发展总体差异较小，且呈现波动变化趋势，2004～2009 年缓慢下降，2009 年之后又开始扩大，具体差异值从 2004 年的 0.0220 扩大至 2014 年的 0.0288，增长了 31.0502%；城市群各区域之间与区域内部差异呈现交叉演替变化趋势，区域之间的差异演化速度快于区域内部差异的演化速度。分地区来看，5 个地级市内部县域经济差异有明显差别，其中，四平市泰尔指数的波动幅度最大，松原市、吉林市泰尔指数值高于长春市和辽源市，且波动幅度也大于长春市和辽源市。

第四，近 20 年来，吉林省中部城市群县域经济发展水平较高的地区主要集中于长春市辖区、吉林市辖区以及东南部地区的桦甸市和磐石市，较低的地区集中于南部的四平市和辽源市。1993～2003 年，核心城市长春市和吉林市的空间扩展能力较强，对周边县域的经济发展产生了一定的溢出作用，经济发展水平较高的县域逐渐集聚于以长春和吉林为核心的都市圈内，较低的地区集聚于西部的松原市、四平市和辽源市。2003 年以后，吉林省中部城市群内县域经济发展水平的集聚格局开始出现分化，松原市和前郭县成为新的经济发展高水平地区，并向周边县域扩展，东部地区以长春市和吉林市为核心的都市圈内县域经济发展水平开始呈现分散化格局。经济发展低水平区域范围开始扩大，部分农业县市如农安县、榆树市和舒兰市经济发展水平下降，南部的四平市和辽源市所属县域经济发展水平开始缓慢提升。

第五，吉林省中部城市群县域经济重心在东经 125.3894°～125.6217°、北纬 43.8091°～43.9451°变动，位置处于长春市北部。城市群县域经济发展具有一定的周期性波动特征，其中 2004 年、2009 年和 2012 年 3 个时间节点重心的移动距离较大，其中，2004 年为东北振兴政策实施元年，2008 年全球金融危机爆发，随后中国政府开始实施经济刺激计划，2012 年为经济转型以及新一轮政经周期起始年份，对于区域经济空间结构演变均产生了较大影响。标准差椭圆总体变化幅度不大，椭圆范围涵盖了吉林省中部城市群的大部分县域，空间分异呈现西北—东南方向的分布格局。

第六，县域经济格局呈现倒“U”形空间关联特征，1993～2003 年，从空间负相关演化为弱的空间正相关，2003～2013 年，又从空间正相关演变为空间负相关；热点区域从以长吉为核心的周边县域向以吉林市和松原市为核心的周边县域转变，冷点区从分散孤立的县域演化为逐渐集中于四平市和辽源市周边县域以及长春市外围县市的榆树市和德惠市，经济发展的持续性和稳定性不强。

第六章　城市群经济增长速度、效率与质量耦合协调与演化

第五章从不同空间尺度对吉林省中部城市群区域经济差异与空间极化特征进行了计算与分析，并研究了近20年来的中部城市群区域经济时空格局演化特征以及空间关联特征。但是，对城市群区域经济发展过程与空间结构的剖析与演化规律的探寻还需要考虑城市群区域经济动态演化特征的增长因素。城镇化是在生产力水平发展到一定程度，社会分工与产业集聚的结果，城镇化过程带来的生产性需求、消费需求和要素的流动均刺激了经济的增长和产业结构的升级，同时，由于空间要素对经济活动的影响，城镇化的集聚效应和溢出效应也会影响区域经济增长①。就短期和长期来看，城镇化与经济增长都是互为因果的关系②③④，在我国城镇化发展还处于初级和中级阶段的宏观背景下，城镇化和经济增长相互促进的正相关关系更为明显⑤，城镇化是我国扩大内需的最大潜力，城镇化水平和经济增长本质上是相互影响的

---

① 张秀峰，柳江，李东方．西部地区城镇化与经济增长关系研究［J］．西安财经学院学报，2016，29（3）：45－52

② Bertinelli，L.，Strobl，E. Urbanisation，Urban concentration and economic developme nt［J］. Urban Studies，2007（13）：2499－2510.

③ Black，D.，Henderson，J. V. A theory of urban growth［J］. Journal of Political Economy，1999，107（2）：252－284.

④ Davis，K.，Golden，H. H. Urbanization and the development of preindustrial areas［J］. Economic Development and Cultural Change，1954，3（1）：6－26.

⑤ 张宪平，刘靖宇．城镇化发展与县域经济增长关系的实证分析［J］．生产力研究，2008（2）：49－50.

内生化过程[①]。本章从经济增长角度对吉林省中部城市群区域经济空间演化进行研究与分析。

经济增长包括经济增长的速度、效率和质量因素。经济增长数量的提升是经济增长质量提高的前提，但是经济增长的数量并不等同于经济增长的质量。主要追求经济增长数量的增长还是经济增长质量的提高，是一种发展战略选择也是一种价值取向的选择。经济增长的数量解决的是增长速度问题，主要以经济发展要素的积累来实现，可以通过 GDP 增长率来直观体现。经济增长的效率主要反映投入产出状况，通过全要素生产率和边际量的增长来体现，决定了经济增长的代价和持续性，主要通过技术创新来实现。经济增长质量主要体现了经济发展水平的优劣程度，主要通过结构优化以及成果共享来体现，包括产业结构、区域结构、城乡结构的优化和人民消费水平以及福利水平的提高等（见图 6－1）。

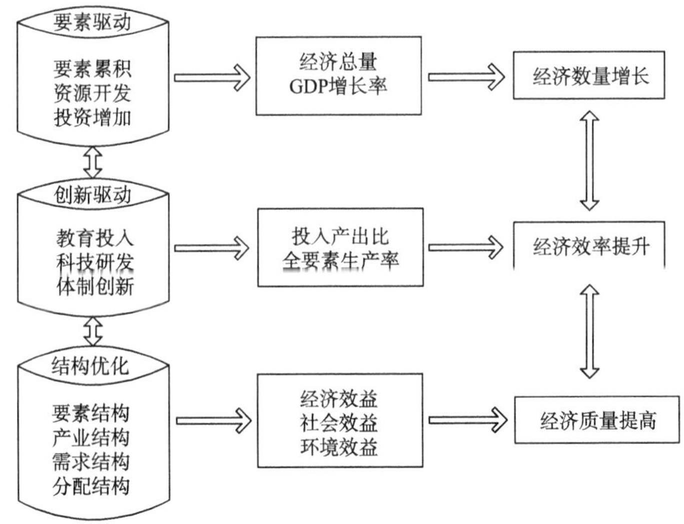

图 6－1 区域经济增长数量、效率和质量的关系机制

Fig. 6－1 The mechanism of economic growth quantity and efficiency and quality

① 任晓聪，苏罂．中部地区城镇化对经济增长的影响研究［J］．工业技术经济，2016（4）：134－144.

经济增长数量、效率和质量的协调发展是区域可持续发展的根本保证。本章在上一章分析的基础上从经济增长速度、效率以及质量三个方面对吉林省中部城市群县域经济增长的空间结构分异特征以及时空演化进行分析，然后构建经济增长速度、效率以及质量的耦合协调评价模型，对三者的耦合协调度进行测算，并分析其演化特征，以进一步探究吉林省中部城市群县域经济演化的空间过程、规律与机制。

第一节　经济增长速度的空间演化分析

经济增长是指某一时间跨度上，一个国家或者地区生产的物质产品和服务的增加，意味着一个国家或者地区生产能力的扩大，一般通过 GDP、GNP 等核算。经济增长受到资源、技术以及体制等多要素的约束。经济的正增长不仅是整体经济景气的体现，而且可以增加一个国家的财富并且增加就业机会。经济增长和经济发展既相互联系又有区别，经济增长是经济发展的动因和手段，经济发展是经济增长的结果和目的，没有经济的增长，就没有经济发展的源泉。经济增长包含数量和质量两个方面，经济数量的增长是经济发展质量提升的前提，经济增长速度是影响经济增长数量的关键因素。本节从经济增长速度的角度以县域为空间单元对吉林省中部城市群经济增长的空间分异及其演化特征进行分析。

一、数据来源与研究方法

（一）数据来源

经济增长速度的测算指标主要包括 GDP、人均 GDP 等直接统计指标，或者间接统计指标如收入水平、消费水平的提升等。直接统计指标具有规范、可比性强等优势，而且考虑到与前文分析内容的衔接，这里选取人均 GDP 的增长率来表征经济增长速度。依据 1993 年、1998 年、2003 年、2008 年和 2013 年 5 个时间节点划分为 4 个时间阶段，即 1993～1998 年、1998～2003 年、2003～2008 年和 2008～2013 年，分别对其经济增长速度进行测算。数据来源于 1994～2015 年的《吉林统计年鉴》和《中国区域经济统计年鉴》，对于行政区划调整区域的数据进行相应的修改与合并处理，以保持数据的连续性和准确性。

（二）研究方法

对区域经济增长空间格局的演化特征分析，主要采用探索性空间数据分析方法结合 GIS 空间表达对于县域经济增长的空间分异特征以及空间关联特征进行分析。全局空间自相关（Moran's I 指数）分析可以用来检验空间相邻或者相近的区域单元属性值在某个研究范围内空间相关特征的总体趋势。一般采用的测度指标为 Global Moran's I 指数，来衡量整个研究区域空间要素之间的分布特征，对于影响区域空间格局热点县域的识别，采用热点分析 Getis－Ord G_i^* 指数对县域经济演变的热点区和冷点区进行识别，测度局部空间自相关特征，具体计算公式同前文中的介绍，这里不予赘述。

二、经济增长空间分异演化特征

为揭示不同时间段吉林省中部城市群区域经济增长速度的空间差异特征，以 5 年为时间段，分别对 24 个县域单元 1994～1999 年、1999～2004 年、2004～2009 年以及 2009～2014 年 4 个时间段县域人均 GDP 增长速度进行计算和分析。然后以中部城市群整体人均 GDP 平均增长速度为标准值，将人均 GDP 增速在城市群平均增速水平 75% 以下的划为增长缓慢地区，75%～125% 划为增长适度地区，125% 以上为快速增长地区，用以揭示区域经济增长差异的空间特征。

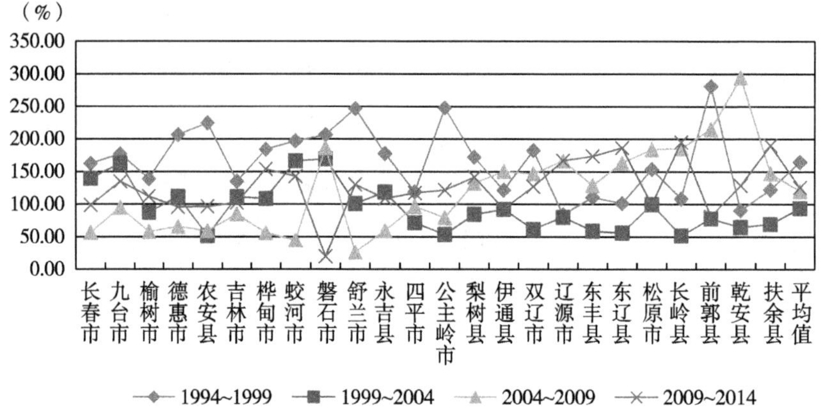

图 6－2　1994～2014 年吉林省中部城市群各县域人均 GDP 增长速度演化

Fig. 6－2　Evolution of per capita GDP growth rate of each county in central Jilin province in 1994－2014

从计算结果来看，4 个时间段县域经济增长差异呈现出较大的区别（见图 6－2），其中，1994～1999 年吉林省中部城市群县域人均 GDP 增长 164.63%，增速最快，其次为 2009～2014 年增长 125.78%，1999～2003 年和 2004～2009 年分别增长 93.92% 和 120.17%。从县域经济增长差异来看，2004～2009 年县域人均 GDP 增长的标准差最大，为 0.6574，其余依次为 1994～1999 年的 0.5343，2009～2014 年的 0.3988 和 1999～2003 年的 0.3646。说明东北振兴政策实施之后的第一个 5 年，县域经济增长差异出现突变，振兴政策的实施效果存在较大的空间差异格局。并且 4 个时间段人均 GDP 增长的标准差值呈现高—低—高—低的显著周期性演化趋势，经济增长的周期性波动特征明显。

从经济增长速度类型分区来看（见表 6－1），1994～1999 年，经济增长缓慢地区有 8 个，主要集中于四平市和辽源市范围内，增长适度地区有 10 个，集中于长吉都市圈周边县域，快速增长地区零散分布于城市群范围内。1999～2004 年，增长缓慢地区仍然为 8 个，主要为一些传统的农业县域，增长适度地区增加 1 个，同时增长快速地区减少一个。2004 ~ 2009 年，经济增长缓慢地区增长至 10 个，占总数的 41.66%，增长适度地区减少为 6 个，同时增长快速地区增长为 8 个，县域经济增长两极分化的特征明显，松原市所辖县域增长速度较高。2009 ~ 2014 年，县域经济增长趋于稳定，增长缓慢县域和增长较快县域数量分别降为 3 个和 5 个，增长适度地区增长至 16 个，不同增长类型县域数量呈现出“梨形”特征。

表 6 - 1　吉林省中部城市群县域经济增长速度类型划分

Tab. 6 - 1　County economic growth rate classification in Jilin central urban agglomeration

	1994 ~ 1999 年		1999 ~ 2004 年	
增长速度类型	县市数量（个）	县市名称	县市数量（个）	县市名称
增长缓慢	8	四平、伊通、辽源、东丰、东辽、长岭、乾安、扶余	8	农安、长岭、公主岭、东辽、东丰、双辽、乾安、扶余
增长适度	10	长春、九台、榆树、吉林、桦甸、蛟河、永吉、梨树、双辽、松原	11	四平、前郭、辽源、梨树、榆树、伊通、松原、舒兰、桦甸、吉林、德惠
增长较快	6	德惠、农安、磐石、舒兰、公主岭、前郭	5	永吉、长春、九台、蛟河、磐石
	2004 ~ 2009 年		2009 ~ 2014 年	
增长速度类型	县市数量（个）	县市名称	县市数量（个）	县市名称
增长缓慢	10	舒兰、蛟河、桦甸、长春、榆树、农安、永吉、德惠、公主岭、吉林	3	磐石、前郭、伊通
增长适度	6	九台、四平、东丰、梨树、双辽、扶余	16	德惠、农安、长春、松原、吉林、永吉、榆树、四平、公主岭、双辽、乾安、舒兰、九台、梨树、蛟河、桦甸
增长较快	8	伊通、东辽、辽源、松原、长岭、磐石、前郭、乾安	5	辽源、东丰、东辽、扶余、长岭

三、经济增长的空间关联格局演化特征

（一）县域经济增长的空间自相关特征

首先计算县域经济增长的 Moran's I，对县域经济增长空间格局演化的空间关联特征进行分析（见表6－2）。分析可知，1994 年以来，以 5 年为一个时间段的县域经济增长全局 Moran's I 值均大于 0，且 Z 检验值比较显著，与前述研究中县域经济空间格局的全局空间自相关指数差异较大，说明近 20 年来，吉林省中部城市群县域经济增长的态势呈现一定的集聚格局特征。分时间段来看：①1994～1999 年，Moran's I 为 0.6357，且满足 95% 的置信度，说明该时间段经济增长的空间自相关性显著。②1999～2004 年的 Moran's I 值下降为 0.3501，说明该时间段县域经济增长虽然具有空间正相关性，但是自相关水平不高，经济增长在空间地域上出现分化。③2004～2009 年经济增长的 Moran's I 再次上升至 0.5218，同时满足 95% 的置信度，县域经济增长再次表现出高的空间集聚特征，增长区域出现连片化分布格局。④2009～2014 年，自相关指数又开始下降，且相关特征不显著，表明自 2008 年金融危机之后，经济增长在地域上开始显著分化。综合来看，4 个时

表 6－2　1994～2014 年吉林省中部城市群县域经济增长速率的全局 Moran's I

Tab. 6－2　The global Moran's I for the growth rate of county economy in Jilin central urban agglomeration in 1994－2014

时间	Moran's I	E（I）	Z 值	P 值
1994～1999 年	0.6357	－0.04347	2.3244**	0.0201
1999～2004 年	0.3501	－0.04347	1.3568	0.1748
2004～2009 年	0.5218	－0.04347	1.9626**	0.0496
2009～2014 年	0.2504	－0.04347	1.0324	0.3018

注：** 表示 95% 的置信度。

间段县域经济增长的全局空间自相关指数呈现出高—低—高—低的脉冲式周期性演变特征，虽然经济增长空间格局的集聚程度增强，但是这种集聚趋势处于减缓过程中，说明吉林省中部城市群的经济增长不只是城市群内核心集聚区的经济增长加快，经济增长速率在空间上呈现分散化格局。

（二）经济增长空间格局热点区域演化特征分析

采用 Getis - Ord G_i^* 方法对上述 4 个时间段吉林省中部城市群县域人均地区生产总值增长率的热点和冷点区域进行计算，并采用 Jenks 最佳自然断裂点方法将 G_i^* 的值从高到低分成 4 类，即热点区、次热区、次冷区以及冷点区。如图 6 - 3 所示：①1993 ~ 1998 年，吉林省中部城市群县域经济增长的热点区只有农安县一个地区，次热区环长吉核心区呈现圈层分布态势，冷点区主要为辽源地区和四平市辖区。②1998 ~ 2003 年，热点区迅速增加，并且集中于吉林市所辖县市和长春市部分县市，呈现显著的集聚化态势，冷点区也集中分布于西部的松原市所辖县市和南部的四平地区以及辽源地区，表现出连片化分布特征。③2003 ~ 2008 年，热点区呈现分散化格局，热点县域集中分布于西部的松原市所辖部分县域包括松原市辖区、前郭县、乾安县和长岭县，以及南部地区辽源市所辖的东丰县。而 1998 ~ 2003 年以长吉都市圈周边县域为核心的热点区则全部成为冷点区，表明这一连片县域的经济增长呈现剧烈波动。④2008 ~ 2013 年，热点和冷点区域进一步分化，热点县域向西南转移至长岭县、双辽市、四平市辖区、伊通县、辽源市辖区和东辽县，次热和次冷县域呈现连片化分布于北部县域和南部除热点区域以外的县域；冷点区域在中部县域呈现带状分布格局，包括前郭县、农安县、九台市、永吉县和桦甸市。说明随着东北振兴战略的推进，政策效应在空间上开始逐步显现，传统的老工业基地城市如四平市、辽源市经济发展增速开始提升。

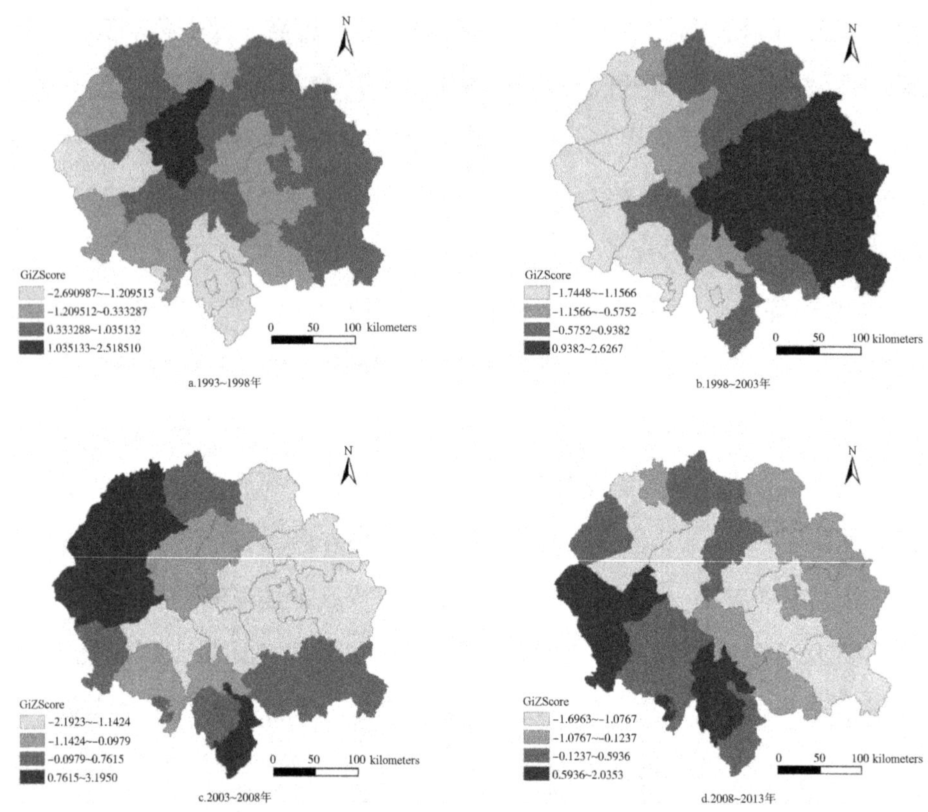

图 6－3　1994～2014 年吉林省中部城市群县域增长空间格局热点区演化图

Fig. 6－3　Evolution of hotspot areas of economic increase in Jilin central urban agglomeration

综合来看，近 20 年来，吉林省中部城市群县域经济增长格局呈现先集中再分散的趋势，热点县域的数量从 1 个增加至 1998～2003 年时间段内的极大值 7 个，之后两个时间段分别为 5 个和 6 个，数量趋于稳定；冷点区数量从第一时间段内的 5 个增加至 1998～2003 年和 2003～2008 年两个时间段内的 8 个，2008～2013 年又减少为 5 个；从冷、热点区比较来看，4 个时间段内，冷点区的数量总体上多于热点区的数量，说明经济增长的低值簇多于高值簇，即 20 年来吉林省中部城市群经济增长虽然较快，但是经济发展缓慢的县域在相对数量上仍然较多。此外，热点区域呈现出从分散到集中于长春—吉林都市圈再到分散的趋势，表明核心城市的经济增长并没有出现持续性特征，进一步增强首位城市的经济实力和集聚水平仍然是吉林省中部城市群经济发展的重要任务。

第二节　经济增长效率的空间演化分析

效率问题一直是经济学研究的重点问题之一，随着我国经济持续多年的高速增长以及经济规模的不断扩张，各级政府越来越重视经济增长过程中的效率问题，以改变当前以粗放型增长方式为主的经济发展模式，避免出现有规模无效率以及有技术无效率的现象。在效率测度的实证分析中，主要有两种方法：随机前沿分析技术（SFA）和数据包络分析技术（DEA）。上一节从经济增长速度角度对吉林省中部城市群县域经济增长数量的空间分异及其演化进行了分析，本节主要从经济增长效率的角度对县域经济发展及其演化进行计算与分析，基于 DEA 模型在综合考虑新型城镇化内涵的基础上选取投入产出指标，对吉林省中部城市群自 2003 年东北振兴政策实施 10 年来的县域经济增长效率进行测算，并对综合效率、纯技术效率和规模效率的演变进行剖析，以综合效率演化为基础进行区域类型划分，然后通过 ESDA 分析框架对县域经济增长效率的空间关联格局及其演化特征进行分析。

一、研究方法与评价指标

（一）DEA 方法

DEA（数据包络分析）方法由著名运筹学家 A. Charnes、W. W. Cooper 和 E. Rhodes 创建，是一种以相对效率概念为基础的效率评价方法，经过多年的完善和发展，已经成为非参数方法中研究多投入产出效率问题的重要工具①。CCR 模型是 DEA 方法最基础的模型，主要处理“规模报酬不变”假设下的决策，之后该模型扩展为规模报酬可变的 BCC 模型，将 CCR 模型下的技术效率（TE）分解为纯技术效率（PTE）和规模效率（SE），TE = PTE × SE，该线性规划表达式为：

$$\begin{cases} \min\theta \\ s.t.\ \sum_{i=1}^{k}\lambda_i x_{im} + S^- = \theta x_{im} \\ \sum_{i=1}^{k}\lambda_i y_{in} + S^+ = \theta y_{in} \\ \sum_{i=1}^{k}\lambda_i = 1 \\ \lambda \geqslant 0, S^- \geqslant 0, S^+ \geqslant 0 (i = 1, 2, \cdots, k, k = 30) \end{cases} \tag{6-1}$$

式中，θ 是各决策单元的纯技术效率，S^+ 和 S^- 为松弛变量，λ_i 为权重系数，x_{im}为第 i 个决策单元第 m 种要素的投入，y_{in}表示第 i 个决策单元第 n 种要素的产出量，当 θ = 1 时，表示该决策单元纯技术效率最优。

（二）空间关联分析方法

对城市群内城镇经济增长效率空间格局以及空间关联关系的分析有助于深入了解城市群的演化过程、空间结构与发展阶段。全局空间自相关分析可以用来检验空间相邻或者相近的区域单元属性值在某个研究范围内空间相关特征的总体趋势。一般采用的测度指标为 Global Moran’s I 指数，来衡量整个研究区域空间要素之间的分布特征。此外，运用热点分析 Getis – Ord G_i^* 指数对城镇化效率演变的热点区和冷点区进行识别，进一步测度局部空间自相关特征，Moran’s I 指数和 Getis – Ord G_i^* 指数的计算方法在前文中已经给

① 魏权龄．数据包络分析［M］．北京：科学出版社，2004：2 – 18.

出，这里不再赘述。

（三）指标体系构建

评价指标的选取直接关系到DEA分析结果的可靠程度，由于研究尺度、研究区域以及研究时点的差异，经济增长效率评价指标尚没有统一的标准，一般采用反映城镇经济活动的物质资本、人力资本以及土地资本作为投入要素，产出要素一般采用GDP、社会消费品零售总额等。鉴于指标选取的科学性、可靠性和数据可获取性原则，参照新型城镇化的内涵，根据DEA分析方法的要求，将城市系统分为投入系统和产出系统来甄选评价指标体系：①在DEA投入指标上，选取财政支出 X_1 作为资本投入指标，选取城镇就业人员 X_2 作为劳动力投入指标，选取城镇建设用地面积 X_3 作为土地投入指标；②在DEA产出指标上，选取非农产业产值 X_4、城镇化率 X_5 和社会消费品零售总额 X_6 作为反映经济增长的产出指标（见表6－3）。

表6－3　经济增长效率评价指标体系

Tab. 6－3　Evaluation index system of economic growth efficiency

指标类型	指标构成	指标释义
投入指标	财政支出 X_1（亿元）	资本投入
	城镇就业人员 X_2（万人）	劳动力投入
	城镇建设用地面积 X_3（km^2）	土地投入
产出指标	非农产业产值 X_4（亿元）	产值增长
	城镇化率 X_5（%）	城镇化率增长
	社会消费品零售总额 X_6（亿元）	消费增长

二、经济增长效率的时空分析

基于式6－1，采用BCC模型对吉林省中部城市群24个县域2003～2013年的经济增长效率进行计算，由于篇幅限制，以5年为时间间隔分别选取

2003 年、2008 年和 2013 年 3 个时间断面的投入与产出数据，计算得出各县域每个时段经济增长的综合效率、技术效率和规模效率值（见表 6－4）。依据数据包络分析的经济意涵，如果综合效率值为 1，则说明投入和产出水平实现了效率化，投入数量和产出数量均衡；如果纯技术效率值为 1，规模效率值小于 1，表示未实现规模经济；如果纯技术效率值小于 1，规模效率值为 1，则表示实现了投入规模经济性，但技术水平不足。

表 6－4　2003～2013 年吉林省中部城市群县域经济增长效率

Tab. 6－4　County economy growth efficiency of Jilin central urban agglomeration in 2003－2013

地区	2003 年				2008 年				2013 年			
	综合效率	技术效率	规模效率	规模报酬	综合效率	技术效率	规模效率	规模报酬	综合效率	技术效率	规模效率	规模报酬
长春市	1.000	1.000	1.000	—	1.000	1.000	1.000	—	0.937	1.000	0.937	drs
九台市	0.828	0.830	0.997	drs	0.747	0.776	0.963	irs	0.802	0.806	0.994	drs
榆树市	1.000	1.000	1.000	—	0.660	0.726	0.909	irs	0.736	0.746	0.986	irs
德惠市	0.913	0.985	0.927	irs	0.813	0.885	0.918	irs	1.000	1.000	1.000	—
农安县	1.000	1.000	1.000	—	0.729	0.782	0.932	irs	0.751	0.769	0.977	irs
吉林市	1.000	1.000	1.000	—	1.000	1.000	1.000	—	1.000	1.000	1.000	—
桦甸市	0.930	1.000	0.930	irs	1.000	1.000	1.000	—	0.889	0.932	0.954	drs
蛟河市	0.891	0.916	0.973	drs	0.971	1.000	0.971	drs	0.991	1.000	0.991	irs
磐石市	0.943	0.979	0.963	irs	0.872	0.896	0.973	irs	0.840	0.857	0.980	irs
舒兰市	0.875	1.000	0.875	drs	0.716	0.773	0.927	irs	0.744	0.786	0.947	irs
永吉县	1.000	1.000	1.000	—	0.986	1.000	0.986	irs	0.867	1.000	0.867	irs
四平市	1.000	1.000	1.000	—	1.000	1.000	1.000	—	1.000	1.000	1.000	—
公主岭	1.000	1.000	1.000	—	1.000	1.000	1.000	—	0.833	0.872	0.956	irs
梨树县	0.800	0.858	0.933	irs	1.000	1.000	1.000	—	0.950	1.000	0.950	irs
伊通县	0.958	1.000	0.958	irs	1.000	1.000	1.000	—	1.000	1.000	1.000	—
双辽市	1.000	1.000	1.000	—	1.000	1.000	1.000	—	1.000	1.000	1.000	—
辽源市	0.815	1.000	0.815	drs	1.000	1.000	1.000	—	1.000	1.000	1.000	—

续表

地区	2003 年				2008 年				2013 年			
	综合效率	技术效率	规模效率	规模报酬	综合效率	技术效率	规模效率	规模报酬	综合效率	技术效率	规模效率	规模报酬
东丰县	1.000	1.000	1.000	—	0.942	1.000	0.942	irs	0.811	0.921	0.881	irs
东辽县	0.938	1.000	0.938	irs	0.948	1.000	0.948	irs	0.877	1.000	0.877	irs
松原市	1.000	1.000	1.000	—	1.000	1.000	1.000	—	1.000	1.000	1.000	—
长岭县	0.995	1.000	0.995	irs	0.842	0.963	0.875	irs	0.956	1.000	0.956	irs
前郭县	1.000	1.000	1.000	—	1.000	1.000	1.000	—	1.000	1.000	1.000	—
乾安县	1.000	1.000	1.000	—	1.000	1.000	1.000	—	1.000	1.000	1.000	—
扶余县	1.000	1.000	1.000	—	0.898	1.000	0.898	irs	0.947	1.000	0.947	irs

从表 6－4 可知，10 年来，吉林省中部城市群县域 3 个时间段经济增长效率规模报酬不变，即实现投入产出效率化的县域个数逐步减少；规模报酬递减的县域个数呈现先减少后增加的趋势；规模报酬递增的县域个数则先增加后趋向稳定。其中经济增长的综合效率、纯技术效率和规模效率 3 个维度的效率值存在明显的时空分异，以下分别进行阐释：

（1）城镇化综合效率分析。从表中可以看出，10 年来吉林省中部城市群县域城镇化的综合效率整体处于较高水平，但综合效率值呈现显著下降趋势，2003 年、2008 年和 2013 年 3 个时间断面的平均值分别为 0.954、0.922 和 0.914。

具体来看，2003 年综合效率值为 1 的县域单元数量为 13 个，占总数的 54.16%，说明这些评价单元处于生产前沿面，实现了投入和产出的最优状态，即 DEA 有效。同时，所有县域城镇化的综合效率值均在 0.80 以上，说明同期城镇化的投入和产出处于较优的配置状态，综合效率值偏低的县域主要为一些农业县市。2008 年，城镇化综合效率达到 DEA 效率最优的县域数量为 12 个，相比于 2003 年减少 1 个，但是从具体评价单元来看，综合效率值减少的县域有九台市、榆树市、德惠市、农安县、磐石市、舒兰市、永吉县、东丰县、长岭县和扶余县，其中榆树市、农安县、永吉县和东丰县下降速度较快，且有4个县域的综合城镇化效率值降到0.80以下。2013年城镇化综合效率DEA最优的县域个数为9个，占总数的37.5%，长春市、桦甸市、公主岭市和梨树县从DEA有效演变为无效状态，同时城镇化综合效率DEA有效性低于0.80的县域为榆树市、农安县和舒兰市，呈现出一定的集聚特征（见图6－4）。

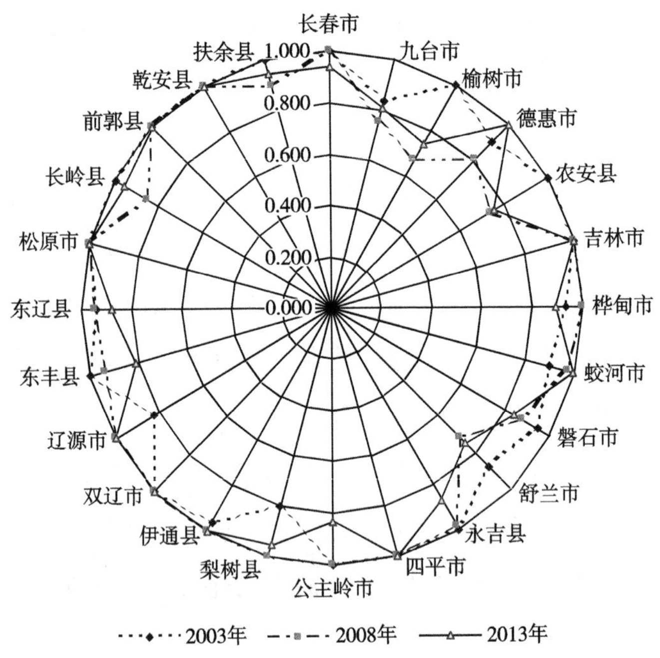

图6－4　2003～2013年吉林省中部城市群县域经济增长综合效率指数变化

Fig. 6－4　Changes of overall county economy growth efficiency in Jilin central urban agglomeration in 2003－2013

（2）技术效率分析。10年来，技术效率最优的县域数量显著多于综合效率和规模效率最优的县域数量，但是技术效率水平值在时间上总体呈现缓慢减少的趋势，2003年、2008年和2013年3个时间断面的技术效率均值分别为0.982、0.950和0.945。其中，2003年吉林省中部城市群县域经济增长技术效率达到DEA最优县域数量为19个，占总数的76%，除九台市和梨树县以外，其他县域的技术效率值均在0.9以上；2008年，技术效率最优的县域数量为17个，与2003年变化格局不大，技术效率下降的县市分布于榆树市、农安县、舒兰市和长岭县，技术效率值上升的为蛟河市和梨树县，其中九台市、榆树县、农安县和舒兰市的技术效率值下降至0.8以下；2013年，技术效率DEA最优的县域为16个，桦甸市、公主岭市和东丰县3个区域的技术效率从DEA有效转变为无效，德惠县和长岭县技术效率值上升至1。此外，技术效率的均值从2003年的优于综合效率和规模效率的均值演变为2008年和2013年的介于综合效率和规模效率均值之间，纯技术效率的下降成为阻碍吉林省中部城市群县域经济增长效率提升的主要因素。

（3）规模效率分析。10年来，吉林省中部城市群县域经济增长规模效率值水平较高，且保持平稳，2003年、2008年和2013年分别为0.971、0.968和0.967。2003年，城镇化规模效率值DEA最优的县域为13个，与城镇化综合效率DEA最优的县域单元一致，同时，除辽源市和舒兰市以外，其他县域的经济增长规模效率DEA有效性均在0.90以上；2008年，城镇化规模效率DEA最优的县域个数为12个，并且除长岭县以外，规模效率值均在0.9以上，榆树市、农安县、永吉县、东丰县和扶余县规模效率值略有下降，同时，桦甸市、梨树县、伊通县和辽源市规模效率值有所提升；2013年，城镇化规模效率DEA最优的县域个数为9个，比2008年减少3个，但是2013年城镇化规模效率DEA有效性90%以上的县域数量占到87.5%，只有东丰县、东辽县和永吉县城镇化规模效率值低于0.9。总体来看，2003年东北振兴政策实施以来，吉林省中部城市群县域城镇化的投入保持在一个较高水平，且投入规模经济性逐渐优于技术水平，规模效率已经接近最优，进一步提升的空间较小。

三、经济增长综合效率变化类型划分

依据城镇化综合效率的变动特征以及表 6 - 4 和图 6 - 4 的结果，对吉林省中部城市群 24 个县域经济增长综合效率类型进行划分，依次分为稳定型、上升型、下降型和波动型四种类型，结果如表 6 - 5 所示：综合效率值处于稳定状态的县域有 6 个，占总数的 25%，包括吉林市辖区、四平市辖区、双辽市、松原市辖区、前郭县和乾安县，这些县域经济增长效率较高，城镇化过程中投入产出恰当，且随时间演变波动不大，能够实现高效稳固的规模报酬；蛟河市、伊通县和辽源市辖区经济增长效率值呈现逐渐上升态势，占城市群内县域总数的 12.5%，表明这些县域在城镇化过程中的投入产出比正趋向于优化，发展态势较好；长春市辖区、磐石市、永吉县、公主岭市和东丰县经济增长综合效率值呈现下降趋势，这些县域自 2003 年以来，城镇化的投入产出回报从协调逐渐演变为不协调，需要重新审视其经济发展政策，提高经济增长的综合效率；综合效率值处于波动状态的县域数量有 10 个，占到总数的 41.66%，包括九台市、榆树市、德惠市、农安县、桦甸市、舒兰市、长岭县、梨树县、东辽县和扶余县，主要集中于长春市周边和吉林市周边，这些县域的城镇化呈现不稳定发展状态，综合效率先升后降或先降后升，经济发展的周期性波动特征明显。

表 6 - 5　2003 ~ 2013 年吉林省中部城市群县域经济增长综合效率变化类型

Tab. 6 - 5　Changing types of overall county economy growth efficiency in Jilin central urban agglomeration in 2003 - 2013

类型	地区
稳定型	吉林市辖区、四平市辖区、双辽市、松原市辖区、前郭县、乾安县
上升型	蛟河市、伊通县、辽源市辖区
下降型	长春市辖区、磐石市、永吉县、公主岭市、东丰县
波动型	九台市、榆树市、德惠市、农安县、桦甸市、舒兰市、长岭县、梨树县、东辽县、扶余县

四、经济增长效率空间格局演化

（一）总体空间格局自相关特征

运用 Moran's I 对 2003 年、2008 年和 2013 年 3 个时间节点对吉林省中部城市群县域经济增长效率的全局关联特征进行分析，空间权重矩阵选择相邻性指标。从表 6 - 6 中可以看出，Moran's I 呈现波动变化特征：2003 年，Moran's I 值为 0.0395，未通过显著性检验，即经济增长效率呈现弱的空间正相关特征；2008 年，Moran's I 上升至 0.382，且满足 $Z > 1.96$ 且 $p < 0.05$，置信度为 95%，经济增长效率表现出显著的空间正相关特征，效率较高的县域和效率较低的县域呈现集聚分布的态势；2013 年，经济增长效率的 Moran's I 又下降为 0.0712，且不显著，县域经济增长效率的空间自相关特征减弱，表明经济增长效率在空间上从集聚又走向分散，这种变化格局反映出吉林省中部城市群内县域经济发展的持续性和稳定性不强，极核城市集聚效应不够明显，区域经济合作和经济关联水平有待进一步提升。

表 6 - 6　2003 ~ 2013 年吉林省中部城市群县域经济增长效率的全局 Moran's I

Tab. 6 - 6　The global Moran's I index of county economy growth efficiency in Jilin central urban agglomeration

年份	Moran's I	E（I）	Z 值	P 值
2003	0.0395	-0.0435	0.595	0.260
2008	0.382	-0.0435	3.325*	0.010
2013	0.0712	-0.0435	0.691	0.280

注：* 表示满足 95% 的置信度。

（二）经济增长效率空间格局冷、热点区演化特征

为进一步分析吉林省中部城市群县域经济增长效率时空演变状况，对城市群内县域单元中热点区和冷点区在空间格局上的演变进行分析，识别哪个区域单元对空间自相关特征的贡献度更大。分别计算各个时间节点的 Getis -

Ord G_i^* 值，采用Jenks最佳自然断裂法将各个县域经济增长效率的 $G*_i$ 值从高到低依次划分为热点区、次热区、次冷区和冷点区，如图6-5所示。从2003年以来，吉林省中部城市群24个县域所处地位在不断变化中。具体而言：

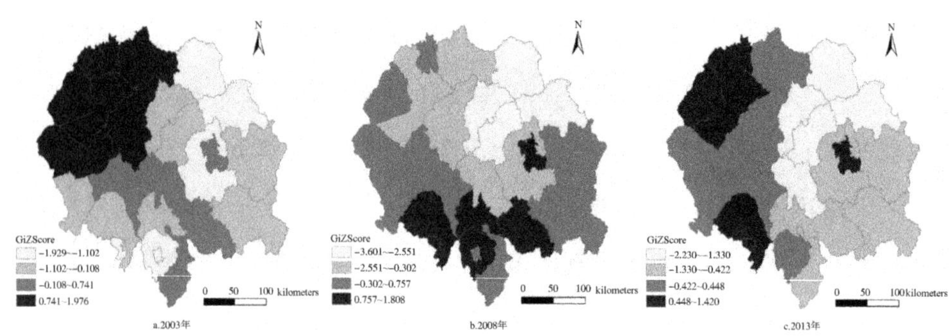

图6-5 2003~2013年吉林省中部城市群县域经济增长效率冷、热点区演化图

Fig. 6-5 Evolution of hot and cold spots of county economy growth efficiency in the counties of Jilin central urban agglomeration in 2003-2013

①2003年，热点区高度集中于吉林省中部城市群西北部的松原市所属县域和农安县，冷点区分布于北部地区的榆树市、舒兰市、永吉县和南部地区的东辽县、四平市辖区和辽源市辖区，呈现相对集中分布态势，而次热和次冷县域均呈现分散化分布格局。②2008年，热点区域从西北部的松原市转移至东南地区的梨树县、东辽县、伊通县、磐石市以及四平市辖区和吉林市辖区，表明松原市及其周边县域城镇经济增长效率开始降低，以石油能源开采为主的产业结构有待优化，城镇化发展的可持续性特征减弱，而次热和次冷县域基本呈现出以热点区为核心向北阶梯状扩散的趋势，冷点区仍然集中于北部的榆树市、舒兰市、德惠市和九台市。表明随着东北振兴战略的推进，政策效应开始显现，传统的老工业城市吉林市、四平市和辽源市开始获得发

展新机，经济增长效率提升趋势明显。③2013 年，热点区进一步分化，从相对集中于南部地区到分散分布于西北部松原市的乾安县、前郭县和松原市辖区，中部的吉林市以及南部的梨树县和四平市辖区仍然属于热点地区，次热区集中于松原市周边县域和辽源市辖区以及东辽县，次冷区集中于吉林市周边县域。

自 2008 年全球金融危机以来，国家实施了积极的经济刺激计划，松原市以及周边县域的经济增长效率开始回升，传统的老工业基地城市四平市、辽源市和吉林市经济增长效率也继续保持较高水平。冷点区仍然集中于北部的榆树市、舒兰市、德惠市和九台市四个地区，同时长春市成为新的冷点区，表明北部地区以农业为主的几个县域经济增长效率增长缓慢，已成为凹地，发展逐步边缘化，因此，应该加大对冷点区的技术支持与规模投入，利用其毗邻长吉都市圈的优势，提升经济增长效率。此外，长春作为省会城市，经济增长效率并不明显优于周边县域，并且呈现下降趋势，作为城市群内极核城市的集聚作用有待加强。

第三节　经济增长质量的时空演化分析

依据区域可持续发展理念，区域发展涉及效率、公平、人与自然关系、区域关系、代际关系等诸多因素，如何真正让可持续发展理念变为实际行动，是区域发展中的一个难题。经济发展的最终目标是增进国民福祉，经济增长只是过程和手段，并不是最终目的，经济发展数量反映的是经济增长的速度，而经济发展质量才最终反映了经济增长的优劣程度。因此，提升区域经济增长质量，促进区域健康、协调与可持续发展在经济发展过程中的地位日益重要。本节构建了县域经济增长质量综合评价指标体系，采用熵权法综合测度了2004～2014年东北振兴政策实施10年来吉林省中部城市群县域经济增长质量水平，并采用ESDA空间数据挖掘方法对其空间结构的演化特征与规律进行分析。

一、研究方法

（一）经济增长质量评价原则

经济增长质量测度就是将经济增长质量问题由定性分析转向定量分析，但是由于经济增长质量是一个系统性的综合衡量标准，而且随着经济的发展和社会的进步，经济增长与人口、资源与环境在广度和深度上不断发展与交叉，经济增长被不断赋予新的内涵，因此，相对于经济增长数量的测度，对于经济增长质量的衡量还没有统一的标准。一般来说，高质量的区域经济增长应该具有高的经济效率即投入产出比、高的创新水平和经济发展潜力、较低的城乡差距和区域发展差异、低的环境污染与资源消耗以及合理的结构布局和消费水平，而不单纯是较高的GDP增长速度。因此，区域经济增长质量应该涵盖有效性、分享性、协调性和创新性四大内涵[①][②]。其中，有效性是指经济增长具有较高的投入产出比，发展不单纯依赖于粗放式的经营和生产模式，而是注重效率和品质的提升；分享性是指经济增长的成果是否惠及区域内的人民生活，居民的消费能力和消费水平是否有所提升；协调性是指区域经济增长过程中经济结构的协调程度，主要包括产业结构、区域结构和城乡结构；创新性是指区域经济增长过程中的创造性水平，包括技术创新、制度创新和管理创新等，创新性是区域经济增长保持活力和发展潜力的重要保证。

2016年国务院颁布《关于全面振兴东北地区等老工业基地的若干意见》（中发〔2016〕7号），指出东北地区经济发展目标为“经济保持中高速增

① 王俊．经济增长质量理论述评［J］．生产力研究，2007（18）：144－146.

② 何伟．中国区域经济发展质量综合评价［J］．中南财经政法大学学报，2013（4）：49－56.

长，经济发展质量和效益明显提高，新型工业化、信息化、城镇化、农业现代化协调发展新格局基本形成；人民生活水平和质量普遍提高[①]。”经济增长质量和效率的提高成为区域振兴和经济发展中的重要内容。对区域经济发展质量进行科学评价，以全面反映区域经济发展质量差异，提高区域经济发展政策制定的科学性以及有效性对于促进区域协调发展具有重要意义。本节仍选取县域单元作为分析的空间尺度，构建区域经济增长质量的综合评价指标体系，揭示东北振兴政策实施以来吉林省中部城市群县域经济增长质量时空格局演化特征及其影响因素，以期为认识和理解区域经济增长质量的演化规律，促进区域协调发展提供理论借鉴。

（二）评价指标体系构建

依据科学性、全面性、可比性和数据可获取性几大原则，对前文中所提到的影响区域经济增长质量的几项衡量标准构建综合评价指标体系。经济增长的有效性主要衡量经济发展过程中对于各种资源的利用效率，是经济增长的基础性评价标准，本文选取 GDP 增长率、劳动产出率和资本产出率三个评价指标；分享性反映人民收入分配水平、消费水平的差异性以及经济增长红利是否惠及最广泛社会群体，是衡量社会公平程度的重要标准，选取用水普及率、人均拥有道路面积、人均公共绿地面积以及人均医疗卫生支出四项指标来衡量；协调性是衡量经济增长质量的重要标准之一，也是当前中国区域经济发展过程中矛盾的突出所在，基于数据的可获取性原则和可比性原则，选取第三产业占 GDP 比重、城镇化水平以及消费水平分别对产业结构、城乡结构和需求结构进行表征；创新性是反映区域经济增长水平的重要标准，决定着区域经济增长是否具有可持续性，是否具有进一步发展的潜力，选取人均科学支出、人均教育支出来表征区域经济增长的创新性。具体如表 6－7 所示。

---

① 中共中央、国务院．中共中央国务院关于全面振兴东北地区等老工业基地的若干意见［M］．北京：人民出版社，2016.

表 6－7 县域经济增长质量综合评价指标体系

Tab. 6－7 Evaluation index system of county economic growth quality

一级指标	二级指标	变量	指标计算	指标属性	权重
有效性	GDP 增长率	X_1	当年 GDP/上年 GDP－1	正指标	0.0323
	劳动产出率	X_2	GDP/就业人口数	正指标	0.2837
	资本产出率	X_3	GDP/投资额	正指标	0.1044
分享性	用水普及率	X_4	自来水用水普及比率	正指标	0.0307
	人均拥有道路面积	X_5	人均拥有道路面积	正指标	0.0048
	人均公共绿地面积	X_6	人均公共绿地面积	正指标	0.0153
	人均医疗卫生支出	X_7	人均医疗卫生支出	正指标	0.0284
协调性	第三产业占 GDP 比重	X_8	第三产业产值/GDP	正指标	0.0469
	城镇化水平	X_9	非农人口数/总人口数	正指标	0.0982
	消费水平	X_{10}	消费品零售总额/人口数	正指标	0.1309
创新性	人均科学支出	X_{11}	科学财政支出/人口数	正指标	0.2150
	人均教育支出	X_{12}	教育财政支出/人口数	正指标	0.0100

（三）评价方法

在设计好评价指标体系之后，需要对评价指标赋予科学合理的权重值来对经济增长质量进行综合评价。评价方法主要有主观赋权法和客观赋权法，主观赋权法主要包括 AHP 方法和经验判断法等，客观赋权法包括主成分因子分析方法和熵权法等，为尽量减少权重确定过程中的主观局限性，并有效解决多指标变量间的信息重叠问题，本文采用熵权法对经济增长质量的综合评价权重值进行确定，并采用加权求和的方法对吉林省中部城市群县域经济增长质量进行综合测度。

熵权法的基本思路是根据指标变异性的大小来确定客观权重。从信息论的基本原理来分析，信息是系统有序程度的一个度量，熵是系统无序程度的一个度量，如果指标的信息熵 E_i 越小，该指标提供的信息量越大，在综合评价中所起的作用理当越大，权重就越高。采用熵权法进行指标权重赋值时，首先需要对数据进行标准化，假定有 m 个待评对象，n 个评价指标，形成原始数据矩阵 $R=(r_{ij})_{m\times n}$，其中 R_{ij} 为第 j 个指标下第 i 个对象的评价值，则求各指标值权重的过程为：

（1）计算第 j 个指标下第 i 个对象的评价指标值的比重：

$$P_{ij} = r_{ij} / \sum_{i=1}^{m} r_{ij} \tag{6-2}$$

（2）计算第 j 个指标的熵值：

$$e_j = -k \sum_{i=1}^{m} p_{ij} \cdot \ln p_{ij} \text{，其中：} k = 1/\ln m \tag{6-3}$$

（3）计算第 j 个指标的熵权：

$$W_j = (1 - e_j) / \sum_{j=1}^{n} (1 - e_j) \tag{6-4}$$

依据地理学第一定律，空间上相邻的地域单元其经济增长质量应具备一定的空间关联特征，对城市群内县域经济增长质量空间关联特征的分析有助于更深入地了解城市群经济增长质量的空间结构以及演化过程特征，空间自相关分析包括全局空间自相关和局部空间自相关，全局空间自相关分析可以用来描述空间现象的整体分布特征，一般采用 Global Moran's I 测度指标，运用热点分析 Getis－Ord G_i^* 指数对经济增长质量具有统计显著性的热点区和冷点区进行识别，进一步测度局部空间关联特征。

二、经济增长质量的时序变化分析

运用熵值法对东北振兴政策实施以来吉林省中部城市群县域经济增长质量相关指标进行计算，得到县域经济增长质量各个指标的熵权以及 24 个县域经济增长质量的综合得分，并以 2004 年、2009 年和 2014 年三个时间断面数据为主对吉林省中部城市群县域经济增长质量及其空间特征进行分析。

从县域经济增长质量综合评价结果可知（见表 6－8），吉林省中部城市群县域经济增长质量评价平均值呈现倒"U"形变化趋势，从 2004 年的

0.2547 上升至2009 年的0.3269，之后又小幅回落至2014 年的0.3266，而标准差则呈现“U”形变化趋势，从2004 年的0.1674 下降至2009 年的0.1421，2014 年又上升至0.1455，说明2004 年至2009 年，吉林省中部城市群县域经济增长质量整体提升，且经济增长质量的区域差异缩小，而2009~2014 年，县域经济增长质量呈现下降，同时县域经济增长质量差异扩大。分县域来看（见图6-6），2004 年，县域经济增长质量超过平均值的县域个数为6 个，占县域总数的25%；2009 年，县域经济增长质量超过平均值的县域个数为10 个，占到总数的41.66%；2014 年，县域经济增长质量超过平均值的县域个数又下降至6 个，包括5 个地级市的市辖区和九台市。说明县域经济增长质量整体水平有所提高，但是东北振兴政策实施以来的大量投资计划以及2008 年金融危机以来的经济刺激计划对经济增长所产生的边际效应逐步减小，且经济增长质量较低的县域数量远大于增长质量较高的县域数量，县域经济增长质量呈现显著分化特征。

表6-8　吉林省中部城市群县域经济增长质量综合评价结果

Tab. 6-8　Comprehensive evaluation of county economic growth equality in Jilin central urban agglomeration

地区	2004 年	2009 年	2014 年	地区	2004 年	2009 年	2014 年	地区	2004 年	2009 年	2014 年
长春市	0.577	0.465	0.479	磐石市	0.221	0.439	0.244	东辽县	0.125	0.156	0.262
九台市	0.176	0.279	0.365	永吉县	0.121	0.295	0.131	松原市	0.338	0.496	0.579
榆树市	0.212	0.266	0.255	四平市	0.691	0.549	0.718	长岭县	0.110	0.196	0.314
德惠市	0.172	0.220	0.306	公主岭	0.205	0.231	0.275	前郭县	0.258	0.357	0.223
农安县	0.201	0.291	0.319	双辽县	0.187	0.202	0.213	乾安县	0.131	0.306	0.275
吉林市	0.683	0.764	0.655	梨树县	0.161	0.351	0.222	扶余县	0.153	0.343	0.244
桦甸市	0.212	0.330	0.284	伊通县	0.151	0.305	0.291	平均值	0.255	0.327	0.327
蛟河市	0.219	0.269	0.286	辽源市	0.409	0.423	0.424	标准差	0.167	0.142	0.146
舒兰市	0.226	0.157	0.184	东丰县	0.178	0.158	0.292				

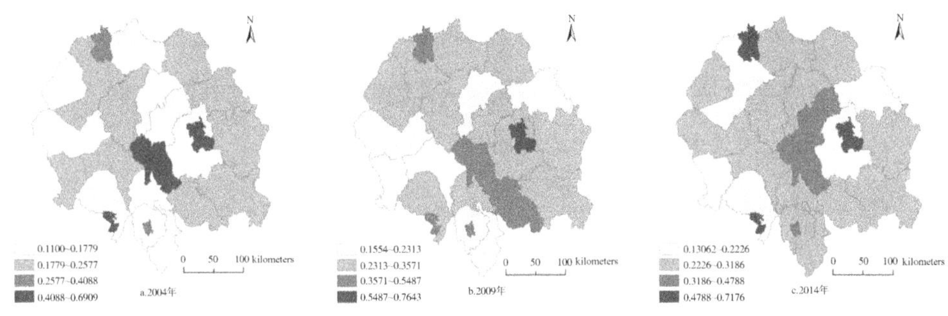

图 6－6　吉林省中部城市群县域经济增长质量空间演化

Fig. 6－6　The spatial evolution of county economic growth equality in Jilin central urban agglomeration

三、经济增长质量的空间演化分析

（一）空间自相关特征分析

采用全局 Moran's I 指数对 2004 年、2009 年和 2014 年的县域经济增长质量空间自相关特征进行计算，并进行 Z 检验。结果如表 6－9 所示，从表中可以看出，Moran's I 均为负值，且呈现倒“U”形变化特征，Z 检验和 P 值分析结果显示，不满足 90% 以上置信度。分时间段来看，2004 年 Moran's I指数为－0.4743，表明吉林省中部城市群县域经济增长质量呈现一定的负的空间自相关特征，2009 年 Moran's I 指数小幅上升至－0.3627，2014 年又下降至－0.4173，其中，三个时间节点的 P 值也呈现先上升后下降的波动特征。说明 2004 年至 2014 年 10 年间，吉林省中部城市群县域经济增长质量呈现负空间自相关特征，即县域经济增长质量较高和较低的县域呈现分散分布规律，不具有空间集聚特征，2009 年这种负的自相关特征有所减弱，但是没有形成稳定的变化趋势，表明县域经济增长质量演化的持续性不强，极核城市集聚效应不够明显。

表 6-9　2004~2014 年吉林省中部城市群县域经济增长质量全局 Moran's I

Tab. 6-9　The global Moran's I index of county economic growth quality in Jilin central urban agglomeration 2004-2014

年份	Moran's I	E（I）	Z 值	P 值
2004	-0.4743	-0.04347	-1.5661	0.1173
2009	-0.3627	-0.04347	-1.1632	0.2447
2014	-0.4173	-0.04347	-1.3410	0.1799

（二）热点区演化分析

为进一步分析吉林省中部城市群县域经济增长质量时空演变状况，对城市群内县域单元中热点区和冷点区在空间格局上的演变进行分析，分别计算 2004 年、2009 年和 2014 年各个时间节点的 Getis-Ord G_i^* 值，采用 Jenks 最佳自然断裂法将各个县域经济增长质量的 G_i^* 值从高到低依次划分为热点区、次热区、次冷区和冷点区，如图 6-7 所示。从 2004 年以来，吉林省中部城市群县域经济增长质量的热点分布格局处于快速变化中。具体而言：①2004 年，热点区高度集中于以吉林市辖区为核心的周边县域，次热区主要分布于西南部的四平市和辽源市所辖县域，冷点区和次冷区分布于西北部和东南部的县域且呈现连片分布特征。②2009 年，热点区域从 2004 年的 5 个县域减少至 2 个，为永吉县和九台市，2004 年为热点县域的吉林市所辖县域演化为次冷区，此外，吉林省中部城市群西北部的松原市所辖县域演化为次热区，次冷区由连片分布变为分散分布。③2014 年，热点区县域数量有所增加，辽源市辖区和东辽县以及四平市辖区和伊通县成为新的热点区，次热区分散分布于东部、北部和南部县域，次冷区连绵分布于中部县域，冷点区数量由 3 个增加至 7 个。

综合来看，2004 年以来，热点区数量先减少后增加，并且从集中分布于长吉周边县域到逐步分散于吉林市、辽源市和四平市三地，冷点区数量逐步增加，且呈现分散化分布趋势。西北部的松原市由次冷区演化为次热区，而南部的四平市和辽源市由次热区演化为次冷区，2014 年又重新成为热点区。说明城市群的核心城市长春和吉林并没有保持城市群极核中心的发展活力，此外，受经济周期和政策演化的影响，热点区分布格局演化的周期性波动特征显著。

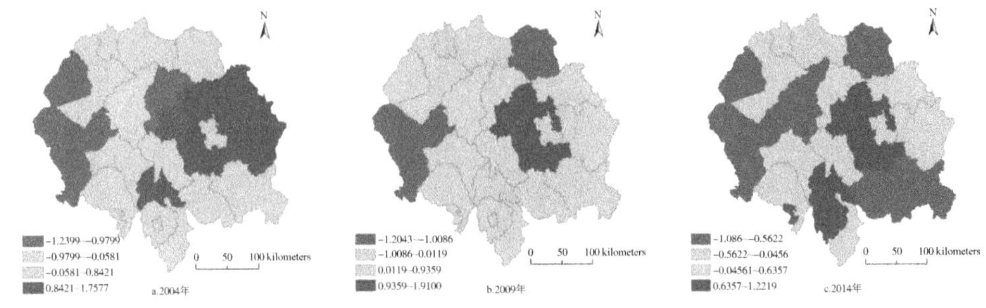

图 6-7　2004~2014 年吉林省中部城市群县域经济增长质量热点空间演化

Fig. 6-7　Evolution of hot and cold spots of county economic growth quality in Jilin central urban agglomeration in 2004-2014

四、县域经济增长质量演化类型划分

依据县域经济增长质量分析结果以及空间演化格局，对吉林省中部城市群 24 个县域经济增长质量的变化特征进行类型划分，依次分为上升型、先升后降波动型和先降后升波动型三种类型，结果如图 6-8 所示：县域经济增长质量处于上升型状态的县域有 10 个，占总数的 41.66%，这些县域经济增长处于良性发展态势，经济增长质量不断提高；县域经济增长质量呈现先升后降演化趋势的县域数量也有 10 个，2004~2009 年，县域经济增长质量提升，而 2009~2014 年，县域经济增长质量开始下降，说明这些县域在新一轮的经济转型升级和城镇化建设中，经济增长质量没有保持原有发展势头，需要重新审视其区域经济发展政策，在保持经济快速增长的同时提高经济增长质量，促进县域经济协调发展；县域经济增长质量呈现先降后升态势的县域个数有4个，包括四平市、长春市、东丰县和舒兰市，这些县域在2004～2009年经济增长质量呈现下降趋势，2009～2014年经济增长质量又开始回升。

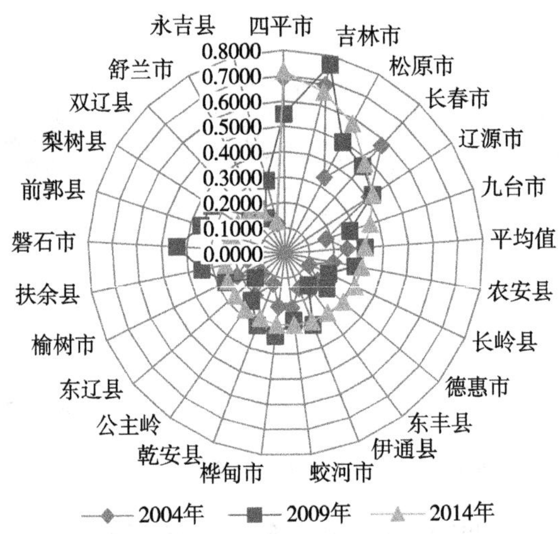

图6－8　吉林省中部城市群县域经济增长质量演化类型划分

Fig. 6－8　The evolution type classification of counties in Jilin central urban agglomeration

第四节　城市群县域经济增长速度、效率与质量的耦合协调分析

经济增长的理论和实践表明，经济增长是社会发展和社会福利的一项重要内容，但不是全部。就增长本身而言，可持续的稳定增长以及增长的效率

和质量比纯粹的GDP的增长率本身对社会发展更有意义。区域经济增长的最优目标是数量、效率和质量的有机统一。正确处理经济增长速度、效率与质量的关系，促进经济协调、健康发展，对于克服区域经济发展中偏重追求经济增长速度、忽视经济发展质量现象，转变"高投入、高消耗、不协调、难循环、低效率"的增长方式具有重要意义。本节对吉林省中部城市群县域经济增长的速度、效率以及质量的耦合协调关系进行分析，以期深入探讨城市群内经济发展过程中的结构性和功能性矛盾。

一、研究方法

对于经济增长数量、效率和质量三个系统之间关系的测度，本书采用耦合协调度模型。耦合的概念来源于物理学，特指两个或两个以上系统或者运动形式通过各种相互作用彼此影响的现象①。当系统内部各个要素协调发展、良性互动，则耦合特征为良性，反之则为恶性耦合。耦合是衡量系统和系统内部各个要素之间的相互关系以及相互影响的强弱程度，协调用以表征系统以及内部要素间协调状况的优劣程度②。借鉴物理学中耦合协调模型，得到县域经济增长的速度—效率—质量三系统的耦合度计算公式：

$$C_i = \left\{\frac{V_i \times E_i \times Q_i}{[(V_i + E_i + Q_i)/3]^3}\right\}^{1/3} \tag{6-5}$$

式中，C_i表示耦合度，V_i、E_i、Q_i分别表示经济增长速度、效率和质量的综合评价值。其中，C_i值介于0～1，当C_i值为1时，表示耦合状态最佳，系统趋向于有序发展结构；当C_i为0时，表示系统趋向于无序发展。

耦合度模型主要用于表征系统内部要素之间相互作用的强度特征，不能

① 周成，冯学钢，唐睿．区域经济—生态环境—旅游产业耦合协调发展分析与预测—以长江经济带沿线各省市为例［J］．经济地理，2016，36（3）：186－193．

② 廖重斌．环境与经济协调发展的定量评判及其分类体系——以珠江三角洲城市群为例［J］．热带地理，1999，19（2）：171－177．

表示其协调发展水平，因此，进一步引入耦合协调度模型对三大系统之间的协调发展程度进行判断，它综合了耦合程度 C 以及三者所处的发展层次 T，其计算公式为：

$$D_i = \sqrt{C_i \times T_i} \quad (6-6)$$

$$T_i = \alpha V_i + \beta E_i + \gamma Q_i \quad (6-7)$$

式中，D_i 为耦合协调度，T_i 为三系统的综合评价指数，α、β、γ 为经济增长速度、效率与质量的评价系数，综合考虑三者之间的相互关系，并参考相关研究文献①②、专家意见以及吉林省中部城市群近年区域经济发展的现实状态，将评价系数分别定为：α = 0. 2、β = 0. 4、γ = 0. 4。

二、经济增长速度—效率—质量耦合分析

依据本章前三节计算分析当中得到的吉林省中部城市群县域经济增长速度、效率与质量的计算方法，分别选取 2004 年、2009 年和 2014 年 3 个时间断面的评价结果，结合耦合度与协调度的计算模型，根据模型分别计算出 3 个年份的耦合度 C、综合评价指数 T 以及耦合协调度 D 的值。

参照相关文献的方法③④，对经济增长速度—效率—质量的耦合协调评判标准及类型进行划分（见表 6 – 10），针对计算结果，依据 3 个子系统之间综合评价指数的对比关系以及最终所求 D 值的大小，将区域发展类型进行分类，并将每个亚类的发展类型依照 3 个子系统的综合评价指数依次划分为速度滞后性、效率滞后性、质量滞后性和同步发展型。

---

① 任保平. 经济增长质量：经济增长理论框架的扩展［J］. 经济学动态，2013（11）：45 – 51.

② 任保平，李娟伟. 实现中国经济增长数量、质量和效益的统一［J］. 西北大学学报（哲学社会科学版）2013，43（1）：110 – 115.

③ 党建华，瓦哈甫·哈力克，张玉萍等. 吐鲁番地区人口—经济—生态耦合协调发展分析［J］. 中国沙漠，2015，35（1）：1 – 7.

④ 刘承良，熊剑平，龚晓琴等. 武汉城市圈经济—社会—资源—环境协调发展性评价［J］. 经济地理，2009，29（10）：1650 – 1654.

表 6－10　经济增长速度—效率—质量耦合协调评判标准及类型

Tab. 6－10　Coupling and coordinating criteria and types of economic goowth speed, efficiency and guality

协调大类	协调发展区间			调和区间			失调衰退区间		
协调度	0.90～1.00	0.80～0.89	0.70～0.79	0.60～0.69	0.50～0.59	0.40～0.49	0.30～0.39	0.20～0.29	0～0.19
协调类型	优质耦合协调	良好耦合协调	中级耦合协调	初级耦合协调	勉强耦合协调	濒临失调衰退	轻度失调衰退	严重失调衰退	极度失调衰退

三、耦合协调度的时序演变分析

从计算结果可以看出（表 6－11、表 6－12、表 6－13），2004～2014 年，吉林省中部城市群县域经济增长速度—效率—质量的耦合度呈现先上升后下降的趋势，均值从 2004 年的 0.8133 上升至 2009 年的 0.8510，随后又下降至 2014 年的 0.8400，从有序发展的优质耦合阶段回落至良性耦合的磨合阶段。协调度水平呈现上升趋势，但是协调度的增长速度趋缓，平均值从 2004 年的 0.7281 增长至 2009 年的 0.7697，2014 年又增长至 0.7743。初级耦合协调以下的县域数量从 2004 年的 13 个下降至 2009 年的 5 个，2014 年又减少至 4 个。2004～2009 年，有 13 个县域耦合协调类型提升，3 个下降，2009～2014 年，有 7 个县域耦合协调类型提升，但同时也有 7 个县域耦合协调类型下降。从 3 个时间断面的 3 个子系统综合评价结果来看，区域类型主要表现为质量滞后和速度滞后，其中，速度子系统的综合评价指数呈现稳步上升趋势，效率子系统综合评价指数呈现逐步下降趋势，而质量子系统综合评价指数先上升后趋于稳定。

表 6－11　2004 年吉林省中部城市群县域经济增长的耦合协调发展类型

Tab. 6－11　Coupling coordination development degree of economic growth rate, efficiency and quality at county scale in 2004

2004 年	C	αV	βE	γQ	T	D	耦合协调类型	类型划分
长春市	0.9389	0.2790	0.4000	0.2306	0.9097	0.9242	优质耦合协调	质量滞后型
九台市	0.6999	0.3259	0.2744	0.0702	0.6706	0.6851	初级耦合协调	质量滞后型
榆树市	0.8194	0.1755	0.4000	0.0847	0.6601	0.7355	中级耦合协调	质量滞后型
德惠市	0.7673	0.2232	0.3336	0.0687	0.6255	0.6928	初级耦合协调	质量滞后型
农安县	0.8208	0.1040	0.4000	0.0802	0.5843	0.6925	初级耦合协调	质量滞后型
吉林市	0.9791	0.2228	0.4000	0.2730	0.8958	0.9366	优质耦合协调	速度滞后型
桦甸市	0.8102	0.2174	0.3460	0.0850	0.6483	0.7248	中级耦合协调	质量滞后型
蛟河市	0.7408	0.3327	0.3176	0.0874	0.7377	0.7393	中级耦合协调	质量滞后型
磐石市	0.7412	0.3388	0.3556	0.0883	0.7827	0.7616	中级耦合协调	质量滞后型
舒兰市	0.8379	0.2017	0.3064	0.0903	0.5985	0.7082	中级耦合协调	质量滞后型
永吉县	0.6813	0.2372	0.4000	0.0485	0.6857	0.6835	初级耦合协调	质量滞后型
四平市	0.9859	0.1437	0.4000	0.2764	0.8200	0.8991	良好耦合协调	速度滞后型
公主岭市	0.8254	0.1075	0.4000	0.0820	0.5895	0.6975	初级耦合协调	质量滞后型
梨树县	0.8068	0.1695	0.2560	0.0642	0.4897	0.6286	初级耦合协调	质量滞后型
伊通县	0.7593	0.1848	0.3672	0.0606	0.6126	0.6820	初级耦合协调	质量滞后型
双辽市	0.8098	0.1233	0.4000	0.0749	0.5982	0.6960	初级耦合协调	质量滞后型
辽源市	0.9623	0.1610	0.2656	0.1635	0.5901	0.7535	中级耦合协调	速度滞后型
东丰县	0.8005	0.1182	0.4000	0.0712	0.5894	0.6869	初级耦合协调	质量滞后型
东辽县	0.7571	0.1124	0.3520	0.0500	0.5145	0.6241	初级耦合协调	质量滞后型
松原市	0.8939	0.1998	0.4000	0.1352	0.7350	0.8106	良好耦合协调	质量滞后型
长岭县	0.7111	0.1042	0.3960	0.0440	0.5442	0.6221	初级耦合协调	质量滞后型
前郭县	0.8623	0.1563	0.4000	0.1031	0.6594	0.7541	良好耦合协调	质量滞后型
乾安县	0.7406	0.1299	0.4000	0.0523	0.5822	0.6567	初级耦合协调	质量滞后型
扶余县	0.7686	0.1395	0.4000	0.0611	0.6006	0.6794	初级耦合协调	质量滞后型
平均值	0.8133	0.1878	0.3654	0.1019	0.6552	0.7281	中级耦合协调	质量滞后型

表 6－12　2009 年吉林省中部城市群县域经济增长的耦合协调发展类型

Tab. 6－12　Coupling coordination development degree of economic growth rate, efficiency and quality at county scale in 2009

2009 年	C	αV	βE	γQ	T	D	耦合协调类型	类型划分
长春市	0. 9469	0. 1137	0. 4000	0. 1862	0. 6998	0. 8141	良好耦合协调	速度滞后型
九台市	0. 8872	0. 1904	0. 2232	0. 1114	0. 5250	0. 6825	初级耦合协调	质量滞后型
榆树市	0. 9511	0. 1164	0. 1744	0. 1062	0. 3971	0. 6145	初级耦合协调	质量滞后型
德惠市	0. 8916	0. 1315	0. 2644	0. 0880	0. 4839	0. 6568	初级耦合协调	质量滞后型
农安县	0. 9555	0. 1191	0. 2124	0. 1164	0. 4479	0. 6542	初级耦合协调	质量滞后型
吉林市	0. 9939	0. 1698	0. 4000	0. 3058	0. 8755	0. 9328	优质耦合协调	速度滞后型
桦甸市	0. 9040	0. 1122	0. 4000	0. 1319	0. 6441	0. 7631	中级耦合协调	速度滞后型
蛟河市	0. 8751	0. 0895	0. 3772	0. 1074	0. 5742	0. 7089	中级耦合协调	速度滞后型
磐石市	0. 8359	0. 3731	0. 3040	0. 1756	0. 8527	0. 8443	优质耦合协调	质量滞后型
舒兰市	0. 8900	0. 0526	0. 2052	0. 0630	0. 3208	0. 5343	勉强耦合协调	速度滞后型
永吉县	0. 8936	0. 1195	0. 3888	0. 1180	0. 6263	0. 7481	中级耦合协调	质量滞后型
四平市	0. 9654	0. 1934	0. 4000	0. 2195	0. 8129	0. 8859	良好耦合协调	速度滞后型
公主岭市	0. 8419	0. 1591	0. 4000	0. 0925	0. 6517	0. 7407	中级耦合协调	质量滞后型
梨树县	0. 8686	0. 2646	0. 4000	0. 1403	0. 8049	0. 8362	良好耦合协调	质量滞后型
伊通县	0. 8237	0. 3008	0. 4000	0. 1220	0. 8228	0. 8232	良好耦合协调	质量滞后型
双辽市	0. 7495	0. 2937	0. 4000	0. 0809	0. 7746	0. 7620	中级耦合协调	质量滞后型
辽源市	0. 8642	0. 3330	0. 4000	0. 1690	0. 9020	0. 8829	良好耦合协调	质量滞后型
东丰县	0. 7272	0. 2576	0. 3548	0. 0634	0. 6758	0. 7010	中级耦合协调	质量滞后型
东辽县	0. 6821	0. 3268	0. 3596	0. 0622	0. 7486	0. 7146	中级耦合协调	质量滞后型
松原市	0. 8723	0. 3679	0. 4000	0. 1983	0. 9662	0. 9180	优质耦合协调	质量滞后型
长岭县	0. 6914	0. 3710	0. 2836	0. 0782	0. 7328	0. 7118	中级耦合协调	质量滞后型
前郭县	0. 7835	0. 4296	0. 4000	0. 1428	0. 9725	0. 8729	良好耦合协调	质量滞后型
乾安县	0. 6816	0. 5886	0. 4000	0. 1222	1. 1108	0. 8701	良好耦合协调	质量滞后型
扶余县	0. 8484	0. 2944	0. 3224	0. 1374	0. 7541	0. 7999	中级耦合协调	质量滞后型
平均值	0. 8510	0. 2403	0. 3446	0. 1308	0. 7157	0. 7697	中级耦合协调	质量滞后型

表 6－13　2014 年吉林省中部城市群县域经济增长的耦合协调发展类型

Tab. 6－13　Coupling coordination development degree of economic growth rate, efficiency and quality at county scale in 2014

2014 年	C	αV	βE	γQ	T	D	耦合协调类型	类型划分
长春市	0.9548	0.1971	0.3512	0.1915	0.7398	0.8405	良好耦合协调	质量滞后型
九台市	0.8674	0.2698	0.2572	0.1459	0.6729	0.7640	中级耦合协调	质量滞后型
榆树市	0.8402	0.2242	0.2168	0.1021	0.5431	0.6755	初级耦合协调	质量滞后型
德惠市	0.8801	0.1919	0.4000	0.1224	0.7143	0.7929	中级耦合协调	质量滞后型
农安县	0.9054	0.1931	0.2256	0.1275	0.5462	0.7032	中级耦合协调	质量滞后型
吉林市	0.9800	0.2055	0.4000	0.2619	0.8674	0.9220	优质耦合协调	速度滞后型
桦甸市	0.8059	0.3076	0.3160	0.1138	0.7373	0.7708	中级耦合协调	质量滞后型
蛟河市	0.8205	0.2855	0.3928	0.1143	0.7926	0.8064	良好耦合协调	质量滞后型
磐石市	0.8467	0.0394	0.2824	0.0976	0.4194	0.5959	勉强耦合协调	速度滞后型
舒兰市	0.7504	0.2602	0.2216	0.0736	0.5555	0.6456	初级耦合协调	质量滞后型
永吉县	0.7225	0.2175	0.3008	0.0522	0.5706	0.6420	初级耦合协调	质量滞后型
四平市	0.9798	0.2350	0.4000	0.2871	0.9221	0.9505	优质耦合协调	速度滞后型
公主岭市	0.8431	0.2437	0.2776	0.1098	0.6311	0.7295	中级耦合协调	质量滞后型
梨树县	0.7763	0.2830	0.3612	0.0889	0.7331	0.7544	中级耦合协调	质量滞后型
伊通县	0.8738	0.1861	0.4000	0.1165	0.7027	0.7836	中级耦合协调	质量滞后型
双辽市	0.7808	0.2542	0.4000	0.0850	0.7392	0.7597	中级耦合协调	质量滞后型
辽源市	0.8643	0.3339	0.4000	0.1696	0.9035	0.8837	良好耦合协调	质量滞后型
东丰县	0.7746	0.3475	0.2632	0.1170	0.7276	0.7508	中级耦合协调	质量滞后型
东辽县	0.7473	0.3728	0.3076	0.1046	0.7850	0.7659	中级耦合协调	质量滞后型
松原市	0.9698	0.1994	0.4000	0.2318	0.8312	0.8978	良好耦合协调	速度滞后型
长岭县	0.7780	0.3902	0.3656	0.1258	0.8816	0.8282	良好耦合协调	质量滞后型
前郭县	0.8338	0.1624	0.4000	0.0891	0.6515	0.7370	中级耦合协调	质量滞后型
乾安县	0.8283	0.2575	0.4000	0.1100	0.7675	0.7973	中级耦合协调	质量滞后型
扶余县	0.7367	0.3797	0.3588	0.0977	0.8363	0.7849	中级耦合协调	质量滞后型
平均值	0.8400	0.2516	0.3374	0.1307	0.7196	0.7743	中级耦合协调	质量滞后型

四、耦合协调度的时空分异特征

吉林省中部城市群县域经济增长速度—效率—质量耦合协调度的空间分异特征显著。其中，吉林市的耦合协调度最高，3 个时间段的耦合协调度值分别为 0.9366、0.9328 和 0.9220，均属于优质协调，而舒兰市 3 个时间段的协调值为 0.7028、0.5343 和 0.6456，分别属于中级协调、勉强协调和初级协调，与长春市、吉林市相比差距十分显著。耦合协调度等级与县域经济总体实力呈现出较强的正相关关系，城市群内 5 个地级市的市辖区耦合协调度值保持较高的水平，而传统的农业县市耦合协调度水平较低。此外，从标准差来看，3 个年份 24 个县域耦合协调度值的标准差分别为 0.0866、0.1023 和 0.0872，也呈现出一定的周期波动特征。

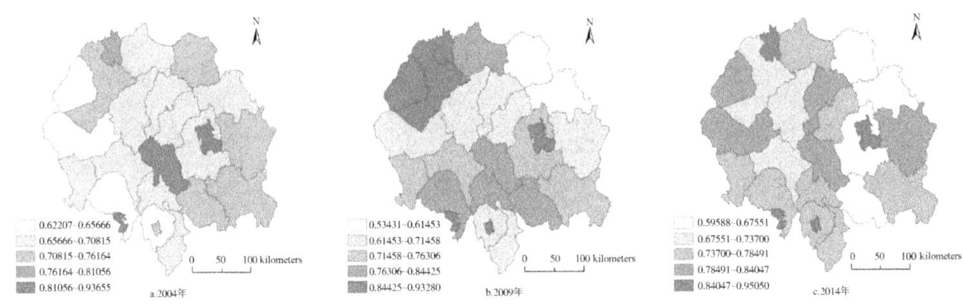

图 6－9　吉林省中部城市群县域经济增长速度—效率—质量耦合协调度空间格局演化

Fig. 6－9　The level of coordinated development of economic growth rate, efficiency and quality at county scale in 2009

从空间分布格局来看（见图 6－9），2004 年耦合协调度值较高的县域主要包括吉林市、长春市、四平市，低值县域主要集中于西南部和西部的东辽县、梨树县、长岭县和乾安县；2009 年，高协调度县域集中于 5 个地级市辖区和松原市所属的前郭县以及乾安县，低值县域分布于北部的榆树市和舒兰市，其他县域呈现出以吉林—长春—四平城市带向外扩散的分布格局；2014 年，高协调度县域和低协调度县域进一步分散，除榆树市和舒兰市外，永吉县和磐石市成为新的低协调度县域。3个时段协调度的全局空间自相关指数分别为-0.3369、-0.1005和-0.2037，说明协调度的空间分布总体呈现分散化的负空间自相关格局，没有出现以长吉都市圈为核心的核心—边缘空间分布结构。

本章小结

本章依次对吉林省中部城市群县域经济增长的速度、效率和质量的空间分异特征以及时空演化结构进行了分析，然后在此基础上构建了经济增长速度—效率—质量的耦合协调评价模型，并对县域经济增长的速度、效率以及质量的耦合协调度综合评价值进行了计算，依耦合协调度模型得出了耦合度、协调度的评价结果，并以此对3个时间断面24个县域的耦合协调类型以及区域类型进行了划分。主要得出以下结论：

第一，20年来，吉林省中部城市群县域经济增长差异呈现出较大的区别，其中，1994~1999年吉林省中部城市群县域人均GDP增长164.63%，增速最快，其次为2009~2014年增长125.78%，1999~2003年和2004~2009年分别增长93.92%和120.17%。从县域经济增长差异来看，2004~2009年县域人均GDP增长的标准差最大，为0.6574，其余依次为1994~1999年的0.5343，2009~2014年的0.3988和1999~2003年的0.3646。东北振兴政策实施之后的第一个五年，县域经济增长差异出现突变，振兴政策的实施效果存在较大的空间差异格局。20年来，吉林省中部城市群县域经济增长呈现正的空间自相关特征，4个时间段全局空间自相关指数呈现出高—低—高—低的脉冲式周期性演变特征，热点县域的数量有所增加，而且数量趋于稳定，冷点区数量变化不大，东北振兴战略实施后的政策效应在空间上开始显现，传统的老工业基地城市县域经济增长提速，但是总体来看，经济增长的低值簇多于高值簇，经济发展缓慢的县域数量较多，并且呈现连片化分布特征，县域经济发展水平和效率有待提升。

第二，东北振兴政策实施以来，吉林省中部城市群县域经济增长综合效率和技术效率均呈现下降趋势，规模效率值较高且保持稳定，纯技术效率的下滑是城镇化综合效率下降的主要原因。城镇化效率规模报酬不变的县域个数逐步减少，规模报酬递减的县域个数呈现先减少后增加的趋势，而规模报酬递增的县域个数则先增加后趋向稳定，县域经济增长效率的提升，关键需要依赖纯技术效率的提高，通过技术驱动而非进一步盲目扩大资源投入成为促进城镇化健康发展的方向。

城镇化的综合效率值呈波动型特征的县域个数占县域总数的41.67%，城镇化发展的周期性波动特征明显。城镇化效率的空间关联关系上，3个时间断面吉林省中部城市群县域城镇化效率均具有正的空间自相关特征，全局空间关联水平呈现倒“U”形发展态势，县域经济发展的持续性和稳定性较弱，极核城市集聚效应不够明显，城市群区域经济合作和经济关联水平有待进一步提高。10年来，县域城镇化效率的空间分化态势明显，总体上热点区个数较少，次热和次冷区个数较多，冷点区主要集中于北部几个农业县域，热点区变动较大，从集中于松原市为核心的周边县域到集中于南部以四平市和辽源市为核心的县域再到分散于松原市、吉林市和四平市三地，东北振兴战略实施后的政策效应开始显现，传统老工业基地城市城镇化效率有所提升。

第三，城市群县域经济增长质量呈现先提升，后缓慢下降的态势，县域经济增长质量平均值由2004年的0.2547增长至2009年的0.3269，而2014年县域经济增长质量平均值又微跌至0.3266，显示吉林省中部城市群县域经济增长质量开始衰退。从经济增长质量相对差异来看，标准差由2004年的0.1647减少至2009年的0.1421，2014年又回升至0.1455，说明2009年之后县域经济增长质量发展差异扩大，县域经济发展呈现分化趋势。

从空间结构演变来看，2004 年、2009 年和 2014 年三个时间断面的县域经济增长质量均呈现一定的负空间自相关特征，自相关指数先小幅上升后又下降，即空间负相关特征先减弱后又增强，说明县域经济增长质量不具有空间上的集聚特征，以长春市和吉林市为核心的区域经济增长质量并没有显著优于其他县域，县域经济增长质量高水平地区仍主要是 5 个地级市的市辖区，区域经济合作和经济关联水平有待进一步提升。热点分析显示，热点区从集中分布于长吉周边县域到逐步分散于吉林市、辽源市和四平市三地，冷点区数量逐步增加，且呈现分散化分布趋势，热点区分布格局受经济周期和区域政策演化的显著影响。2009 年以来，随着国家一系列东北振兴战略政策的落实以及经济刺激计划和基础设施投资计划的实施，传统的资源型城市四平、辽源等县域经济增长质量开始提升，但是其持续性和扩散作用的发挥有待进一步观察。

第四，从县域经济增长速度、效率和质量三者之间的耦合协调关系来看，近 10 年来，平均耦合协调度评价值处于上升趋势，协调性水平总体逐步提高，但是速度趋缓。但是以 5 年时间段来看，耦合协调性的周期特征明显，2004 ~2009 年耦合协调度增长速度以及耦合协调类型提升的县域数量均高于 2009 ~2014 年，从 3 个子系统相互关系来看，区域类型主要表现为质量滞后和速度滞后型，其中，速度子系统的综合评价指数呈现稳步上升趋势，效率子系统综合评价指数呈现逐步下降趋势，而质量子系统综合评价指数先上升后趋于稳定。耦合协调度等级与县域经济总体实力表现出较强的正相关关系，城市群内 5 个地级市的市辖区耦合协调度值保持较高的水平，而传统的农业县市耦合协调度水平较低。此外，从整体空间关联特征分析，3 个时段协调度的全局空间自相关指数分别为 -0. 3369、 -0. 1005 和 -0. 2037，说明协调度的空间分布总体呈现分散化的负空间自相关格局，没有出现以长吉都市圈为核心的核心—边缘空间分布结构。

第七章　城市群区域经济时空演化机制与区域协调发展

在经济全球化和区域经济一体化的宏观背景下，改善和优化区域空间结构，提高区域空间效率，缩小区域差距，成为推动城市群经济社会健康发展的重要途径之一。区域空间结构的调整与优化，不仅对于城市群经济发展和区域振兴具有重要促进作用，而且是城市未来经济和社会可持续发展的基础。区域空间结构关系到客观和主观等多种因素，受到区域资源禀赋、人口规模、市场规模、技术条件、国家政策意志等多方面的影响。因此，在分析区域空间协调发展方向与对策之前需要理顺区域空间格局的演变机制。本章在前文研究结论的基础上，综合分析吉林省中部城市群区域经济时空演化机制，结合吉林省中部城市群区域空间结构演化规律，提出城市群空间结构优化与区域空间协调发展的调控方向与路径以及空间优化与地域格局重组的对策。

第一节　吉林省中部城市群区域经济时空演化机制分析

一、资源禀赋与产业基础

古典经济学将自然资源作为生产函数中的关键生产要素，认为资源禀赋是区域经济发展的重要推动力，因为其相对于其他区域具有比较优势。从吉林省中部城市群来看，资源禀赋与区域发展基础是区域经济发展差异的重要原因之一。区域资源禀赋的差异直接决定了区域产业发展的选择基础，特别是在区域开发初期。土地资源、水资源、矿产资源、交通条件以及一定规模的人口聚集是区域发展的基础，随着区域经济发展产业升级、结构调整以及人口和产业的进一步聚集，对土地资源、水资源等的消耗水平会进一步提升，从吉林省中部城市群经济增长速度、效率以及质量的分析评价结果来看，除地级市辖区之外，城市群内县域经济的时空格局演化与各县域建设用地资源、矿产资源以及人口与产业集聚基础条件密切相关。

此外，吉林省中部城市群范围内矿产资源丰富，煤、天然气、石油、石灰岩等矿产资源储量丰富。长春市的九台市和双阳区能源矿产和非金属矿产储量丰富，吉林市的镍、钼等矿产储量居全国前列，为长—吉地区发展冶金、石化等工业奠定了基础。四平市白银和硅砂的储量丰富，辽源市的煤炭、铁、锰、铜、铅、锌等矿产资源丰富，辽源已成为煤炭资源枯竭型城市，经济正处于转型发展期，但是所形成的产业发展基础和产业结构特征对于区域经济发展影响深远。松原市石油、天然气、油页岩等能源矿产资源富集，已探明石油储量 15.1 亿吨，天然气储量 2091 亿立方米，特别是已探明油页岩储量占到全国总储量的 71.5%，主要分布于前郭县和长岭县，为松原市发展能源开采与加工产业提供了优越的条件，也直接促进了 2004 ~ 2014 年松原市产业结构调整和区域经济转型，使松原市及其所辖县域自 2004 年以来经济增长速度和效率均呈现上升趋势，成为区域空间格局演化中的热点地区。当然，在区域经济可持续发展方面，自然资源对经济增长也会产生负面作用，即“资源诅咒”效应，出现资源型城市转型困难等问题，亟待于技术创新等途径来解决。

二、历史因素与路径依赖

经济发展过程是经济要素的累积与创造过程，因而具有时序特征，新的经济格局是对历史已有经济格局的继承和发展，二者具有必然的历史联系，区域经济发展的格局特征都与其历史发展基础相关。吉林省中部城市群包括传统的农业县域和矿产资源丰富的县域，从县域经济增长质量空间差异来看，2004 年，传统的农业县域，包括长吉周边县域和西部县域，经济增长速度和质量显著落后于其他县域，2009 年，随着长—吉城市群经济实力的增强，长吉周边县域经济增长质量逐步提升，经济增长质量较低的县域主要是西部农业县域和资源型城市辽源市所辖县域；2014 年，经济增长质量较低的县域数量逐步减少，但是，仍然集中于梨树县、双辽市、前郭县、永吉市和舒兰市这些传统的农业县域和经济发展基础较弱的县域。

从城市群经济发展过程来看，区域经济增长以及效率与质量的演化受制于路径依赖，在规模经济、学习效应、协调效应、适应性预期以及既得利益约束等因素的共同作用下，会导致区域经济体制、要素累积和技术创新沿着既定的方向不断得以自我强化。就城市群的空间范围来看，投资、技术、人力资本的空间特征均具有路径依赖特征，且这种空间分异特征具有自我强化趋势，难以在短期内得到改变。

三、区位选择与产业集聚

区位条件对区域经济增长速度和质量具有重要的影响。区位的相对优劣主要取决于四类区位因素，包括地区性投入、地区性需求、输入的投入和外部需求，区位因素不同，其区位利益具有很大的差异，从而决定了各个区位的相对优劣和发展机遇的差异。从县域经济增长质量综合评价绝对值来看，除 2009 年辽源市经济增长质量低于磐石市外，2004 ~ 2014 年增长质量指数较高的前 5 个县域均为吉林省中部城市群 5 个地级市的市辖区。长春市和吉林市作为吉林省中部城市群和全省的核心城市，区位条件优越，是城市群内人口、产业的主要集聚区，也是县域经济增长质量的高水平区域和热点区域。自2009年开始，松原市辖区演化为次热区域，2014年，四平市辖区和辽源市辖区均演化为热点区域，都是经济区位和发展机遇差异的直接体现。

此外，产业的集聚和扩散对周边地区的经济发展具有明显的影响作用，依据极化—涓滴效应理论，这种影响依时间特征具有两面性，在产业集聚阶段，由于生产要素基于机会成本以及规模经济的要求向中心城市集聚，会对外围县域的生产要素进行吸附，这一过程对城市群整体经济增长速度以及效率的提升具有正向作用，但是对于外围落后县域的经济发展会产生阻碍；在扩散阶段，主要由于生产成本的考虑，产业会向周边县域扩散，带动周边县域区域经济的发展。从研究时段来看，吉林省中部城市群县域经济发展的空间格局主要受到产业集聚作用的影响。环长吉都市区周边县域也成为经济增长速度和经济增长效率演化波动剧烈的主要县域。

吉林省中部城市群主要形成了以重化工业和机械制造为主的产业集群，整体产业结构呈现为二、三、一的态势，且支柱产业主要积聚于长—吉地区，这种产业集聚的空间格局特征推动了长—吉地区经济的增长和生产效率的提升。以汽车产业为例，2014年吉林省中部城市群的汽车企业主要集聚于长春市的汽车产业开发区、高新技术开发区和经济技术开发区，吉林市的汽车企业主要集聚于丰满区和吉林市汽车工业园区。随着区域间产业分工与协作的发展，产业的空间扩散会带动周边县域工业发展，而距离核心城市较远、区位条件不够优越的县域，则难以享受产业扩散的经济红利，只能发展技术含量较低、产业链较短且空间集聚性特征不强的以农产品初级加工业为主的劳动密集型产业。

四、人力资本与创新驱动

新增长理论认为，内生的技术进步是经济实现持续增长的决定因素，区域技术变化、人力资本积累和分工演进是区域经济增长的重要源泉。区域内人力资本和技术进步投入的提高，能够直接促进区域经济发展效率的提升，为提升区域经济增长质量提供基础。人力资本与技术水平作为区域经济发展的软环境，可以显著改善区域经济增长的其他要素，并带来积极的外部效应。

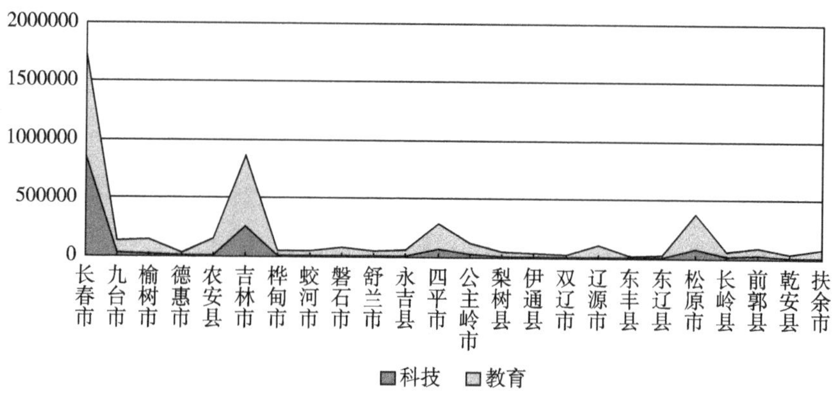

图 7-1　吉林省中部城市群各县域教育与科技投入

Fig. 7-1　Investment in education and science and technology in the central cities of Jilin province

从吉林省中部城市群来看，各类高校、科研院所和人才主要集中于长春市和吉林市市辖区范围内（见图 7-1），从 2014 年吉林省中部城市群各市县生产总值统计数据来看，长春市教育产值占整个城市群的 37%，吉林市占 19%。从科技服务业产值来看，长春市更是占到整个城市群科技服务总产值的 59%，吉林市占 17%。而在长春市和吉林市以外，其他 3 个地级市的市辖区由于人力资本的相对集聚，成为区域经济增长速度、效率和质量较高的县域，而且有进一步强化的趋势。

五、制度因素与区域政策

区域发展规划与政策能够直接影响区域经济发展，区域的财政税收政策、人力资源政策以及产业发展政策等对区域经济发展方向和结构调整演化具有重要的推动作用。政策导向能够使相应地域单元获取投资机会和经济发展要素，提高经济增长速度和增长效率，此外，政策导向还能够影响区域发展方向究竟是追求增长速度的提高还是质量的提升。

近年来，新古典经济增长理论正逐步实现将制度因素纳入经济学的研究框架，不同学者进一步论述了制度对经济增长的影响，强调市场深度与广度、市场失灵以及多重经济环境约束下的经济增长特性，这些研究与新制度经济学理论对经济制度与经济增长的作用关系的认知具有一致性，即认为制度是经济增长的重要决定要素之一，制度环境、制度安排和制度变迁会对经济增长产生重要影响，资本、资源和技术等只是一定的经济制度实现经济增长过程中的几种手段，学者们对转轨国家或者经济制度转型的新兴国家和地区做了广泛的实证研究。我国 40 年来的改革开放实践，其核心是经济制度和区域发展政策的逐步调整，改革与发展的红利主要来源于制度的演进与创新。

2003 年国家实施东北振兴战略以来，吉林省陆续实施了国有企业改制改造、行政管理体制改革以及农村综合改革等，2008 年全球金融危机爆发后，为了保增长、促稳定，中央政府又实施了一系列经济刺激计划，扩大基础设施建设，为吉林省中部城市群保持快速增长注入了活力，但是这些经济刺激政策的红利难以空间均分至所有区域，因此享受到政策红利的县域，其经济增长速度和质量均具有突出表现，如传统的工业城市辽源市和四平市。但是，投资刺激和政策红利带来的经济增长难以具有持续性，从前文研究来看，中部城市群经济增长无论是 GDP 总量、人均 GDP 水平还是经济增长速度、效率与质量，自 2010 年以来均呈现下滑趋势，区域经济发展和质量提升仍然需要增强区域经济增长的内生动力，而经济发展制度因素，即体制与机制的创新仍然是区域振兴和城市群转型发展的关键。

第二节　吉林省中部城市群空间结构优化与区域空间协调发展方向

在全球经济一体化发展的现实背景下，知识、技术、信息和资本等要素的自由流动将不同区域纳入到全球产业链分工当中，区域经济一体化成为不同地区获得区域经济集聚与互补效应，促进区域经济整体发展实力提升的重要途径。区域经济一体化的主要内容包括消除区域内阻碍经济发展要素自由流动的壁垒以及资源与经济增长要素在区域间的合理配置。产业一体化与空间一体化是区域一体化的核心内涵，国际经验表明，区域空间结构的演进总是与产业结构变动密切相关。区域经济发展的不同阶段，区域产业结构和空间结构具有不同的匹配特征。城市群产业结构与空间结构之间也具有相互影响、共同促进的耦合性和协调性特征，城市群空间结构优化是实现区域产业一体化和空间协调发展的重要途径。本节首先对区域经济增长、产业结构演化与城市群空间结构优化的理论关系进行阐述，进而提出吉林省中部城市群空间结构优化与区域空间协调发展的方向。

城市群空间结构包括规模结构、地域结构和职能结构[①]。其中，城镇规模结构是指城市群内不同规模与大小等级城镇的分布规律；地域结构是城市群内城镇空间分布格局、密度与城镇空间组织结构和空间关联结构；职能结

① 李文强，罗守贵．都市圈产业结构与空间结构演化的互动关系与协调机理研究［J］．上海交通大学学报（哲学社会科学版），2011（4）：50－54.

构是城市群内各城镇在城市群中的地位、作用以及发展方向。城市群产业结构的演化表现为在城市群发展过程中产业的内容和结构不断自我更新，向高级化和合理化发展，具体表现在数量的增长、结构的转换和水平的提高。产业数量的增长是指区域总产出额的增加；水平的提高是指劳动力素质以及技术水平的提高，主要表现为技术创新、进步和市场效率的提升；结构的转换是夕阳产业被朝阳产业替代以及资本、劳动力与技术等生产要素的重新配置（见图7-2）。吉林省中部城市群作为全球经济空间的节点之一，必须对产业结构进行战略性调整以应对全球化的影响。在空间组织上，顺应区域经济一体化的发展环境，以城市群为主体形态进行生产力的布局，优化区域经济空间结构，提高经济增长速度、效率和质量，扭转城市群在全球化竞争当中所处的发展劣势。

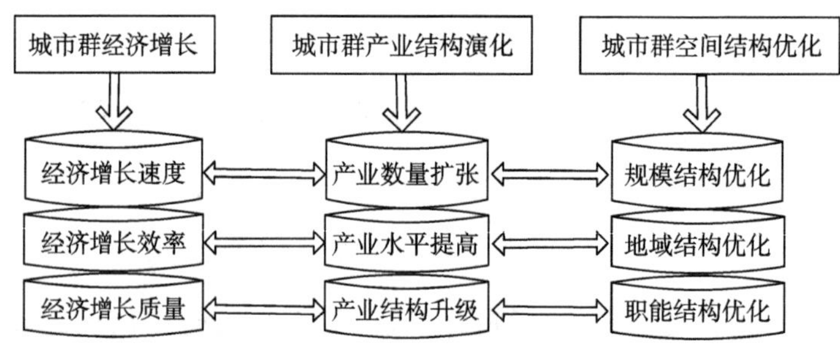

图7-2　城市群经济增长、产业结构演化与空间结构演化协调发展系统图

Fig. 7-2　Coordinated development of urban agglomeration economic growth, industrial structure evolution and spatial structure evolution

一、扩大经济总量，优化城市群空间规模结构

产业数量扩张的规模效应会促进城市规模结构的演变，推动劳动力、资本向中心城市的集聚，当这种集聚过程达到一定程度而产生规模不经济时，

产业会向周边区域迁移，这种迁移活动又会在周边城镇推动生产要素的集聚，从而影响城市群规模结构的演变。同时，城市群空间结构的演化也会对区域经济发展和产业结构演化产生显著影响，城市群规模结构变化主要变现为人口和城镇规模结构的演变，人口的增长和城市化水平的提高一方面为产业的发展提供了大量的人力资本和生产集聚区域，另一方面人口的增长也为产业发展提供了更加广泛的市场和需求，刺激了城市群经济的增长。不同自然环境与发展环境的地区，其经济集聚与扩散过程都遵循这样的普遍规律。

区域空间规模结构的演化依赖于区域经济总量的演化，经济总量的扩大是城市群区域空间规模结构优化的基础。区域经济发展只能建立在经济总量提升的基础上，只有区域经济总量达到一定规模，区域的社会发展以及福利保障才有物质基础，区域经济才能进入更高水平的发展阶段。吉林省中部城市群经济发展存在经济总体实力不强，发展水平不高的显著问题。2014 年，吉林省中部城市群总人口为 1971.6 万人，GDP 总量为 16151.79 亿元，人均 GDP 为 45091.08 元，经济总量与人口数量并不匹配，按人均 GDP 核算与东北地区的辽中南城市群、哈大齐城市群的差距也较大，由于总体经济实力不强，难以发挥城市群在省域以及东北地区的经济辐射作用。

二、提升产业水平，优化城市群空间地域结构

产业水平的提高会对城市群地域结构的演化产生影响。一般而言，产业水平越高，资本和技术密集型产业越发达，城市群内各产业之间的联系就会越紧密，这种交换与分工的发展会进一步提升区域经济发展效率，提高城市群内各城市的经济增长速度和增长效率。产业水平提升的区域会与周边的城市建立更加紧密的经济联系，形成新的发展轴线和廊道，从而促进区域地域结构的演化。近 10 年来，吉林省中部城市群区域经济增长效率呈现显著下滑趋势，城市群内国有以及国有控股企业普遍存在产出效率不高现象，并且面临冶金、石化以及建材等高耗能、高污染企业产能过剩等问题。传统资源

型老工业城市长春、吉林、四平和辽源均存在生产率不高的现状，松原市也存在能源产业占比过高，区域创新以及接续产业发展不足等问题，阻碍了城市群空间地域结构的优化。

吉林省中部城市群经济增长过程中尚未形成优势产业链，传统产业所占比重过大。城市群内一些支柱产业发展与本地的资源或区位条件并不匹配，对当地经济发展的带动作用不强。汽车制造、能源化工等支柱产业的发展空间有限，知识产权与技术创新不足，对引领未来的战略性新兴产业开发不够，科技优势还没有形成产业优势，优势产业链尚未形成，缺乏强大的产业集群和引领未来的战略性支柱产业。因此，提升产业发展水平和区域创新水平、增强城市群内生发展动力是提升城市群经济增长效率和增强城市群内产业之间的联系水平的重要出发点，也是促进区域地域结构演化的重要方向①。此外，针对吉林省中部城市群产业水平发展现状，在国土空间规划与土地利用方面，需要逐步提高产业园区的集约发展水平和创新发展水平，打造功能性、特色型园区，积极借鉴国内外先进产业园区发展经验，推进与长三角、珠三角等发达地区园区之间、企业之间的产业关联与创新互动，提升区域产业在全球产业链中的分工地位；同时，建设生态宜居型产业园区，拓展城市配套、社会服务、产业服务、环境保护、教育医疗等功能，优化城市群的空间地域结构。

三、促进结构升级，优化城市群空间职能结构

城市群内产业结构与空间职能结构之间也存在着相互促进关系，产业结构的升级与转换过程往往伴随着资本、劳动力与其他生产要素的重新配置，而产业升级过程离不开区域创新活动的驱动，由于比较优势原因，创新活动

---

① 金凤君，王姣娥，杨宇等．东北地区创新发展的突破路径与对策研究［J］．地理科学，2016，36（9）：1285－1292.

一般存在于区域中心城市，因此，产业结构的升级会随着时间演化从高梯度地区向低梯度地区渐进推移，从而推动和强化城市群内各个城市之间的职能结构与分工。因此，虽然区域产业结构和空间结构的演化均具有各自的驱动因素，但是当二者的演化产生良性耦合与互动效应之后，对城市群发展的推动作用会远大于各自作为孤立系统所产生的推动作用。此外，区域经济发展水平的高低取决于经济规模和结构，而经济结构的优劣又取决于产业结构水平，产业结构的优化是区域经济发展的必要前提。因此，优化城市群空间职能结构的关键在于推动城市群内产业结构的创新与升级。

吉林省中部城市群产业结构特征表现为结构水平不高，第三产业比重较低。从统计数据分析来看，2014 年吉林省中部城市群一、二、三产业比重分别为 10.74%、50.97% 和 38.28%，呈现出二、三、一的产业结构态势，而同期我国三次产业结构比例分别为 10%、43.9% 和 46.1%，呈现出三、二、一的产业结构特征，吉林省第三产业占 GDP 的比重低于全国平均水平 7.82 个百分点（见图 7－3），在我国经济转型升级的宏观背景下，吉林省中部地区产业结构矛盾问题凸显。从产业拉动率来看（见图 7－4），第二产业对地区生产总值增长的拉动率最大，但是自 2011 年开始，第二产业的拉动力逐年下降，第三产业对经济增长的拉动力始终没有超过第二产业，而且自 2006 开始就呈现逐年下降趋势。城市群需要针对区域产业结构中机械制造、能源、重化工产业占比过重等问题，抓住我国经济转型升级以及新一轮东北地区振兴战略实施的历史机遇，依托区域内的人力资源、交通条件等优势，将现代服务业作为产业转型升级的战略重点，重点发展旅游、文化、商贸物流等产业，提高服务业在国民经济中的比重，同时，把发展智能制造、生物医药、节能环保以及新一代信息技术等知识密集型产业和战略性新兴产业作为产业转型升级的突破口，提升核心城市的产业竞争力，积极融入全球产业链和价值链，从而推动产业梯度转移与扩散，促进劳动力就业水平的提高以及中小城镇的发展，优化城市群的职能结构。

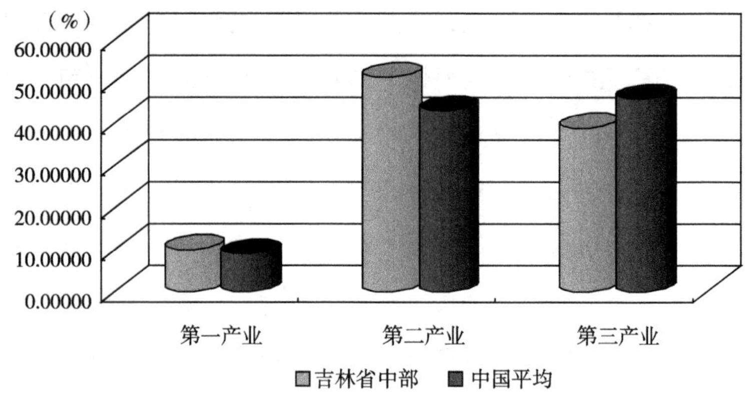

图 7-3　吉林省中部城市群与全国产业结构比较

Fig. 7-3　Comparison of industrial structure between central Jilin urban agglomeration and the whole country

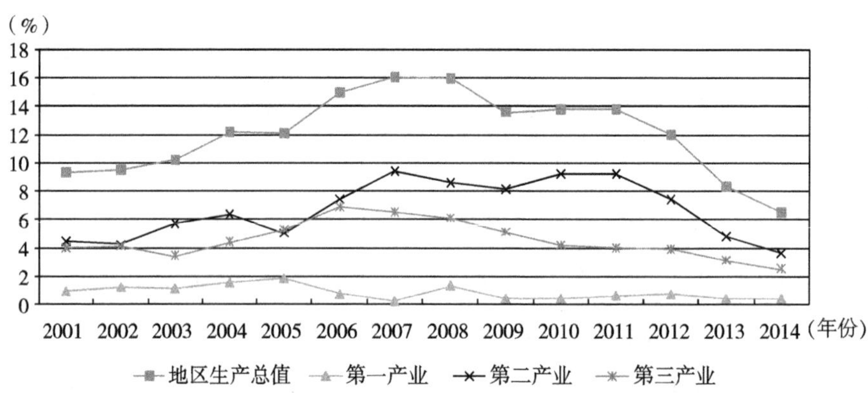

图 7-4　2001~2014 年吉林省三次产业拉动率

Fig. 7-4　The three indusrial pulling rate of Jilin province in 2001-2014

注：产业拉动率为按照可比价格计算的地区生产总值增长速度与各产业贡献率的乘积。

此外，吉林省中部城市群还存在城乡二元结构矛盾突出，城镇功能拓展不足问题。近年来，吉林省中部城市群建设和发展有了较大进步，但资源整合差、公共服务相对滞后，而且存在功能不全、配套落后、产业薄弱等不足，制约了城镇扩容提质和城乡融合发展。城市群吸纳农村人口向城镇转移的公共医疗、社会保障、基础教育等制度和服务发展不够完善，制约了城镇扩容提质和城市化进程。2015 年统计数据显示，吉林省中部城市群城镇化率为 43.16%，不仅低于环渤海、长三角、珠三角等国家级城市群和东北地区的辽中南、哈大齐城市群，而且低于吉林省 46.98% 的平均城市化率水平。

四、推动体制创新，改善城市群空间治理结构

体制机制不适应、产业结构偏重和发展方式粗放是吉林省中部城市群区域经济发展存在的三个主要问题，直接导致了区域经济增长速度趋缓、产业效率不高、竞争力不强以及经济增长质量下滑，从而阻碍了区域经济空间结构的重组与优化。作为区域经济一体化的核心内容，城市群内的产业一体化需要促成产业成本最低化和效益最大化，各个城镇之间必须充分发挥比较优势，促进生产要素的自由流动，进行区域经济分工与协作，推动产业的整合与重组，以城市群整体应对全球化的竞争，而推动产业一体化的根本在于完善的市场经济条件与发展环境。区域一体化制度的建立，可能会在某些领域削弱地方政府的权力，基于利益格局的考量，会影响地方政府构建一体化机制的愿望。然而，区域经济的协调发展只能通过产业分工与协作、经济活动的联系与交流才能实现。区域之间生产要素按照市场化规律进行合理配置与自由流动是提高区域整体经济效率，促进区域协调发展的根本保障。只有完善市场经济体制，打破行政分割、促进区域一体化发展、密切区域之间的联系，才能使城市群内各生产要素不断更新、经济结构不断优化，从而促进区域经济在动态反馈过程中逐步实现协调发展。

完善的市场经济体制是促进经济增长的根本环境保证。经济改革与发展的重要内容之一就是建立尽可能完善的市场经济制度。近年来，虽然区域内有关职能部门制定实施了一系列优化政策，但相关开发开放的有效措施并不多。目前，区域内经济开放度和发展自由度水平相比于东部地区仍然严重滞

后，区域内国有企业占比过高，改革进展缓慢、机制不活，严重影响了区域振兴的步伐，并阻碍了区域内经济主体投资与创业的激情。所有制结构落后、国有经济占比过重是吉林省中部城市群经济增长过程中面临的突出问题。从就业比例来看，据2015年最新统计数据显示，吉林省中部地区国有单位、城镇集体单位和其他单位从业人员比重分别为48.06%、2.04%和49.88%，而同期全国从业人员这一比值为35.15%、3.12%和61.72%，吉林省中部地区国有单位从业人员比重高出全国平均水平12.91个百分点（见图7－5）。

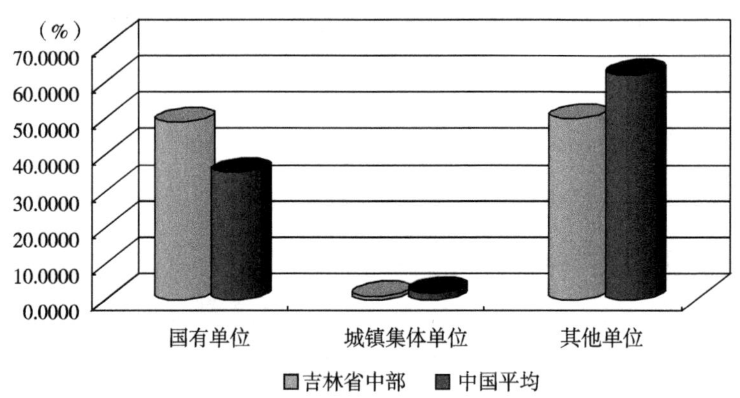

图7－5　吉林省中部城市群与全国就业结构比较

Fig. 7－5　Comparison of the employment structure between central Jilin urban agglomeration and the whole country

观念、机制和体制问题至今仍然是制约东北地区振兴的三大主要障碍。国有企业比重过高、产权制度不明晰等现实问题以及“强政府弱市场”的区域经济发展现状等因素影响了区域经济要素的自由流动，阻碍了区域创新的动力与经济发展活力。此外，经济体制僵化和机制创新不足是东北地区以及吉林省中部城市群区域经济发展中备受诟病的短板之一，创新发展机制是破解振兴障碍的关键。区域经济发展从要素驱动、投资驱动向创新驱动转变是新常态下我国区域经济转型升级与结构调整的必然趋势，更是吉林省中部城市群创新经济发展模式的首要方向。要提升区域经济发展效率和质量，必须改变经济发展方式过度依赖于政府投资拉动的现状，充分调动各个经济实体的积极性，改变“强政府弱市场”的发展现状，继续完善市场经济体制，破解体制机制障碍，推动自由市场竞争。

第三节　吉林省中部城市群区域经济空间优化与地域格局重组对策

城市群内的经济客体的空间关系及其组织关系会形成一定的空间态势，城市群经济发展的不同阶段具有不同的区域空间结构特征，同时，区域空间结构的演化也会影响区域经济发展，比如开发区建设、基础设施建设、人口的迁移、城镇体系演化等。因此，区域空间结构是区域经济发展的函数，可以通过区域空间结构的调控与重组来调整和优化城市群发展状态。对城市群的区域空间集聚与扩散来说，经济极化过程不仅是一个自组织过程，而且也是一个可控过程。前者是增长极的理论基础，后者是增长极的应用基础①。自组织过程主要是指由市场机制自发引导企业和产业在城市群极核城市和地区集聚发展而自动生成经济增长极。可控过程是指政府通过区域经济发展计划和投资重点来建立经济增长极。本节首先系统分析吉林省中部城市群区域空间结构的主导因素，然后提出城市群区域经济空间结构优化的调控对策。

---

① 马国霞，甘国辉．区域经济发展空间研究进展［J］．地理科学进展，2005，24（2）：90－99.

一、区域空间结构重组的主导因素

区域空间结构的重组是区域内外多重动力共同作用的结果。区域空间结构是在区域自然、经济、政治、社会和文化多因素共同作用下经过较长时期产生的，一旦形成之后，就会进入一个相对稳定的状态，具有“区位惯性”。因此，区域空间结构的改变与优化需要一定内外因素的动力牵引。总体来看，区域空间结构重组的驱动力因素包括外部动力、内部动力和耦合动力。

（1）外部动力主要来自全球化和区域经济一体化的推动以及国家层面的区域开发政策，一方面，全球性的企业和组织机构通过其投资活动和经济活动对区域的空间结构产生影响；另一方面，从区域自身的角度，为了在全球产业分工体系中占有一定的地位，通过实施开放政策，使区域内的交通、通信、能源等基础设施建设与国际接轨，以及法律、税收、知识产权等软环境与国际接轨，将区域纳入到全球地域空间体系之中①，从而形成区域空间重构的外部动力，此外，资本、技术的流动与生产的全球重构与转移会直接改变区域空间结构。国家区域开发动力主要来自于国土空间开发政策以及区域投资政策，土地政策和投资政策的空间倾斜会直接影响区域经济空间结构。

（2）内部动力主要源于产业升级与创新、地域生产力梯度和关联产业集聚力。产业发展离不开生产的空间布局，从产业演替与升级的发展过程来看，产业创新发展是区域空间重构的重要动力之一，新兴产业的发展会直接带来区域空间结构的重组。此外，由于区域之间生产力水平和效率的差异，必然产生生产力梯度力，成为牵引生产要素空间地域流动的动力之一。当然，生产力梯度力作用的发挥依赖于区域壁垒或者迁移成本的降低。

（3）耦合动力主要包括区域协作力和空间相互作用力，区域协作力是区

---

① 陈修颖．区域空间结构重组：理论基础、动力机制及其实现［J］．经济地理，2003，23（4）：445－450.

域之间基于共同的发展利益，通过邻近区域之间或者互补型区域之间的资源共享、互补协作等形式实现合作共赢，如流域的开发、生态脆弱区的共同开发与保护、东部省市区与西部省市区之间对口支援建设等，区域协作会对区域经济空间结构产生重要影响。空间相互作用力主要是区域空间结构变化对毗邻区域空间结构重组的驱动作用，其本质是区域经济的空间集聚与扩散，如区域核心城市或者核心交通轴线附近区域可以通过对接集聚中心与轴带的产业发展政策，来制定自身的空间开发战略，从而推动区域空间结构的重组（见图7－6）。

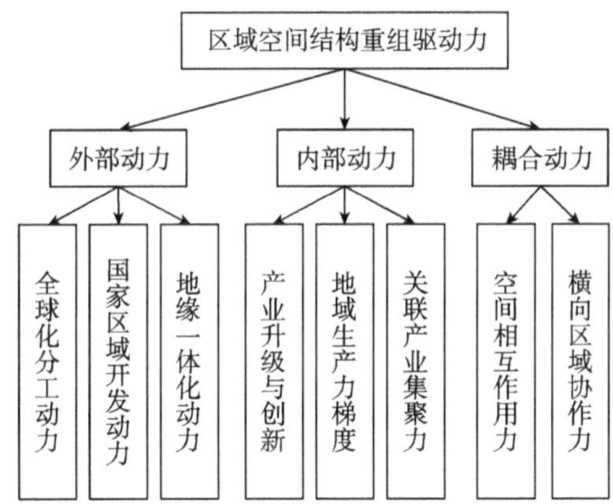

图7－6　区域空间结构重组驱动力

Fig. 7－6　Power factors of reorganization of regional spatial structure

二、城市群区域经济空间结构优化对策

依据核心—边缘理论，在经济增长过程中，区域经济的空间结构会发生阶段性的演变，随着区域经济自农业社会—工业化初期—工业化中期—工业化末期—后工业化时期的演变过程，区域经济空间结构相继呈现出离散型—集聚型—集聚扩散型—扩散型—均衡型的演化轮替次序。根据前文对吉林省

中部城市群发展阶段的综合分析与判定，城市群仍处于生命周期的成长中期阶段，集聚型空间结构是最优的空间结构形态。区域经济系统中各要素的集聚主要有点、轴、集聚区三种形式。

通过前文对吉林省中部城市群空间结构分异及其时空演化的分析发现，长吉极核中心集聚能力不强是城市群空间结构存在的主要问题之一，长春以外四个地级市的腹地区域各自以地级市辖区为集聚中心发展，没有形成具有产业或者人口集聚优势的产业带等空间轴线。因此，吉林省中部城市群空间结构优化与重构需要通过区域规划、产业布局、经济政策以及行政手段等方法，促进人口、产业、资本与技术等向特定地区聚集，从而形成区域经济增长极、增长轴线以及经济集聚区的非均衡区域经济空间形态，以提高资源空间配置效率，促进城市群经济增长。具体空间结构优化策略有以下几点：

（1）空间格局优化的总体思路。依照吉林省中部城市群的发展阶段特征、各城镇的人口与经济规模、城镇之间的交通距离以及经济格局演化特征，以密切经济联系、增强整体实力、推动空间集聚、提高空间效率、拓展内外交流、加强区域合作等为目标，对中部城市群进行空间布局优化。主要依托哈大线和长吉线作为中部城市群区域经济发展南北和东西方向的核心轴线，以长吉都市圈为核心区域，由内向外圈层层展开、多级推进，促进人口和产业的空间集聚。按照“经济距离”的概念和内涵，在中部城市群范围内发展“半小时经济圈”和“一小时经济圈”，充分发挥长春、吉林作为极核城市在城市群的辐射带动作用，依托城际高速公路和城际铁路优化城市群内城镇体系空间联系，实现城镇之间资源共享、优势互补、产业集群合作共赢，提高城市群区域经济发展的空间效率。

（2）增强长吉都市圈在城市群中的空间集聚作用。对于吉林省中部城市群来说，由于地理邻近、产业互补以及高铁建设的原因，长春—吉林成为城市群的主要极核中心。城市群经济的增长与发展，极核城市具有关键性的引领作用。通过前文对城市群城镇体系结构以及经济增长速度、效率与质量的分析可以发现，长春虽然具有首位城市的显著特征，但是其经济集聚水平和集聚能力不高，对周边县域的辐射作用也不明显。特别是2010年以来，长春作为极核城市对城市群内人口与经济的集聚能力增长缓慢甚至出现停滞与下降，影响了城市群经济增长效率的整体提升。长春、吉林等城市的城镇化水平和工业化水平虽然已经较高，但城市群依然处于成长阶段，仍然需要积极发挥核心城市的集聚作用。从整个东北地区范围来看，吉林省中部城市群位于辽中南城市群和哈大城市群之间，吉林省中部城市群的发展还受到辽中南城市群与哈大齐城市群共同的空间作用，因而增强核心城市的空间集聚能力对于提升城市群的竞争力具有重要作用。

（3）建设“一主一副多中心”的中心地等级体系。城市群区域经济空间结构优化与重组过程中，节点要素即城镇是最基本的单元，依据各个节点在城市群中所处区位的重要性以及节点自身的规模等级与竞争力水平，不同的节点城镇在城市群中地位与网络控制权不同。通常情况下，节点的人口与经济规模、行政等级以及所包含的通道密度决定了节点城镇在城市群系统网络中权力与重要性的大小。在城市群等级结构中，等级高低是城市群区域空间分工的主要依据，高等级节点具有较强的辐射和经济带动能力。节点的等级高低、在城市群网络中的权力大小与资源配置水平必须协调，才能促进区域空间结构的重组与优化。

通过本书对城市群经济增长速度、效率与质量的空间结构特征及其演化的分析发现，吉林省中部城市群没有形成完善的中心地等级体系与经济极核中心，针对吉林省中部城市群各城镇在城市群中的地位以及在城市群空间网络中的重要性差异，城市群区域空间结构优化需要构建“一主一副多中心”的中心地等级体系。主中心和副中心分别为长春市主城区和吉林市主城区，应充分发挥长春、吉林两市的辐射功能，依托现有优势产业，延长产业链，积极发展商贸服务等第三产业，带动周边县域经济发展，打造大都市经济圈。地区性中心主要为四平、辽源以及松原市主城区，应积极培育城市综合服务功能与人口集聚功能，发挥其作为地区性中心的生产服务和中转纽带作用。各县以及县级市的主城区为地方性中心，通过引导县域工业聚集，促进人口集中与生产集中，成为城镇体系结构的重要节点，以此带动中部城市群空间结构的优化与发展。

（4）完善以快速交通网络轴带为主的经济通道建设。区域经济增长极扩散功能的发挥必须以便捷的通道为基础，轴线是区域空间结构中联结点（城镇）与面（经济区、城市群）的基础，因而轴线建设在城市群空间结构优化过程中具有重要地位。通达性、互补性和易于介入性是城市群轴带建设的主要依据，吉林省中部城市群交通基础条件优越，随着高速铁路与高速公路网络的完善以及国家在基础设施建设方面的大力投入，城市群交通基础设施发展水平不断完善，为城市群经济发展轴带建设提供了基础。在经济轴带建设的基础上，构建一个空间连接紧密、外向型的经济发展空间，明确区域分工与协作，充分发挥各地区的资源优势以及产业基础优势，建立各具特色的产业结构体系，推动资源、人口、资本在发展轴带以及城市群内的自由流动，构建便捷通道，拓展发展空间，提高城市群经济增长效率。

（5）推动区域经济一体化“流动空间”体系的构建。区域经济一体化具有优势互补和集聚效应，是提高区域发展整体利益的重要发展策略，也是现代区域经济发展和市场竞争的趋势和体现。城市群既是推动区域经济一体化的载体，又是区域经济一体化的结果。随着信息时代的来临，面对经济发达地区的竞争压力，吉林省中部城市群一体化空间重组需要建立“流动空间”，完善信息和交通通道等基础设施构成的互动网络，联结各种具有支配性的功能空间，来支撑城市群空间一体化发展的流动空间体系。首先是区域信息网建设，即建设城市群内高校、科研机构和企业之间紧密联系的信息互联通道，提升区域创新能力；其次是区域“生态网”建设，即构建由城市群内多种生态要素组成的多层次“生态网”，连通具有生态价值和欣赏价值的生态板块和生态廊道，优化城市群人居环境；再次是区域文化网建设，城市群的健康可持续发展离不开良好的人文环境，应注重保护区域历史人文资源，建设具有开放、创新、自由和包容性特征的发展条件和社会环境；最后是区域安全网建设，应提高城市群的社会管理水平和公共服务水平，增强区域危机处理能力，为公众提供安居乐业的生活和工作环境。

（6）密切城乡联系，增强城市群腹地经济实力。国内外在城乡关系的研究中，形成了发展经济学中的二元结构理论以及核心—边缘理论等，城乡关联的实质是城市与乡村之间的相互作用和相互联系，即城乡之间因社会、经济、技术与文化的交流而形成的一种空间互动的地域关系。城乡关联涉及城乡之间人流、物质流、资金流和信息流等要素及其相互作用①，城乡之间各要素的流动过程包括空间联系与功能联系，空间联系是城乡之间通过一定的物质载体，实现城乡之间交流协作与空间关联，包括交通、通信、文化等基础设施建设与共享以及不同等级的城镇体系建设等，功能联系是指系统与外部环境相互联系和相互作用过程中所包含的性质、能力和效应，城乡之间的功能联系主要包括各种经济行为、行政联结、社会服务等的相互联系和相互作用（见图7－7）。

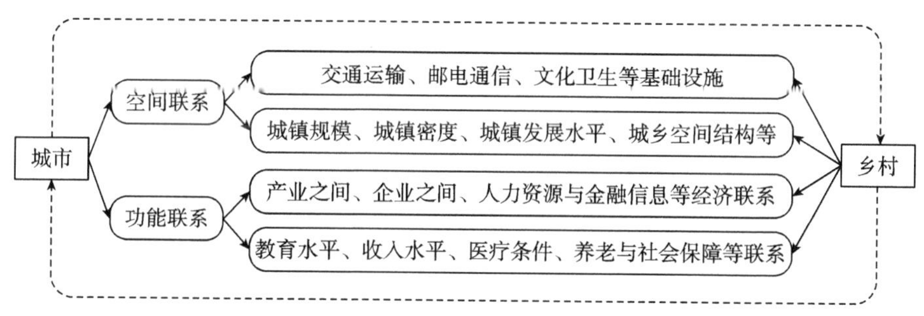

图7－7　城乡关联发展的主要联系机制

Fig. 7－7　The main linkage mechanism between urban and rural development

① 曾磊，雷军，鲁奇．我国城乡关联度评价指标体系构建及区域比较分析［J］．地理研究，2002，21（6）：763－771.

乡村的繁荣与发展是城市群经济和社会发展的基础和重要组成部分，吉林省中部城市群是我国主要的商品粮生产基地之一，农业与农村发展在吉林省中部城市群经济结构和区域结构优化中占有重要地位。促进城市群空间结构优化与区域经济一体化建设需要不断密切城市群城乡联系，推动乡村地区的转型与发展，增强城市群腹地经济实力和发展水平。在城乡一体化发展与新型城镇化建设的宏观背景下，吉林省中部城市群的空间结构优化发展需要纳入城乡协同发展的内容，不断优化城乡资源配置，建立统一的城乡市场，实现城乡之间生产要素的自由流动，在经济、社会和生态环境效益统一的前提下，促进城市群内城乡之间的融合与协调发展。

本章小结

本章首先基于书中前几章的研究结论，总结分析了吉林省中部城市群区域经济时空演化的影响机制，从资源禀赋与产业基础、历史因素与路径依赖、区位因素与产业集聚、人力资本与创新驱动以及制度因素与区域政策5个方面展开阐述；其次依据吉林省中部城市群区域经济空间结构特征与演化规律提出了区域空间结构优化与区域空间协调发展的调控方向与路径；最后结合城市群城镇体系结构特征分析了吉林省中部城市群区域经济空间优化与地域格局重组的调控对策。

第八章　结论与展望

第一节　主要研究结论

改革开放40年来，中国经济一直处于高速增长的状态，同时，经济增长过程中的一些矛盾和问题也逐渐暴露出来，经济增长的结构性矛盾和增长质量不高等问题比较突出。目前，中国经济发展已进入由追求速度增长到追求速度、效率与质量均衡发展的新常态。自2003年东北振兴战略实施以来，各级政府均制定了一系列措施推动东北经济振兴，但是，近年来东北地区经济增长和城镇化发展均呈现出相对下滑趋势，出现了“新东北现象”，东北地区也再次成为“问题区域”，引起了政府和学界的广泛关注。城市群的健康发展是区域经济发展的重心，本书以吉林省中部城市群为研究对象，从空间视角对城市群发展演化进行研究，探讨城市群区域经济空间格局演化特征、规律以及空间优化与协调发展的调控路径。

本书综合采用多种计量分析方法与探索性空间数据分析方法，对吉林省中部城市群区域经济演化时序特征与背景、发展阶段、城镇体系结构及其演化、城市群多层次空间极化的时空格局演化进行了研究，然后重点从区域经济增长速度、增长效率与增长质量三个维度对城市群区域经济增长空间分异及其时空演化规律进行了剖析，并对三者的耦合协调关系及其时序演化特征与空间格局进行了定量计算与分析，最后结合以上研究结论对城市群区域经济时空演化机制以及区域经济空间结构优化与区域协调发展的调控方向与路径做了系统性分析。主要研究结论如下：

（1）吉林省中部城市群内城市的城镇化水平较高，工业化发展也处于基本成熟阶段，但是从城市群生命周期和城市群发展阶段综合判定来看，吉林省中部城市群整体发展阶段仍然处于成长中期，落后于城镇化与工业化进程，城市群城镇体系发展与空间结构优化具备较大的发展潜力。城市群内基础设施建设与内部联系水平较低，区域协调联系机制不完善，城镇功能互补程度不强。此外，城市群的对外开放水平不高，城市群内经济发展仍然以自给自足式的内循环式发展模式为主，外向型经济发展活力不足。

（2）东北振兴政策实施以来，吉林省中部城市群城市化发展进程缓慢，在 2009 年全球金融危机之后出现发展拐点，城镇化速度以及经济增长速度开始缓慢下降，城市群经济占全省的比重同步出现缓慢下滑趋势。城市群内城镇体系满足首位分布规律并符合位序—规模分布特征，但是中间位序城镇数目增长缓慢，城市群空间集聚趋势滞缓。城市群空间组织结构具有显著的分形特征，但是空间关联水平和空间相互作用程度一般。城镇职能结构优化明显，工业型城镇数量显著增加。

（3）吉林省中部城市群经济发展差异 2012 年达到最大值，之后开始缓慢下降，最富裕与最贫困地区发展水平的相对差异开始缩小。城市群区域经济发展总体差异较小，且呈现波动变化趋势，各地级市区域之间的差异演化速度快于区域内部差异的演化速度。分地区来看，四平市经济差异的波动幅度最大，松原市、吉林市经济发展差异高于长春市和辽源市，且波动幅度也大于长春市和辽源市。

（4）吉林省中部城市群内区域经济标准差椭圆空间分异呈现西北—东南

方向的分布格局。县域经济空间格局呈现倒“U”形空间关联特征，1993～2003年，从空间负相关演化为弱的空间正相关，2003～2013年，又从空间正相关演变为空间负相关；热点区域从以长吉为核心的周边县域向以吉林市和松原市为核心的周边县域转变，冷点区从分散孤立的县域演化为逐渐集中于四平市和辽源市周边县域以及长春市外围县市的榆树市和德惠市，经济发展的持续性和稳定性不强。

（5）吉林省中部城市群县域经济增长速度呈现高—低—高—低的周期性波动演化趋势，各县市经济增长速度具有稳定缓慢增长型收敛趋势。城市群经济增长综合效率和技术效率均呈现下降趋势，规模效率值较高且保持稳定，纯技术效率的下滑是综合效率下降的主要原因，规模报酬不变即实现投入产出效率化的县域个数逐步减少，经济增长效率的提升需要增强区域经济增长的内生动力。城市群县域经济增长质量平均值呈现倒“U”形变化趋势，而标准差则呈现“U”形变化趋势，以2009年为分界点，县域经济增长质量先上升后下降，同时县域经济增长质量差异先缩小后扩大。综合来看，区域振兴政策以及经济刺激计划对经济增长所产生的边际效应逐步减少，吉林省中部城市群区域经济发展呈现出“未富先老、未老先衰”的衰退迹象，城市群经济转型与空间重构的任务极为迫切。

（6）东北振兴政策实施以来，吉林省中部城市群县域经济增长速度—增长效率—增长质量耦合度呈现先上升后下降趋势，均值从2004年的0.8133上升至2009年的0.8510，随后又下降至2014年的0.7367，从有序发展的优质耦合阶段回落至良性耦合的磨合阶段。协调度水平呈现上升趋势，但是协调度值的增长速度趋缓，平均值从2004年的0.7281增长至2009年的0.7697，2014年又增长至0.7849。区域耦合协调类型主要表现为质量滞后型和速度滞后型，其中，增长速度子系统的综合评价指数稳步上升，增长效率子系统的综合评价指数呈现逐步下降趋势，而增长质量子系统综合评价指数先上升后趋于稳定。协调度的空间分布呈现分散化的负空间自相关格局，没有出现以长吉都市圈为中心的核心—边缘空间分布结构。

（7）吉林省中部城市群区域经济时空演化机制主要包括资源禀赋与产业基础、历史因素与路径依赖、区位选择与产业集聚、人力资本与创新驱动和制度因素与区域政策，城市群空间结构优化和区域空间协调发展的调控方向主要为扩大经济总量、提升产业水平、促进结构升级与推动体制创新，以优化区域空间规模结构、空间地域结构、空间职能结构和空间治理结构。最后，结合城市群空间格局演化特征与区域空间优化和协调发展的调控方向提出了区域经济空间结构优化对策。

第二节　研究特色与创新

本书的创新点主要有以下三个方面：

（1）研究视角上，本书以我国现阶段经济转型与发展过程中的“问题区域”东北地区三大城市群之一的吉林省中部城市群为研究对象，从空间结构演化视角对东北振兴政策实施前后城市群区域经济空间分异和演化格局特征进行研究，以揭示东北振兴政策实施以来的空间效应。

（2）研究内容上，对城市群多层次空间极化及演化特征进行了研究。时空尺度是区域经济差异研究中需要考虑的重要问题，区域经济差异特征及演化态势在不同空间尺度和空间层次上具有不同的表现形式。在空间极化的研究上，本书分别基于省域、地级市以及县域三种不同的空间尺度，对吉林省中部城市群多层次空间极化及其演化进行了研究，以便更科学地阐明不同时空尺度经济差异及其成因。

（3）研究框架体系上，系统阐述并梳理了区域经济增长速度、增长效率与增长质量之间的关联关系，以及经济增长速度、增长效率和增长质量的提升分别与区域空间规模结构、空间地域结构和空间职能结构优化之间的理论联系，构建了区域经济增长速度、增长效率与增长质量之间的耦合协调模型，并以吉林省中部城市群为例，对东北振兴政策实施以来城市群区域经济增长速度、效率与质量之间的耦合协调关系及其演化进行了研究。

第三节　研究不足与展望

区域经济空间结构的演化是区域经济演化的重要内容之一，也是区域经济增长的动力和区域经济发展的必然过程。随着研究的深入，对研究内容和研究方法也有了一些新的认识，并引发出了新的问题和本研究的不足之处。

（1）经济增长质量的内涵从经济增长过程来看涵盖经济增长的结构以及波动问题，而从经济增长的结果来看包括经济增长的福利变化、成果分配、资源利用和生态环境代价问题。由于数据获取和研究侧重点等原因，本书对于城市群区域经济增长质量的评价上欠缺从经济增长的福利变化、成果分配和生态环境代价角度的评价指标。

（2）由于区域经济空间结构演化的驱动因素复杂多样，本书对城市群区域经济空间结构演化影响机制的分析主要基于定性研究和比较分析，虽然可以进行更全面的宏观分析，但是精确性和微观分析不足。

针对本书的不足与出现的新问题，下一步拟从以下两个方面深化研究，一是对经济增长质量的研究注重考虑成果分配、社会公平以及生态环境变化等因素，设计更加细致以及全面的评价指标，创新评价方法。二是在区域经济空间结构演化的驱动因素分析上，在以后的研究中可以尝试采用系统动力学等方法建模，对区域经济空间结构演化与自然、经济、社会以及生态之间的关系以及相互作用机理进行情景模拟与动态分析，或者采用田野调查以及典型案例分析方法针对城市群内某些典型县域展开系统性研究，以获取更为充分和鲜活的第一手研究资料。

参考文献

［1］埃比尼泽·霍华德．明日的田园城市［M］．金泽元译．北京：商务印书馆，2000：13－15.

［2］艾伯特·赫希曼．经济发展战略［M］．北京：经济科学出版社，1991.

［3］安虎森．增长极理论评述［J］．南开经济研究，1997（1）：31－37.

［4］毕秀晶，宁越敏．长三角大都市区空间溢出与城市群集聚扩散的空间计量分析［J］．经济地理，2013，33（1）：46－53.

［5］蔡昉．劳动力短缺：我们是否应该未雨绸缪［J］．中国人口科学，2005（6）：11－16.

［6］蔡昉．中国经济如何跨越“低中等收入陷阱”？［J］．中国社会科学院研究生院学报，2008（1）：13－18.

［7］蔡运龙，陆大道，周一星等．中国地理科学的国家需求与发展战略［J］．地理学报，2004，59（6）：811－819.

［8］曹啸，吴军．我国金融发展与经济增长关系的格兰杰检验和特征分析［J］．财贸经济，2002（5）：40－43.

［9］长吉图开发开放先导区战略实施网［EB/OL］．http：//www. cjt-zlss. com/，2014－12－29.

［10］钞小静，惠康．中国经济增长质量的测度［J］．数量经济技术经

济研究，2009（6）：75－86.

［11］钞小静，任保平．中国经济增长质量的时序变化与地区差异分析［J］．经济研究，2011（4）：26－40.

［12］陈昌兵．“福利赶超”与“增长陷阱”［J］．经济评论，2009（4）：97－105.

［13］陈栋生．区域经济学［M］．郑州：河南人民出版社，1993.

［14］陈国阶，王青．中国山区经济发展阶段的理论模型与预测［J］．地理学报，2004，59（2）：303－310.

［15］陈红霞，李国平，张丹．京津冀区域空间格局及其优化整合分析［J］．城市发展研究，2011，18（11）：74－79.

［16］陈继勇，盛杨怿．外商直接投资的知识溢出与中国区域经济增长［J］．经济研究，2008（12）：39－49.

［17］陈金英，杨青山，马中华．不同发展阶段的城市群综合承载能力评价研究［J］．经济地理，2013，33（8）：68－72.

［18］陈铭，陈钊．分割市场的经济增长——为什么经济开放可能加剧地方保护［J］．经济研究，2009（3）：42－52.

［19］陈群元，宋玉祥，喻定权．城市群发展阶段的划分与评判——以长株潭和泛长株潭城市群为例［J］．长江流域资源与环境，2009，18（4）：301－306.

［20］陈群元，喻定权．我国城市群发展阶段的划分、特征与开发模式［J］．现代城市研究，2009（2）：77－82.

［21］陈小素，乔旭宁．基于 GIS 的区域经济空间结构演化研究——以河南省为例［J］．地域研究与开发，2005，24（3）：119－123.

［22］陈修颖．1990 年以来浙江沿海区域差异及其成因分析［J］．地理科学，2009，29（1）：22－29.

［23］陈修颖．区域空间结构重组：理论基础、动力机制及其实现［J］．

经济地理，2003，23（4）：445－450.

［24］陈映．区域经济发展阶段理论述评［J］．求索，2005（2）：16－18.

［25］崔宏桥．吉林省中部城市群服务业空间布局优化［J］．现代经济信息，2004（1）：357－358.

［26］代合治．山东省区域经济空间结构研究［J］．地域研究与开发，2001，20（3）：43－46.

［27］戴宾．城市群及其相关概念辨析［J］．财经科学，2004（6）：101－103.

［28］戴永安．中国城市化效率及其影响因素——基于随机前沿生产函数的分析［J］．数量经济技术经济研究，2010（12）：103－107.

［29］党建华，瓦哈甫·哈力克，张玉萍等．吐鲁番地区人口—经济—生态耦合协调发展分析［J］．中国沙漠，2015，35（1）：1－7.

［30］樊杰．人文—经济地理学和区域发展研究基本脉络的透视——对该领域在中国科学院地理科学与资源研究所发展历程的讨论［J］．地理科学进展，2011，30（4）：387－396.

［31］方创琳，关兴良．中国城市群投入产出效率的综合测度与空间分异［J］．地理学报，2011，66（8）：1011－1022.

［32］方创琳，刘海燕．快速城市化进程中的区域剥夺行为与调控路径［J］．地理学报，2007，62（8）：849－860.

［33］方创琳，刘晓丽，蔺雪芹．中国城市化发展阶段的修正及规律性分析［J］．干旱区地理，2008，31（4）：512－523.

［34］方远平，毕斗斗，谢蔓等．知识密集型服务业空间关联特征及其动力机制分析——基于广东省21个地级市的实证［J］．经济地理，2014，34（5）：109－115.

［35］付金存，李豫新．新疆区域经济空间分异的微观机制与测度分

析——基于新经济地理学的视角［J］．地理科学，2014，34（9）：1093－1098.

［36］高更和，李小建．产业结构变动对区域经济增长贡献的空间分析——以河南省为例［J］．经济地理，2006，26（2）：270－273.

［37］高相铎，陈天．我国新型城镇化背景下城市群规划响应［J］．城市发展研究，2014（5）：6－11.

［38］高晓路，季珏，樊杰．区域城镇空间格局的识别方法及案例分析［J］．地理科学，2014，34（1）：1－9.

［39］高怡冰．区域内部经济增长要素的空间关联性研究［J］．广东社会科学，2014（1）：46－53.

［40］谷国锋，解瑯卓．东北三省区域经济增长的趋同性研究［J］．地理科学，2011，31（11）：1307－1312.

［41］谷国锋，张晶．吉林省区域经济增长的趋同性研究［J］．经济地理，2010，30（7）：1085－1090.

［42］顾朝林．城市群研究进展与展望［J］．地理研究，2011，30（5）：771－784.

［43］桂琦寒，陈敏，陆铭等．中国国内商品市场趋于分割还是整合：基于相对价格法的分析［J］．世界经济，2006（2）：20－30.

［44］郭腾云，徐勇，马国霞等．区域经济空间结构理论与方法的回顾［J］．地理科学进展，2009，28（1）：111－118.

［45］郭腾云．北京产业结构演变与发展阶段的灰色关联判断［J］．地理科学进展，2010，29（2）：193－198.

［46］国家发改委国地所课题组．我国城市群的发展阶段与十大城市群的功能定位［J］．改革，2009（9）：5－23.

［47］韩玉刚，李俊峰．基于县域尺度的省际边缘区空间经济整合模式——以安徽省宁国市为例［J］．经济地理，2013，33（11）：28－34.

［48］郝颖，辛清泉，刘星．地区差异、企业投资与经济增长质量［J］．经济研究，2014（3）：101－114.

［49］何天祥．环长株潭城市群技术进步及空间溢出效应［J］．经济地理，2014，34（5）：109－115.

［50］何伟．中国区域经济发展质量综合评价［J］．中南财经政法大学学报，2013（4）：49－56.

［51］洪银兴．新型经济：经济发展的新阶段［M］．北京：经济科学出版社，2010.

［52］胡志丁，葛岳静．理解新经济地理学［J］．地理研究，2013，32（4）：731－743.

［53］黄晖．中国经济增长区域差异的制度分析［J］．经济地理，2013，3（1）：35－40.

［54］霍利斯·钱纳里，谢尔曼·鲁滨逊等．工业化和经济增长的比较研究［M］．吴奇等译．上海：上海三联出版社，1989：63－67.

［55］姜博，修春亮．吉林省中部城市群现状与调控对策［J］．中国国情国力，2007（7）：61－64.

［56］蒋天颖，华明浩，张一青．县域经济差异总体特征与空间格局演化研究——以浙江为实证［J］．经济地理，2014，34（1）：35－41.

［57］蒋子龙，樊杰，陈东．2001～2010年中国人口与经济的空间集聚与均衡特征分析［J］．经济地理，2014，34（5）：9－13.

［58］解垩．政府效率的空间溢出效应研究［J］．财经研究，2007，33（6）：101－110.

［59］金凤君，王姣娥，杨宇等．东北地区创新发展的突破路径与对策研究［J］．地理科学，2016，36（9）：1285－1292.

［60］金瑞，史文中．广东省城镇化经济发展空间分析［J］．经济地理，2014，34（3）：45－50.

[61] 柯善咨，郭素梅．中国市场一体化与区域经济增长互动：1995～2007 年［J］．数量经济技术经济研究，2010（5）：62－72.

[62] 柯善咨．中国城市与区域经济增长的扩散回流与市场区效应［J］．经济研究，2009（8）：85－98.

[63] 柯文前，陆玉麒，俞肇元等．江苏县域劳动生产率的空间关联与分异演化格局［J］．经济地理，2013，33（12）：24－30.

[64] 李诚固，李振泉．"东北现象"特征及形成因素［J］．经济地理，1996，16（1）：34－38.

[65] 李佼瑞，白桦，赵琎．基于空间视角的西部地区经济增长质量研究［J］．西北大学学报（哲学社会科学版），2015，45（5）：125－130.

[66] 李娟文，王启仿．区域经济发展阶段理论与我国区域经济发展阶段现状分析［J］．经济地理，2000，20（4）：6－9.

[67] 李俊霖．经济增长质量的内涵与评价［J］．生产力研究，2007（15）：9－10.

[68] 李林山，杨青山，刘贺贺等．吉林省中部城市群城市区位与区域均衡发展关系研究［J］．地域研究与开发，2014，33（2）：25－29.

[69] 李汝资，王文刚，宋玉祥．东北地区经济差异演变与空间格局［J］．地域研究与开发，2013，3（4）：28－32.

[70] 李善同，侯永志，刘云中等．中国国内地方保护问题的调查与分析［J］．经济研究，2004（11）：78－84.

[71] 李少星，颜培霞，蒋波．全球化背景下地域分工演进对城市化空间格局的影响机理［J］．地理科学进展，2010，29（8）：943－951.

[72] 李王鸣，柴舟跃，江佳遥．基于城市空间要素分析的浙中城市群结构特征研究［J］．地理科学，2011，31（3）：295－301.

[73] 李文强，罗守贵．都市圈产业结构与空间结构演化的互动关系与协调机理研究［J］．上海交通大学学报（哲学社会科学版），2011（4）：

50－54.

［74］李小建．经济地理学［M］．北京：高等教育出版社，1999.

［75］李秀彬．地区发展均衡性的可视化测度［J］．地理科学，1999，19（3）：254－257.

［76］李胭胭，鲁丰先．河南省经济增长质量的时空格局［J］．经济地理，2016，36（3）：41－47.

［77］李月，邓露．有效经济增长与中国经济发展阶段再判断——从日本与我国台湾地区的经验谈起［J］．南开经济研究，2011（2）：100－118.

［78］梁炜，任保平．中国经济发展阶段的评价及现阶段的特征分析［J］．数量经济技术经济研究，2009（4）：3－18.

［79］廖重斌．环境与经济协调发展的定量评判及其分类体系——以珠江三角洲城市群为例［J］．热带地理，1999，19（2）：171－177.

［80］林光平，龙志和，吴梅．我国地区经济收敛的空间计量实证分析：1978～2002年［J］．经济学（季刊），2005，4（增刊）：67－82.

［81］凌怡莹，徐建华．长江三角洲地区城镇体系的分形研究［J］．地理科学，2004（9）：87－92.

［82］刘承良，熊剑平，龚晓琴等．武汉城市圈经济—社会—资源—环境协调发展性评价［J］．经济地理，2009，29（10）：1650－1654.

［83］刘海滨，刘振灵．辽宁中部城市群城市职能结构及其转换研究［J］．经济地理，2009，29（8）：1293－1297.

［84］刘海英，张纯洪．中国经济增长质量提高和规模扩张的非一致性实证研究［J］．经济科学，2006（2）：13－22.

［85］刘慧．区域差异测度方法与评价［J］．地理研究，2006，26（4）：710－718.

［86］刘继生，陈彦光．城镇体系空间结构的分形维数及其测算方法［J］．地理研究，1999，18（1）：171－172.

［87］刘立平，穆桂松．中原城市群空间结构与空间关联研究［J］．地域研究与开发，2011，30（6）：164－168.

［88］刘娜，石培基，李博．甘肃省人口经济空间分异与关联研究［J］．干旱区地理，2014（1）：179－187.

［89］刘乃全．区域收敛与发散理论［J］．外国经济与管理，2000，25（11）：19－23.

［90］刘清春，朱永彬，王铮等．我国区域经济的不均衡、极化及演化研究［J］．统计与决策，2009（12）：7－82.

［91］刘荣增．基于城乡统筹的城市群发展阶段划分与判定［J］．统计与决策，2008（13）：38－40.

［92］刘荣增．我国城镇密集区发展演化阶段的划分与判定［J］．城市规划，2003，27（9）：78－81.

［93］刘卫东，刘红光，唐志鹏等．出口对中国区域经济增长和产业结构转型的影响分析［J］．地理学报，2010，65（4）：407－415.

［94］刘卫东，张国钦，宋周莺．经济全球化背景下中国经济发展空间格局的演变趋势研究［J］．地理科学，2007，27（5）：609－616.

［95］刘玉珂，邝湘敏．制度变迁与区域经济增长：基于湖南省级数据的实证［J］．经济地理，2012，31（1）：25－29.

［96］刘玉龙，陆大道，刘卫东．中国沿海地区国民经济发展阶段的讨论［J］．经济地理，1995，15（2）：6－11.

［97］陆大道．区域发展及其空间结构［M］．北京：科学出版社，1999.

［98］陆大道．中国人文地理学发展的机遇与任务［J］．地理学报，2004，59（增刊）：3－7.

［99］马国霞，甘国辉．区域经济发展空间研究进展［J］．地理科学进展，2005，24（2）：90－99.

［100］马晓冬，朱传耿，马荣华等．苏州地区城镇扩展的空间格局及其演化分析［J］．地理学报，2008，63（4）：405－416.

［101］马永红，朱良森．单核城市系统中心城市空间剥夺效应研究［J］．管理科学，2014（6）：105－107.

［102］苗长虹，王海江．中国城市群发展态势分析［J］．城市发展研究，2005，12（4）：11－14.

［103］闵捷，张安录，高魏．江汉平原农地城市流转与经济发展阶段的耦合关系［J］．地理与地理信息科学，2007，23（1）：64－67.

［104］宁越敏，旋倩，查志强．长江三角洲都市连绵区形成机制与跨区域规划研究［J］．城市规划，1998，22（1）：16－20.

［105］宁越敏，张凡．关于城市群研究的几个问题［J］．城市规划学刊，2012（1）：48－53.

［106］欧向军，沈正平，王荣成．中国区域经济增长与差异格局演变探析［J］．地理科学，2006，26（6）：641－648.

［107］潘文卿．中国的区域关联与经济增长的空间溢出效应［J］．经济研究，2012（1）：54－65

［108］潘文卿．中国区域经济差异与收敛［J］．中国社会科学，2010（1）：72－84.

［109］彭红碧，杨峰．新型城镇化道路的科学内涵［J］．经济研究，2010（4）：75－78.

［110］蒲英霞，马荣华，葛莹等．基于空间马尔可夫链的江苏区域趋同时空演变［J］．地理学报，2005，60（5）：817－826.

［111］齐良书．发展经济学［M］．北京：高等教育出版社，2011.

［112］齐元静，杨宇，金凤君．中国经济发展阶段及其时空格局演变特征［J］．地理学报，2013，68（4）：517－531.

［113］钱晓烨，迟巍，黎波．人力资本对我国区域创新及经济增长的影

响——基于空间计量的实证研究 [J]. 数量经济技术经济研究, 2010 (4): 107-121.

[114] 乔志霞, 贾海波, 张艳荣. 欠发达省份区域经济空间结构演变与优化——以甘肃省为例 [J]. 经济地理, 2014, 34 (9): 13-18.

[115] 任保平, 李娟伟. 实现中国经济增长数量、质量和效益的统一 [J]. 西北大学学报 (哲学社会科学版), 2013, 43 (1): 110-115.

[116] 任保平. 经济增长质量: 经济增长理论框架的扩展 [J]. 经济学动态, 2013 (11): 45-51.

[117] 任晓聪, 苏婴. 中部地区城镇化对经济增长的影响研究 [J]. 工业技术经济, 2016 (4): 134-144.

[118] 沈凌, 田国强. 贫富差别、城市化与经济增长——一个基于需求因素的经济学分析 [J]. 经济研究, 2009 (1): 17-29.

[119] 沈体雁, 劳昕, 杨开忠. 经济密度: 区域经济研究的新视角 [J]. 经济学动态, 2012 (7): 82-88.

[120] 史修松, 刘军. 大企业规模、空间分布与区域经济增长——基于中国企业500强的研究 [J]. 上海经济研究, 2014 (9): 88-99.

[121] 宋长青, 李子伦, 马方. 中国经济增长效率的地区差异及收敛分析 [J]. 城市问题, 2013 (6): 46-51.

[122] 宋玉祥, 丁四保. 空间政策: 由区域倾斜到产业倾斜 [J]. 经济地理, 2010, 30 (1): 1-5.

[123] 孙斌栋, 王颖. 制度变迁与区域经济增长 [J]. 上海经济研究, 2007 (12): 3-11.

[124] 孙东琪, 张京祥, 张明斗等. 长江三角洲城市化效率与经济发展水平的耦合关系 [J]. 地理科学进展, 2013, 32 (7): 1060-1071.

[125] 孙平军, 修春亮, 董超. 东北地区经济空间极化及其驱动因子的定量研究 [J]. 人文地理, 2013 (1): 87-93.

[126] 孙玉环，季晓旭．教育投入对中国经济增长作用的区域差异分析——基于多指标面板数据聚类结果［J］．地理研究，2014，33（6）：1129－1139.

[127] 覃成林，唐永．河南区域经济增长俱乐部趋同研究［J］．地理研究，2007，26（3）：548－556.

[128] 覃成林．区域经济增长趋同研究进展［J］．经济学动态，2003（3）：67－70.

[129] 覃成林．中国区域经济增长趋同与分异研究［J］．人文地理，2004，19（3）：37－40.

[130] 陶小马，谭婧，陈旭．考虑自然资源要素投入的城市效率评价研究——以长三角地区为例［J］．中国人口·资源与环境，2013（1）：143－154.

[131] 田光进，贾淑英．中国城市职能结构的特征研究［J］．人文地理，2004，19（4）：59－63.

[132] 万鲁河，王绍巍，陈晓红．基于GeoDA的哈大齐工业走廊GDP空间关联性［J］．地理研究，2011，30（6）：977－984.

[133] 汪增洋，豆建民．空间依赖性、非线性与城市经济增长趋同［J］．南开经济研究，2010（4）：139－153.

[134] 王大鹏，吴育华．中国城市经济增长的全要素动态分析［J］．统计与决策，2007（24）：76－78.

[135] 王丹．新经济地理理论研究的新进展［J］．经济理论与经济管理，2013（5）：37－41.

[136] 王发曾，吕金嵘．中原城市群城市竞争力的评价与时空演变［J］．地理研究，2011，30（1）：49－60.

[137] 王积业．关于提高经济增长质量的宏观思考［J］．宏观经济研究，2000（1）：11－17.

[138] 王建军，吴志强．城镇化发展阶段划分［J］．地理学报，2009，64（2）：177－188.

[139] 王俊．经济增长质量理论述评［J］．生产力研究，2007（18）：144－146.

[140] 王荣成，卢艳丽．100年来东北地区经济地域格局的演变［J］．人文地理，2009（5）：81－86.

[141] 王欣亮，严汉平，刘飞．中国区域经济增长差异的时间演进及空间机制分解：1952～2012［J］．当代经济科学，2014，36（3）：1－10.

[142] 王洋，修春亮．1990～2008年中国区域经济格局时空演变［J］．地理科学进展，2011，30（8）：1037－1046.

[143] 王玉梅．如何建立我国经济增长质量评价指标体系［J］．经济管理，2006（13）：32－35.

[144] 王昱，丁四保，王荣成．"空间剥夺"与县域经济发展问题——以吉林省中部地区为例［J］．人文地理，2007（5）：60－65.

[145] 卫兴华，侯为民．中国经济增长方式的选择与转换途径［J］．经济研究，2007（7）：15－22.

[146] 魏后凯．东北振兴政策的效果评价及调整思路［J］．社会科学辑刊，2008（1）：61－65.

[147] 魏后凯．区域经济发展的新格局［M］．昆明：云南人民出版社，1995：43.

[148] 魏后凯．外商直接投资对中国区域经济增长的影响［J］．经济研究，2002（4）：19－26.

[149] 魏后凯．现代区域经济学［M］．北京：经济管理出版社，2011：252－254.

[150] 魏权龄．数据包络分析［M］．北京：科学出版社，2004：2－18.

[151] 魏下海. 基础设施、空间溢出与区域经济增长 [J]. 经济评论, 2010 (4): 82-88.

[152] 温瑞虹. 广东经济增长与区域经济差异关系研究 [J]. 地理与地理信息科学, 2012, 28 (1): 90-93.

[153] 吴超, 魏清泉. 区域协调发展系统与规划理念分析 [J]. 地域研究与开发, 2003, 22 (6): 6-10.

[154] 吴敬琏. 十一五规划与中国经济增长模式的转变 [J]. 上海交通大学学报 (哲学社会科学版), 2006 (3): 5-11.

[155] 吴敬琏. 我国城市化面临的效率问题和政策选择 [J]. 新金融, 2012 (11): 4-7.

[156] 吴晓松, 王丽尔. 近代东北工商业发展与城市建设 [J]. 城市规划汇刊, 1995 (4): 43-51.

[157] 吴晓松. 东北移民垦殖与近代城市发展 [J]. 城市规划汇刊, 1995 (2): 46-53.

[158] 吴玉鸣. 县域经济增长集聚与差异: 空间计量经济实证分析 [J]. 世界经济文汇, 2007 (2): 37-57.

[159] 武廷海, 张能. 作为人居环境的中国城市群——空间格局与展望 [J]. 城市规划, 2015, 39 (6): 14-36.

[160] 肖文, 王平. 我国城市经济增长效率与城市化效率比较分析 [J]. 城市问题, 2011 (2): 12-16.

[161] 新奇, 孙元军. 中国城镇建设用地结构合理性分析方法研究 [J]. 中国土地科学, 2008 (5): 4-10.

[162] 熊剑平, 刘承良, 袁俊. 国外城市群经济联系空间研究进展 [J]. 世界地理研究, 2006, 15 (1): 63-70.

[163] 修春亮, 赵映慧, 宋伟. 1990 年以来东北地区铁路运输的空间极化 [J]. 地理学报, 2008, 63 (10): 1097-1107.

[164] 徐雪梅，王燕．城市化对经济增长推动作用的经济学分析［J］．城市发展研究，2004，11（2）：48－51.

[165] 徐卓顺．东北三省城市群的发展现状及特征［J］．城市问题，2014（11）：44－49.

[166] 许召元，李善同．区域间劳动力迁移对经济增长和地区差距的影响［J］．数量经济技术经济研究，2008（2）：38－52.

[167] 杨凤林，陈金贤，杨晶玉．经济增长理论及其发展［J］．经济科学，1996（1）：71－75.

[168] 杨丽丽，李强．新常态下经济增长质量测度、时空特征及其影响因素研究——来自安徽的例证［J］．西安电子科技大学学报（社会科学版），2016，26（4）：68－76.

[169] 杨青山，楚洪建，王大鹏．吉林省中部城市群城市发展水平的收敛性分析［J］．地理科学，2009，29（5）：673－678.

[170] 杨威，金凤君，王成金等．东北地区经济增长效率及其时空分异研究［J］．地理科学，2011，31（5）：544－550.

[171] 杨晓光，樊杰，赵燕霞．20 世纪 90 年代中国区域经济增长的要素分析［J］．地理学报，2002，57（6）：701－708.

[172] 姚士谋，陈振光，朱英明．中国城市群［M］．合肥：中国科学技术大学出版社，2006：37－43.

[173] 姚士谋，王书国，陈爽等．区域发展中“城市群现象”的空间系统探索［J］．经济地理，2006，26（5）：726－730.

[174] 姚士谋，张平宇，余成等．中国新型城镇化理论与实践问题［J］．地理科学，2014，34（6）：641－647.

[175] 叶裕民，陈丙欣．中国城市群的发育现状及动态特征［J］．城市问题，2014（4）：9－16.

[176] 于潇．长吉图开发开放先导区与国际大通道建设研究［J］．东

北亚论坛，2010，19（2）：11－17.

［177］袁冬梅，魏后凯，于斌．中国地区经济差距与产业布局的空间关联性——基于 Moran 指数的解释，2012（12）：90－102.

［178］袁霓．对中国经济发展阶段的探讨——从刘易斯曲线、人口红利、库兹涅茨曲线角度出发［J］．技术经济与管理研究，2012（9）：62－65.

［179］曾磊，雷军，鲁奇．我国城乡关联度评价指标体系构建及区域比较分析［J］．地理研究，2002，21（6）：763－771.

［180］詹新宇，崔培培．中国省际经济增长质量的测度与评价——基于“五大发展理念”的实证分析［J］．财政研究，2016（8）：40－53.

［181］张佰林，杨庆媛，鲁春阳．不同经济发展阶段区域土地利用变化及对经济发展的影响——以重庆市 40 个区县为例［J］．经济地理，2011，31（9）：1539－1544.

［182］张改素，丁志伟，王发曾．我国中部地区经济密度的时空分异研究［J］．经济地理，2013，33（5）：15－23.

［183］张健，陈逸，濮励杰等．区域经济不同发展阶段的合理判定——以广西崇左市、安徽滁州市、江苏南通市为例［J］．经济地理，2007，27（5）：714－718.

［184］张京祥．西方城镇群体空间研究之评述［J］．国际城市规划，2009（S1）：187－190.

［185］张明斗，周亮，杨霞．城市化效率的时空测度与省际差异研究［J］．经济地理，2012，32（10）：42－48.

［186］张明斗．城市化水平与经济增长的内生性研究［J］．宏观经济研究，2013（10）：87－94.

［187］张鹏，于伟．山东省城镇化效率及空间结构研究［J］．地理与地理信息科学，2014，30（4）：73－77.

［188］张平宇．“振兴东北”以来区域城镇化进展、问题及对策［J］．中国科学院院刊，2013，28（1）：39－45.

［189］张文忠．经济区位论［M］．北京：科学出版社，2000.

［190］张宪平，刘靖宇．城镇化发展与县域经济增长关系的实证分析［J］．生产力研究，2008（2）：49－50.

［191］张晓青．改革开放以来山东省区域经济增长趋同与差异［J］．地理科学进展，2010，29（12）：1577－1583.

［192］张秀峰，柳江，李东方．西部地区城镇化与经济增长关系研究［J］．西安财经学院学报，2016，29（3）：45－52.

［193］张友志，顾红春，江苏省县域创新产出的空间关联与时空演化［J］．地域研究与开发，2013，32（6）：33－38.

［194］张战仁．我国区域创新差异的形成机制研究——基于集聚互动、循环累积与空间关联视角的实证分析［J］．经济地理，2013，33（4）：9－14.

［195］赵宏波，马延吉，苗长虹．基于熵值——突变级数法的国家战略经济区环境承载力综合评价及障碍因子——以长吉图开发开放先导区为例［J］. 地理科学，2015，35（12）：1525－1532.

［196］赵黎明，焦珊珊，姚治国．中国城镇化效率测度［J］．城市问题，2015（12）：12－18.

［197］赵璐，赵作权．基于特征椭圆的中国经济空间分异研究［J］．地理科学，2014，34（8）：979－986.

［198］赵作权．地理空间分布整体统计研究进展［J］．地理科学进展，2009，28（1）：1－8.

［199］中共中央　国务院．中共中央国务院关于全面振兴东北地区等老工业基地的若干意见［M］．北京：人民出版社，2016.

［200］中共中央　国务院．国家新型城镇化规划（2014～2020）［EB/

OL］. http：//www. gov. cn/zhengce/2014 －03/16/Content2640075. htm.

［201］仲俊涛，米文宝，候景伟等. 改革开放以来宁夏区域差异与空间格局研究——基于人口、经济和粮食重心的演变特征及耦合关系［J］. 经济地理，2014，34（5）：14 －20.

［202］周成，冯学钢，唐睿. 区域经济—生态环境—旅游产业耦合协调发展分析与预测——以长江经济带沿线各省市为例［J］. 经济地理，2016，36（3）：186 －193.

［203］周国华，彭佳捷. 空间冲突的演变特征及影响效应——以长株潭城市群为例［J］. 地理科学进展，2012，3（6）：717 －723.

［204］周海春. 中国经济发展阶段的研究［J］. 经济学动态，2001（2）：4 －9.

［205］周天芸，岳科研，张幸. 区域金融中心与区域经济增长的实证研究［J］. 经济地理，2014，34（1）：114 －120.

［206］周业安，章泉. 参数异质性、经济趋同与中国区域经济发展［J］. 经济研究，2008（1）：60 －75.

［207］周一星. 城市地理学［M］. 北京：商务印书馆，1955：41 －43.

［208］朱邦耀，李国柱，刘春艳等. 基于 RS 和 GIS 的吉林省人居环境自然适宜性研究［J］. 国土资源遥感，2013，25（4）：138 －142.

［209］朱邦耀，宋玉祥，李国柱等. C2C 电子商务模式下中国“淘宝村”的空间聚集格局与影响因素［J］. 经济地理，2016，36（4）：92 －98.

［210］朱邦耀，宋玉祥，李汝资等. 基于分形理论的渝东北三峡库区城镇体系研究［J］. 华中师范大学学报（自然科学版），2015，49（3）：447 －451.

［211］朱邦耀，宋玉祥，于婷婷. 2000 年以来吉林省人口变动特征及多模型预测［J］. 东北师范大学学报，2016，48（3）：150 －155.

[212] 朱承亮，岳宏志，李婷．中国经济增长效率及其影响因素的实证研究：1985～2007 [J]．数量经济技术经济研究，2009（9）：52－63.

[213] 庄子银．新增长理论研究 [J]．经济评论，1998（5）：41－46.

[214] Anas A. Vanishing cities: What does the new economic geography imply about the efficiency of urbanization? [J]. Journal of Economic Geography, 2004, 4 (2): 181－199.

[215] Anselin L. Thirty years of spatial econometrics [J]. Papers in Regional Science, 2010, 89 (1): 3－25.

[216] Bannistter G., Stolp C. Regional concentration and efficiency in Mexican manufacturing [J]. European Journal of Operational Research, 1985, 80 (3): 672－690.

[217] Barrios S., Strobl E. The dynamics of regional inequalities [J]. Regional Science and Urban Economics, 2009, 39 (5): 575－591.

[218] Barro, Robert J. Quantity and quanlity of economic growth [DB/OL]. Working Papers from Central Bank of Chile, 2002.

[219] Bertinelli L., Strobl E. Urbanisation, urban concentration and economic development [J]. Urban Studies, 2007 (13): 2499－2510.

[220] Black D., Henderson J. V. A theory of urban growth [J]. Journal of Political Economy, 1999, 107 (2): 252－284.

[221] Boarnet M. G. An Empirical model of intrametropolitan population and employment growth [J]. Papers in Regional Science, 1994, 73 (2): 135－152.

[222] Brenner N. The limits to scale: Methodological reflection on scalar structure [J]. Progress in Human Geography, 2001, 25 (4): 591－614.

[223] Charnes A., Cooper W. W. Using DEA to evaluate the efficiency of economic performance by Chinese cities [J]. Socio－Economic Planning Sciences,

1989, 23 (6): 325 - 344.

[224] David D. Growth poles and growth centers in regional planning: A review [J]. Environment and Planning, 1969 (1): 5 - 32.

[225] David Gibbs. Ecological modernization, regional economic development and regional development agencies [J]. Geoforum, 2000, 31 (1): 9 - 19.

[226] Davis K., Golden H. H. Urbanization and the development of preindustrial areas [J]. Economic Development and Cultural Change, 1954, 3 (1): 6 - 26.

[227] Debarsy N., Ertur C. Testing for spatial autocorrelation in a fixed effects panel data model [J]. Regional Science and Urban Economics, 2010, 40 (6): 453 - 470.

[228] Denision E. F. The source of economic growth in the U. S. and The alternatives before us [J]. Committee for Economic Development, 1962: 22 - 33.

[229] Dickinson R. The city region in western in Europe [M]. London: Routledge & K. Paul, 1967: 11 - 12.

[230] Dupont V. Do geographical agglomeration, growth and equity conflict? [J]. Papers in Regional Science, 2007, 86 (2): 193 - 213.

[231] Ertur C., Koch W. Growth, technological interdependence and spatial externalities: Theory and evidence [J]. Journal of Applied Econometrics, 2007, 22 (6): 1033 - 1062.

[232] Estebn J. M., Ray D. C. On the measurement of polarization [J]. Econometrical, 1999, 62 (4): 819 - 851.

[233] Fotheringham A. S. Modeling firms' locational choices and core - periphery growth [J]. Growth and Change, 1985, 16 (1): 13 - 16.

[234] Fox William F., Herzog Jr., Henry W., Schlottman Alan M. Metro-

politan fiscal structure and migration [J] . Journal of Regional Science, 1989, 29 (4): 523 -536.

[235] Friedmann J. Regional development policy: A case study of Venezuela [M] . Cambridge, Mass. and London: MIT Press, 1966.

[236] Fujita M. , Krugman P. , Mori T. On the number and location of cities [J] . European Economic Review, 1999, 43 (2): 209 -251.

[237] Gardiner B. , Martin R. , Tyler P. Does spatial agglomeration increase national growth? Some evidence from Europe [J] . Journal of Economic Geography, 2011, 11 (6): 979 -1006.

[238] Getis A. , Ord J. K. The analysis of spatial association by use of distance statistics [J] . Geographical Analysis, 1992, 24 (3): 189 -240.

[239] Gottmann J. Megalopolis: Or the urbanization of the northeastern seaboard [J] . Economic Geography, 1957 (7): 189 -200.

[240] Halleux J. M. , Marcinczak S. The adaptive efficiency of land use planning measured by the control of urban sprawl: The cases of the Netherlands, Belgium and Poland [J] . Land Use Policy, 2012, 29 (4): 887 -898.

[241] Ida J. Terluin. Differences in economic development in rural regions of advanced countries: An overview and critical analysis of theories [J] . Journal of Rural Studies, 2003, 19 (3): 327 -344.

[242] Jorgenson D. , Griliches Z. The explanation of productivity change [J] . Review of Economic Studies, 1967, 34 (3): 249 -283.

[243] Martin P. , Ottaviano GIP. Growth and agglomeration [J] . International Economic Review, 2001, 42 (4): 947 -968.

[244] McGranahan D. A. , Salsgiver J. Recent population change in adjacent nonmetro counties [J] . Rural Development Perspectives, 1992 (8): 2 -7.

[245] Michael C. , Wolfsen. Conceptual issues in normative measurement

when inequalities diverge [J]. The American Economic Review, 1994, 84 (2): 353-358.

[246] Moore A. Rethinking scale as a geographical category: From analysis to practice [J]. Progress in Human Geography, 2008, 32 (2): 203-225.

[247] Myrdal G. Economic theory and underdeveloped regions [M]. London: Duckworth, 1957.

[248] Poncet S. A fragmented China: Measure and determinants of Chinese domestic market disintegration [J]. Review of International Economics, 2005 (3): 409-430.

[249] Romer P. M. Increasing returns and long-run growth [J]. Journal of Political Economy, 1986, 94 (2): 1002-1037.

[250] Rosenthal S., Strange W. The determinants of agglomeration [J]. Journal of Urban Economics, 2001, 50 (2): 191-229.

[251] Rostow W. W. The stages of economic growth: A non-communist manifesto [M]. Cambridge, UK: Cambridge University Press, 1960.

[252] Scott A. J. Location and linkage systems: A survey and reassessment [J]. The Annals of Regional Science, 1983, 17 (1): 1-39.

[253] Stiglitz, Joseph, Sen, Amartya, and Fitoussi Jean-Paul. Mismeasuring Our Lives: Why GDP Doesn't Add Up [M]. NewYork: The New Press, 2009.

[254] Tsui K., Wang Y. Q. Polarisation ordering and new classes of polarization indices [M]. Memo, the Hong Kong University, 1998: 353-358.

[255] World Bank. World development report 2009, Reshaping economic geography [R]. World Bank: Washington DC, 2009.

[256] Zhang X. B., Kanbur R. What difference do polarization measures make? An application to China [J]. Journal of Development Studies, 2001, 37

(3): 85 -98.

[257] Zhou Yixing. Definition of urban place and statistical standards of urban population in China: Problem and solution [J] . Asian Geography, 1988 (1): 12 -18.

后　记

空间是一切经济活动存在的物质基础，对区域经济空间结构的研究一直是我的专注领域与学习兴趣之所在。人类生产与生活的空间集聚、扩散、流动、优化与重组随着时间的演进一直处于动态演变与更替中，其中隐含着有趣的经济规律以及人类的价值选择。40 年来，中国经济经历了波澜壮阔的飞跃式发展，在空间上表现为大量城镇的崛起以及城市群的出现，由此带来城乡巨变以及人们生产生活方式乃至价值观念的转型。

本书聚焦于城市群经济空间格局演化与发展，以吉林中部城市群为例，从城市群经济增长速度、效率与质量三个维度揭示城市群空间演化格局、结构、过程与规律，反思我国的城市化发展政策以及对于城市群发展规律的认知。

我的博士导师宋玉祥教授在本书选题以及整体架构方面给出了中肯的建议，为本书的顺利完成奠定了坚实的基础，老师博学睿智、善良豁达，是我的良师益友。本书写作过程中得到了谷国锋教授、李诚固教授、王荣成教授、金兆怀教授、史桂芬教授、赵儒煜教授、张平宇研究员、佟连军研究员和马延吉研究员的指导，在此表示感谢。

本书从构思到成稿历经两年多的时间，写作地点包括我工作的吉林、我的家乡湖北以及期间我们全家生活了一年多的美国密苏里州。时间与空间的巨大跨越使得本书的写作无法一气呵成，但是也让我有充裕的时间从不同视角去分析不同地域的城市发展特征和规律，去观察生活在这些不同城市的人与生活，去思考城市发展的价值与未来。

作为我的第一本学术著作，本书的完成倾注了我的感情和心血。成稿之际，我要衷心感谢家人对我的无私付出与包容。父母亲对我的养育之恩重如泰山，我无以言谢，只盼他们晚年健康幸福。本书写作过程中我的小儿子出生，给我们带来了无比的惊喜与无穷的欢乐，但是照顾两个孩子的任务也更加繁重，感谢妻子的支持与担当。感谢我聪明伶俐的大儿子，你是我的好朋友与好伙伴，陪伴你和弟弟的时光是我缓解写作压力和补充学习动力的主要源泉。

最后，感谢经济管理出版社总编室主任何蒂老师以及为完成本书的审稿、定稿、校稿工作而付出辛劳的编辑们，他们的信任和支持才使本书得以尽早面世。

朱邦耀

2018 年 12 月